KB182033

카카오 아레나 데이터 경진대회 1등 노하우

상품 카테고리 분류와
브런치 글 개인화 추천으로
배우는 데이터 분석 실무

카카오 아레나 데이터 경진대회 1등 노하우

상품 카테고리 분류와 브런치 글 개인화 추천으로 배우는 데이터 분석 실무

지은이 최규민, 김상훈, 구경훈, 김정오
펴낸이 박찬규 엮은이 최용 디자인 북누리 표지디자인 Arowa & Arowana

펴낸곳 위키북스 전화 031-955-3658, 3659 팩스 031-955-3660
주소 경기도 파주시 문발로 115, 311호(파주출판도시, 세종출판벤처타운)

가격 27,000 페이지 288 책규격 175 x 235mm

초판 발행 2021년 01월 07일
ISBN 979-11-5839-233-8 (93000)

등록번호 제406-2006-000036호 등록일자 2006년 05월 19일
홈페이지 wikibook.co.kr 전자우편 wikibook@wikibook.co.kr

이 도서의 국립중앙도서관 출판시도서목록 CIP는
서지정보유통지원시스템 홈페이지(http://seoji.nl.go.kr)와
국가자료공동목록시스템(http://www.nl.go.kr/kolisnet)에서 이용하실 수 있습니다.
CIP제어번호 CIP2020054030

카카오 아레나 데이터 경진대회 1등 노하우

상품 카테고리 분류와 브런치 글 개인화 추천으로 배우는 데이터 분석 실무

최규민, 김상훈, 구경훈, 김정오 지음

위키북스

최규민

카카오 추천팀에서 픽코마/카카오커머스/멜론 등 추천 솔루션을 도입하는 PM 업무와 데이터 분석가로서 사용자 반응과 변화를 관찰하는 정량적 분석(Quantitative Analysis)을 통해 추천 솔루션을 개선하는 업무를 하고 있다. 그리고 카카오 아레나 2회/3회 대회 문제 설계 및 운영에 참여했다.

김상훈

전자공학부를 전공하고, 15년 전 대학원 시절부터 중점적으로 머신러닝을 접하여 연구하기 시작했다. 컴퓨터 비전 분야의 얼굴인식이 연구 주제였지만, 회사 생활을 하면서 자연어 처리와 같은 다른 분야에도 관심을 가지게 되었다. 딥러닝 기술로 (구글 번역기 같은) 기계 번역기를 만드는 일, 어울리는 옷을 찾아주는 패션 아이템 추천 기술, 고객의 이탈을 미리 예측하여 프로모션을 진행하는 등의 다양한 머신러닝 과제를 경험한 데이터 과학자다.

194개국 580만 명의 회원을 보유한 세계에서 가장 유명한 경진대회 플랫폼인 캐글에서 1년 만에 그랜드마스터(최상위 연구자)가 된 한국인이다. 현재 캐글 그랜드마스터는 국내에 단 4명만 있다. 수천 개의 팀이 참여하는 캐글의 경진대회에 지금까지 11번 참여하여 7개의 금메달과 3개의 은메달을 획득했다. 캐글 통합 랭킹에서 15만 명 중 12등(최고 순위)을 달성했으며 현재 세계 1등을 목표로 정진하고 있다(https://www.kaggle.com/limerobot).

구경훈

서울대학교에서 컴퓨터 아키텍처를 전공하고 삼성전자에서 알파 CPU 설계에 참여했다. 버츄얼웨어와 리얼네트웍스에서 모바일 SNS, 메시징 서비스를 개발했다. SK플래닛에서 이미지 클라우드 솔루션, T커머스 추천 솔루션 개발을 주도하고 신경망 기계 번역기 개발에 참여했다. 현재는 기업용 소프트웨어 개발 플랫폼을 제공하는 미국 기업 Appian에서 문서 정보 추출 및 변환 목적의 인공 지능 개발 업무를 맡아서 컴퓨터 비전과 자연어 처리 기술을 혼용한 머신러닝 솔루션 개발에 매진하고 있다.

김정오

정보컴퓨터공학을 전공하고 웹 엔진(Webkit, Chromium) 오픈 소스 개발자로 수년간 활동했다. 웹 엔진에서 사용자 행위를 기록하고 분석하는 User analytics 시스템 개발을 통해 데이터 분야에 관심을 가지게 되었다. 카카오 아레나 2회 대회 우승을 기점으로 본격적인 데이터 사이언티스트의 길을 걷고 있으며 현재 SK 플래닛에서 머신러닝을 활용한 개인화 광고 상품 추천 업무를 하고 있다.

카카오 아레나는 집단 지성의 힘으로 실질적인 머신러닝 문제를 풀고 양질의 데이터를 공개함으로써 오픈 소스 커뮤니티, 리서치 커뮤니티에 기여할 목적으로 카카오에서 만든 머신러닝 대회 플랫폼입니다. 이 목적에 맞게 1회, 2회 대회는 카카오가 실제 서비스에서 풀고 있는 문제와 데이터가 대회 주제로 공개되었습니다.

이 책은 카카오 아레나 1회, 2회 대회 내용을 주제로 삼아 대회 문제, 공개 데이터, 우승 솔루션 내용을 담고 있습니다. 단순한 머신러닝과 데이터 분석 설명을 넘어, 대회 주제를 통해 실무에서 풀고자 하는 문제를 이해하고, 서비스로부터 수집된 공개 데이터셋과 실제 대회 우승 솔루션을 통해 실질적인 머신러닝 문제를 푸는 과정을 이해하고 경험할 수 있습니다. 이 책을 통해 얻은 간접 경험으로 카카오 아레나를 참여하여 직접 솔루션을 발전시켜 보기 바랍니다.

데이터 분류(Classification) 문제에 관심이 있는 독자라면 1장(쇼핑몰 상품 카테고리 분류)부터, 개인화 추천 시스템(Recommender System)에 관심이 있는 독자라면 3장(브런치 독자를 위한 글 추천)부터 읽는 것을 권해 드립니다.

최규민

머신러닝 문제를 풀 때는 머신러닝 엔지니어링 스킬도 중요하지만 머신러닝에 특화된 소프트웨어 엔지니어링 스킬도 매우 중요합니다. 특히 대용량 데이터를 다룰 때는 소프트웨어 엔지니어링 스킬의 중요도가 더 커집니다. 예를 들어, 대용량 데이터는 메모리에 모두 올릴 수가 없기 때문에 학습 중에 실시간으로 저장장치에서 빠르게 불러와야 합니다. 구현 방법에 따라 머신러닝 모델의 학습에 수 배에서 수십 배의 시간 차이가 나게 됩니다. 그러다 보니 소프트웨어 엔지니어링 스킬을 충분히 갖추지 못하면 머신러닝 문제를 풀 때 성과를 제대로 내기 어렵습니다.

머신러닝에 특화된 소프트웨어 엔지니어링 스킬을 배우기 가장 좋은 것은 바로 경진대회에서 우승한 팀의 솔루션 코드를 참고하는 것입니다. 대회의 머신러닝 문제를 풀기 위한 머신러닝 파이프라인을 구축하고 빠르게 반복 실험하는 우승 팀의 노하우를 배울 수 있습니다. 그런데 보통 경진대회에서 우승한 솔루션의 코드는 매우 불친절한 경우가 대부분입니다. 경쟁에서 우승하는 것에 급급한 나머지, 코드의 가독성을 고려하지 못하기 때문입니다. 이것은 저자의 경우도 마찬가지였습니다.

이에 따라 2장에서는 우선 독자를 전혀 배려하지 않은 솔루션 코드를 갈아엎었습니다. 코드를 정리하는 김에 우승 솔루션 모델에서 텍스트를 압축된 정보로 표현하는 데 사용된 LSTM을 최신 기술인 트랜스포머로 변경했습니다. 동시에 저자가 캐글의 수많은 대회에 참가하면서 얻은 머신러닝 엔지니어링과 소프트웨어 엔지니어링 노하우를 최대한 코드에 녹여 내려고 노력했습니다. 이해하기 쉽게 최대한 코드는 간결하게 구현했으며 코드별로 주석도 빠진 부분이 없게 신경 썼습니다.

그리고 코드에 대한 독자의 이해를 돕기 위해 실제로 경진대회에 참여해 대회의 문제를 풀어서 리더보드에 제출하기까지의 각 과정을 머신러닝 파이프라인으로 표현하여 설명을 진행했습니다. 파이프라인의 전체 과정을 먼저 살펴본 이후에 코드를 살펴보면 코드를 더 수월하게 이해할 수 있을 것입니다. 그럼 저자의 솔루션 코드가 독자의 실력 향상에 도움이 되기를 바랍니다.

김상훈

카카오 아레나에 참여하여 1등을 한 경험을 많은 분에게 공유할 수 있는 기회를 주신 분들께 감사의 말씀을 드리고 싶습니다. 대회 참여를 독려하고 성능 향상을 함께 고민하고 솔루션 개발을 분담한 NAFMA팀 김정오 님 감사합니다. 책을 기획하고 지속적으로 지원해주신 위키북스 박찬규 대표님 감사합니다. 경진대회를 준비하고 진행해주신 공동 저자 최규민 님과 카카오 추천팀 구성원 분들께 감사 드립니다. 머신러닝을 처음 접했을 때부터 많은 도움을 주신 공동 저자 김상훈 님 감사합니다.

머신러닝 알고리즘을 실무 과제에 적용하는 것과 데이터 경진대회 문제에 적용하는 것은 방법론적인 측면에서 크게 다르지 않습니다. 데이터 분석을 통해 주어진 문제를 이해하고 다양한 알고리즘을 검토해서 몇 가지 모델을 설계하고 학습 및 성능 평가를 포함하는 실험을 통해 최상의 모델을 선택하는 머신러닝 개발 방법론을 데이터 경진대회를 통해 익히게 되면 실무에 큰 도움이 될 것입니다.

카카오 아레나 2회 대회의 1등 솔루션을 설명한 이 책의 4장은 최종으로 제출한 알고리즘과 코드를 통해 1등 솔루션을 개발하게 된 과정 및 방법론을 이해하기 위해 실제로 개발한 순서 그대로 협업 필터링 모델, 콘텐츠 기반 필터링 모델, 앞의 두 가지 모델을 결합한 앙상블 모델을 구현하고 성능을 평가하는 방법을 각각 나눠서 설명했습니다. 별도의 코드 저장소를 통해 각 모델의 성능을 별도로 평가하는 코드를 공유했으니 순서대로 알고리즘을 이해하고 따라서 구현해 보기 바랍니다.

머신러닝 알고리즘을 실제 문제에 적용해 보면서 느낀 바는 최신 알고리즘이 정답이 아닐 수 있으며, 많은 시행착오를 거친 후에 좋은 결과를 얻을 수 있다는 것입니다. 알고리즘을 이해하는 것도 좋지만 더 많은 문제를 풀 수 있는 능력까지 갖추는 것이 바람직하다고 생각합니다. 그래서 머신러닝을 실제 문제에 적용해보고 싶은 모든 분들께 이 책의 내용이 도움이 될 것이라 기대합니다. 카카오 아레나에서 출제한 과거 대회의 문제들을 해결하는 과정을 따라서 풀어본 후에는 카카오 아레나 또는 캐글의 경진대회에 참여해 보기 바랍니다. 문제를 하나씩 풀어나갈 때마다 더 나은 머신러닝 엔지니어가 되는 것을 느낄 수 있을 것입니다.

마지막으로 항상 곁에서 힘이 되어주는 아내와 딸, 아들 그리고 아버지, 어머니, 장인어른, 장모님께 감사드립니다. 항상 건강하고 행복한 삶을 살 수 있기를 기원합니다.

구경훈(kookh123@gmail.com)

최근 인공 지능과 머신러닝에 대한 관심이 높아지고 있습니다. 인공지능과 머신러닝 기술을 이용하면 금방이라도 좋은 결과를 낼 수 있을 것처럼 보이지만 실상은 그렇게 쉬운 일이 아닙니다.

먼저 좋은 품질의 데이터가 있어야 합니다. 만약 없다면 데이터를 발굴하고 분석과 학습이 가능한 수준으로 정제해야 합니다. 데이터 발굴과 정제를 위해서는 많은 시간과 노력이 필요합니다. 서비스 자체를 변경해야 할 만큼 큰 일이 될 수도 있습니다. 다행히 데이터가 충분히 있다면 모델을 설계하고 검증해 볼 수 있습니다. 널리 알려진 최신 알고리즘을 적용했더라도 좋은 결과가 바로 나타나지 않습니다. 실제 서비스에 적용한 결과를 토대로 지속적인 데이터 발굴과 모델 튜닝을 통해 일정 수준의 결과를 만들어 낼 수 있습니다. 서비스마다 특성이 다르고 데이터는 계속해서 변하기 때문입니다.

이처럼 인공지능과 머신러닝을 적용하는 것은 어느 것 하나 쉬운 게 없습니다. 카카오 아레나에서는 정제된 데이터와 데이터에 대한 설명, 모델을 테스트해볼 수 있는 환경을 모두 제공합니다. 인공지능과 머신러닝, 그리고 추천 문제를 공부하고 개발하는 이들에게는 최고의 놀이터이자 학습 공간입니다.

이 책은 카카오 아레나가 주최한 대회의 문제 해설부터 1등 참가자의 풀이 방법(코드 설명)까지, 인공지능과 머신러닝을 적용하는 데 필요한 모든 것을 담고 있습니다. 우리가 평소에 사용하는 카카오 서비스에서 발생한 데이터가 어떻게 인공지능과 머신러닝에 사용되는지 알고 싶은 분들에게는 최고의 선물이 될 것입니다.

불과 몇 년 전까지만 해도 저는 인공지능과 머신러닝에 관심만 있던 평범한 개발자였습니다. 그러다가 카카오 아레나 대회를 통해 머신러닝 개발자로 발돋움할 수 있었습니다. 머신러닝 개발자를 꿈꾸는 많은 분들이 이 책을 통해 꿈을 이루기를 응원하겠습니다.

NAFMA팀의 리더이자 최고의 팀워크를 보여주신 공동 저자 구경훈 님께 감사드립니다.

김정오(SK 플래닛 DMP 개발팀)

김광섭(카카오 추천팀 팀장(이사))

인공지능에 대한 관심과 투자가 비약적으로 증가한 지금, 이제는 어디서나 양질의 자료를 손쉽게 찾아볼 수 있게 되었다. 자연어 처리, 추천 시스템, 딥러닝 등의 기초를 익혔다면 이제는 실전으로 눈을 돌릴 차례다. 카카오 아레나는 실제에 가까운 인공지능 문제를 경험해볼 수 있는 가장 좋은 경진대회 중 하나다. 이 책에 수록된 2회의 대회는 인공지능을 활용해 실전에 도전해보고자 하는 분들께 매우 흥미로운 문제가 될 것이라고 생각한다. 비슷한 해외의 경진대회와 비교했을 때 카카오 아레나 경진대회는 한글로 구성된 데이터와 데이터가 수집된 실제 서비스를 손쉽게 접할 수 있다는 것 또한 장점이다. 스스로 문제를 풀어보고 1등 솔루션을 따라 해봄으로써 한 단계 성장하는 기회가 되기를 바란다.

김성훈(업스테이지 CEO / 전 네이버 Clova AI Head)

이 책은 상품 분류기와 브런치 글 추천이라는 산업현장에서 많이 사용되는 2개의 경진대회 우승 알고리즘을 풀어서 설명한 정말 멋진 책입니다. 데이터와 코드를 직접 보면서 실무를 익힐 수 있게 해주어 딥러닝을 산업현장에서 적용해보고 싶은 모든 분들에게 권합니다. 특히 2장은 캐글 그랜드마스터의 실력을 그대로 녹여 놓은 장으로 데이터의 전처리와 피처 엔지니어링, 그리고 모델 코드의 line by line 해설 등이 잘 돼 있어 모두에게 추천 드립니다.

김재범(업스테이지 Advisor / 전 카카오 AI기술팀 리더)

머신러닝에 대한 이론 자료는 쉽게 구하여 공부할 수 있으나 단순히 그러한 지식만으로 실제 서비스에 적용할 수 있는 모델을 만들기에는 한계가 많습니다. 여러 좋은 모델들의 소스를 분석하고 실제 자신이 그것을 직접 적용해봐야 실전 능력이 쌓입니다. 이 책은 그러한 능력을 쌓을 수 있도록 도와주는 친절한 안내서입니다. 분류, 추천 등 실제 서비스에서도 많이 활용하는 모델들의 소스를 친절하게 설명하고 있습니다. 그러나 단순히 그것뿐만 아니라 문제 분석 방법, 데이터 탐색 방법, 모델 최적화 방법 등 시니어 개발자가 옆에서 친절하게 설명해주듯이 자세히 안내하고 있습니다. 무엇보다도 이 책은 카카오 아레나 경진대회에 나온 문제들을 예제로 삼고 있기 때문에 해마다 열리는 대회에 직접 참여하여 다른 개발자들과 승부를 겨룰 수 있는 힘도 기를 수 있습니다. 또한 이 책을 통해 얻은 지식들은 캐글에서도 충분히 실력을 발휘하는 데 도움이 되리라 생각합니다. 자, 빨리 이 책을 완독하시고 경진대회에 참여하여 실력도 쌓고 상금도 타보세요! ^^;

장언동(이베이 코리아 AI Lab 실장)

우리는 대부분 머신러닝의 기초 이론을 소개하거나 해법이 잘 알려진 문제들에 대한 머신러닝 방법론을 소개한 책으로 머신러닝 공부를 시작합니다. 그런데 그러한 책을 토대로 기본기를 쌓은 후 우리가 실제로 해결해야 하는 문제에 적용해 보려 하면 비로소 깨닫게 되는 것이 있습니다. 우리가 배운 머신러닝 기술과 우리가 직면한 문제에 머신러닝 기술을 적용하여 원하는 성능을 내는 것 사이에는 생각보다 커다란 간극이 있다는 것입니다. 데이터의 선택과 피처 엔지니어링, 모델과 파라미터의 결정, 학습과 성능 평가, 머신러닝 서비스에 이르는 모든 과정에서 온갖 고뇌를 부르는 난관이 우리를 기다리고 있습니다.

하지만 그러한 어려운 과정을 거치면서 몇 번의 성공을 거두게 되면 머신러닝 기술에 대한 이해도와 직관이 생기고, 자신감도 자연스럽게 생겨나게 됩니다. 이러한 경험을 할 수 있는 매우 좋은 방법은 경진대회에 참여해 보는 것입니다. 문제 해결을 위해 적극적으로 노력해 보면서, 다른 사람들은 이 문제에 대해 어떤 시각으로 접근하고, 머신러닝 기술을 어떻게 적용하는지, 최근의 주류 기술은 어떤 것인지 살펴보는 것은 매우 유익합니다.

이 책에는 그러한 과정을 오롯이 겪어 내며 만들어진 훌륭한 머신러닝 기술과 적용 과정이 상세히 소개되어 있습니다. 저자의 직관과 경험에 근거한 선택, 실행 코드를 살펴보며 치열한 고민을 함께하는 좋은 기회를 얻을 수 있을 것입니다. 저 또한 이 경진대회의 우승자인 저자와 함께 오랫동안 함께 일하면서 옆에서 지켜본 저자의 노력과 단단한 실행의지를 잘 알기에 이 결과물이 더 소중하게 느껴지며, 이 책을 통해 그 노력과 열정을 함께해 보고자 합니다. 기꺼운 마음으로 이 책을 추천드리며, 더 많은 분들이 머신러닝 기술의 향상에 도움이 되기를 바랍니다.

허태명(삼성전자 무선사업부 수석연구원 / 캐글 마스터)

이 책은 국내 최고 IT 회사 중 하나인 카카오의 실제 서비스에서 만들어진 데이터를 바탕으로 열린 경진대회 소개와 우승 솔루션에 대한 책입니다. 우승자들은 실제 현업에서 머신러닝 엔지니어로 일하거나 캐글 그랜드마스터 티어에 있는 최고 수준의 엔지니어 분들이고, 우승자들이 캐글 및 현업에서 쌓아온 경험과 최신 딥러닝/머신러닝 기술을 바탕으로 문제에 대한 접근 방법, 데이터 처리, 모델링 등 실제 현업에서 머신러닝 프로젝트를 하거나 머신러닝 경진대회에 참여하면 겪게 되는 모든 과정의 정수가 녹아 있기 때문에 제가 알기로 국내 어느 서적에도 없는 소중한 내용을 엿볼 수 있습니다.

특히 2장의 1회 대회 솔루션은 저자가 우승 당시 사용한 딥러닝 모델은 LSTM 기반이었지만, 책을 집필하면서 요즘 가장 각광받는 트랜스포머 기반의 BERT 모델로 변경한 솔루션으로 최신 트렌드까지 반영되어 있는 저자의 세심한 배려를 볼 수 있습니다.

개인적으로 책에 전체 코드가 실려 있으면 페이지만 늘리려는 것처럼 보여서 그다지 좋아하지 않는 편인데, 이 책은 전체 코드가 실려 있는데도 코드 한 줄 한 줄에 저자의 경험과 고민이 녹아 있고 왜 그렇게 했는지 상세한 설명까지 있어서 시간 가는 줄 모르고 재미있게 읽어볼 수 있었습니다. 이런 소중한 책을 써준 저자분들의 노고에 감사드리며, 머신러닝 경진대회에 참여하는 데 관심이 있거나 실제 상용 서비스의 문제를 머신러닝으로 어떻게 해결하는지 배우고 싶은 분들께 이 책을 강력히 추천합니다.

박진모(캐글 그랜드마스터 / 캐글 최고 랭킹 5등)

각종 머신러닝 경진대회는 인공지능 기술을 실제 데이터에 적용하는 연습을 할 수 있는 가장 좋은 장소다. 하지만 기술을 적용하는 것은 기술을 이해하는 것과는 다른 많은 어려움을 수반한다. 그래서 경진대회에 도전하는 많은 사람이 어떤 벽을 넘어서지 못하고 좌절하는 것이 현실이다. 수상자들의 솔루션이 자신의 것과 크게 다르지 않음에도 결과에는 큰 차이가 나는 경험도 많이 했을 것이다. 이 책은 그런 분들을 위한 책이다. 이 책의 곳곳에는 다수의 경진대회에서 최고의 성과를 낸 저자의 노하우가 숨겨져 있다. 단순히 구체적인 문제들에 대한 해결 방법을 익히는 데서 멈추지 않고, 해결 방법까지 도달하기 위한 접근 방법을 배우고, 이를 적용하기 위해 노력한다면 독자들이 참여하는 경진대회나 현업 모두에서 좋은 성과를 낼 수 있을 것이라 믿는다.

이영수(마인즈앤컴퍼니 디렉터 / 캐글 마스터)

지금까지 나온 경진대회 관련 서적 중 가장 실전적이며, 모델의 성능을 올리기 위해 고민하는 지점들을 경험할 수 있다. 특히 캐글에서 트랜스포머를 활용하여 수차례 금메달을 수상했던 저자의 트랜스포머 구현체와 함께 상세한 코드 주석까지 갖춘 내용으로 구성돼 있다.

현업에서 트랜잭션 등 시퀀스 형태의 데이터를 모델링하는 일이 많은데 트리 계열과 LSTM을 넘어 트랜스포머가 대세인 트렌드를 따라잡고 싶은 모든 분들께 이 책을 추천하고 싶다.

김기현(마키나락스 수석연구원 / 자연어 처리 딥러닝 캠프 저자)

머신러닝이나 딥러닝의 이론이나 실습을 다룬 책들은 많지만 이것을 실제 업무에 적용하거나 대회에서 좋은 성적을 거두는 것은 또 다른 문제입니다. 이 책은 문제 정의, 가설 설정, 데이터 전처리, 알고리즘 구현까지 다양한 실전 팁들로 구성되어 대회에서 좋은 성적을 거두고 싶은 독자뿐만 아니라 실무 경험과 인사이트를 필요로 하는 분들에게 큰 도움이 될 것입니다.

김태진(번개장터 데이터과학자)

머신러닝 프로젝트를 어떻게 구성해야 할지 모르겠다면, 그리고 데이터 경진대회의 시작과 끝을 경험하고 싶다면 이 책을 반드시 읽어 보길 권장합니다.

김윤수(서울대학교 경제학부 / 캐글 마스터)

580만 명의 유저를 보유한 글로벌 머신러닝 대회 플랫폼 캐글에서 불과 1년 만에 전 세계 랭킹 12위를 달성한 저자의 노하우를 카카오 아레나의 쇼핑몰 상품 카테고리 분류 대회를 예시로 독자에게 알려주고 있습니다. 딥러닝을 활용해 머신러닝 문제를 풀어보고자 하는 분들에게 효과적으로 활용할 수 있는 가이드라인이 되리라 생각합니다.

01장

1회 대회 살펴보기

1.1 대회 설명 2

1.1.1 왜 상품 카테고리를 분류하는가? 2

1.1.2 대회 내용 설명 4

1.1.3 대회 참여 현황 6

1.2 대회 평가 척도 7

1.3 데이터셋 훑어보기 9

1.3.1 데이터셋 설명 9

카테고리 매핑 정보 10

train 데이터셋 11

dev 데이터셋 12

test 데이터셋 13

1.3.2 대회 데이터 탐색 15

train 데이터(train.chunk.01~09) 상품 수 15

상품 카테고리 분류 분포 16

상품명에 담긴 정보 18

사용 빈도가 높은 단어 18

이미지 피처 시각화 20

데이터 탐색 요약 21

1.4 베이스라인 모델 실행 21

1.4.1 실행 코드 가져오기 21

1.4.2 필요 패키지 설치하기 22

1.4.3 대회 데이터 저장 22

1.4.4 학습 데이터와 평가 데이터 나누기 23

1.4.5 베이스라인 모델 학습하기 24

1.4.6 베이스라인 모델로 결과 생성하기 25

1.4.7 결과 데이터 채점하기 26

1.4.8 결과 제출하기 26

02장

쇼핑몰 상품 카테고리 분류 1등 솔루션

2.1 접근 방법 33

2.1.1 문제 파악 33

상세 설명 탭 읽기 34

채점 탭 읽기 35

2.1.2 데이터 구성 확인 36

2.1.3 머신러닝 파이프라인 구현 37

데이터 전처리(Data Preprocessing) 38

학습(Training) 40

추론(Inference) 42

리더보드 제출 42

성능 개선 방법 43

2.2 실행 환경 구축 44

2.2.1 아나콘다 설치하기 44

아나콘다 실행하기 45

작업 디렉터리 생성하기 46

2.2.2 파이토치 설치하기 46

2.2.3 git 설치하기 48

2.2.4 주피터 노트북 실행하기 48

2.3 솔루션 코드 실행 49

2.3.1 실행 준비 49

솔루션 코드 다운로드 49

대회 데이터 다운로드 51

필요한 패키지 설치 52

2.3.2 데이터 전처리 53

2.3.3 학습 54

배치 사이즈(batch size), 워커(worker) 개수 등의 변경 55

기본 검증 방법 56

k–폴드 교차검증 56

5–폴드의 각 데이터 그룹 학습시키기 58

2.3.4 추론 58

k–폴드 평균 앙상블(k–fold average ensemble) 60

2.3.5 리더보드에 제출 61

2.4 솔루션 코드 분석 63

2.4.1 데이터 전처리 63

데이터프레임으로 변환 64

피처 엔지니어링 70

전처리된 데이터를 저장 81

img_feat 데이터 전처리 및 저장 81

2.4.2 학습 83

모델 아키텍처 선정 및 구현 83

모델 학습 진행 93

2.4.3 추론 115

inference.py 115

03장

2회 대회 살펴보기

3.1 대회 설명 124

3.1.1 브런치의 글 추천은 어떻게 이루어지는가? 125

유사글 추천 모델 125

개인화 맞춤 추천 모델 128

추천할 만한 글을 찾는 타기팅 조건 130

내가 좋아할 만한 글을 찾는 랭킹 과정 130

3.1.2 대회 내용 설명 132

3.1.3 대회 참여 현황 134

3.2 대회 평가 척도 136

3.3 데이터셋 훑어보기 138

3.3.1 데이터셋 설명 138

사용자가 본 글 정보 139

글의 메타데이터 140

글 본문 정보 141

사용자 정보 142

매거진 정보 142

예측할 사용자 정보 143

3.3.2 대회 데이터 탐색 143

브런치에 등록된 글 현황 143

브런치 글의 소비 데이터 현황 144

브런치 글의 등록일 이후 경과일에 따른 소비 현황 146

위클리 매거진의 주기성 148

사용자 구독 데이터 현황 150

데이터 탐색 요약 151

3.4 베이스라인 추천 모델 실행 152
3.4.1 실행 코드 가져오기 152
3.4.2 필요 패키지 설치하기 153
3.4.3 학습 데이터와 평가 데이터 나누기 153
3.4.4 베이스라인 추천 모델로 결과 생성하기 154
3.4.5 추천 결과 채점하기 155
3.4.6 dev.users 사용자 결과 생성하기 156
3.4.7 결과 제출하기 156

04장 글 추천 1등 솔루션 따라하기

4.1 2회 대회의 문제 이해 158
4.1.1 문제 개요 158
과거 기록의 기간과 예측할 소비의 기간 159
예측 대상 사용자와 글 159
성능 평가와 공개 리더보드 160
4.1.2 성능 평가 지표 및 수상 기준 161
4.1.3 브런치 서비스 이해 163
방문 이유와 유입 경로 163
세션 특성 164
서비스 이용 패턴 164
4.1.4 프로그래밍 언어 및 외부 라이브러리 164
4.1.5 예제 코드 확인하기 166

4.2 2회 대회의 데이터 이해 167

4.2.1 글 조회 데이터 168

데이터 전처리 168

데이터 분석 170

4.2.2 글의 메타데이터 174

4.2.3 사용자 정보 177

4.2.4 매거진 정보 180

4.2.5 예측 대상 사용자 정보 181

4.3 추천 시스템의 기술 이해 및 적용 검토 185

4.3.1 협업 필터링의 이해 185

이웃 기반 협업 필터링 185

세션 기반 협업 필터링 187

4.3.2 협업 필터링 적용 검토 187

Word2Vec 기반 추천 187

연속 조회 통계 기반 추천 189

세션 기반 협업 필터링 적용 기간 190

4.3.3 콘텐츠 기반 필터링의 이해 190

4.3.4 콘텐츠 기반 필터링 적용 검토 192

4.3.5 예외 상황 대응하기 193

4.4 협업 필터링 구현 194

4.4.1 모델 생성 코드 살펴보기 195

4.4.2 예측 코드 살펴보기 201

4.4.3 성능 평가 204

협업 필터링 예측 결과 생성 205

협업 필터링 성능 평가 207

협업 필터링 튜닝 210

4.5 콘텐츠 기반 필터링 구현 210

4.5.1 예측 코드 살펴보기 210

4.5.2 Doc2Vec 데이터 전처리 살펴보기 218

4.5.3 Doc2Vec 모델 생성 코드 살펴보기 226

4.5.4 성능 평가 236

콘텐츠 기반 필터링 예측 결과 생성 236

콘텐츠 기반 필터링 성능 평가 238

4.6 앙상블 구현 240

4.6.1 예측 보조 함수 살펴보기 240

4.6.2 예측 추가 함수 살펴보기 243

4.6.3 메인 코드 예측 준비 부분 살펴보기 249

4.6.4 메인 코드 앙상블 부분 살펴보기 254

4.6.5 성능 평가 260

4.7 최종 결과 제출하기 262

4.7.1 깃허브 저장소 만들기 262

4.7.2 깃허브 저장소에 코드 및 설명 올리기 263

01장

1회 대회 살펴보기

1.1 대회 설명

1.2 대회 평가 척도

1.3 데이터셋 훑어보기

1.4 베이스라인 모델 실행

1.1 대회 설명

다음 쇼핑하우(https://shoppinghow.kakao.com/top)에는 수억 개의 상품이 존재합니다. 사용자에게 효과적으로 상품을 노출하려면 체계적인 분류가 필요한데, 상품을 제공하는 업체마다 기준이 다르거나 분류 정보가 없는 경우가 많으므로 일관된 분류 체계를 만드는 작업이 필요합니다.

그림 1.1 다음 쇼핑하우 카테고리 펼침 화면

수억 개의 상품을 일관된 분류 체계로 사람이 직접 분류하는 것은 불가능하고, 룰 기반의 분류기법을 적용하더라도 상품 커버리지와 정확도에 한계가 있었습니다. 그래서 데이터 자동 분류기를 구축해 카테고리 자동 분류를 하고 있습니다.

데이터 자동 분류기의 목적은 쇼핑하우의 모든 상품 카테고리를 사람이 직접 분류한 것과 같은 정확도로 분류하는 것입니다. 이렇게 사람이 할 수 없는 일을 데이터를 기반으로 한 머신러닝을 통해 문제를 공유하고 집단지성으로 풀어 보고자 카카오 아레나 1회 대회 "쇼핑몰 상품 카테고리 분류 대회"를 진행하게 되었습니다.

1.1.1 왜 상품 카테고리를 분류하는가?

다음 쇼핑하우는 사용자가 상품을 쉽게 접할 수 있도록 상품 검색, 카테고리 분류, 가격비교, 쇼핑 콘텐츠 등을 제공하는 서비스입니다. 수억 개의 상품이 등록되어 있고, 매일 수천만 개의 상품이 등록됩니다. 이렇게 등록된 상품의 카탈로그 정보 중에서 카테고리 정보는 사용자가 원하는 상품을 빠르게 검색하고 탐색할 때 반드시 필요한 정보입니다.

쇼핑하우에서 카테고리는 '스포츠의류/운동화/잡화 〉 의류/트레이닝복 〉 트레이닝 하의 〉 바지' 와 같이 '대분류 〉 중분류 〉 소분류 〉 세분류'로 계층화하고, 카테고리 수는 약 5,000개 이상 관리하고 있습니다.

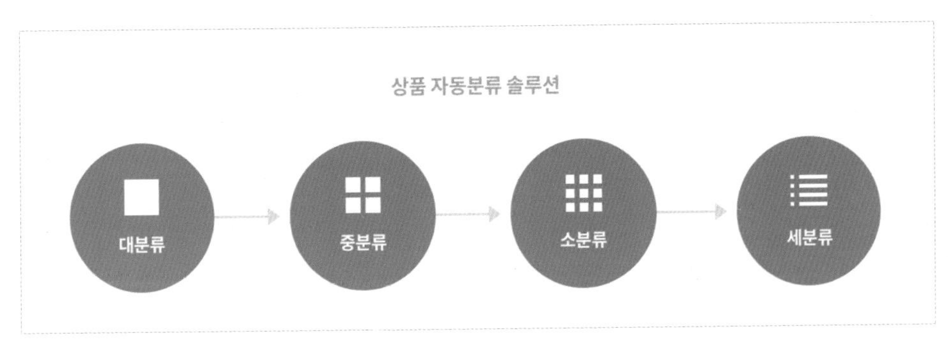

그림 1.2 상품 카테고리 분류 체계

쇼핑하우에서 키워드를 입력해 상품을 검색하면 해당 키워드가 포함된 상품이 검색되며 키워드와 관련성이 높은 순으로 정렬하여 보여주는데, 이때 카테고리 정보가 매우 중요합니다.

상품이 카테고리에 1대1 매핑될수록 상품 검색 및 관련성순으로 정렬되어 노출될 수 있고, 올바른 카테고리에 매핑되면 더욱 정확도 높은 검색 결과를 제공할 수 있게 됩니다. 상품의 카테고리 매핑에 있어 사람이 카테고리와 상품을 1대1 매핑할 수는 있지만, 수억 개의 상품을 대상으로 하나하나 매핑하는 것은 불가능합니다.

사람이 정한 키워드 기반의 방법론으로 상품과 카테고리를 매핑하는 방법도 있지만, 모든 상품의 키워드 조합은 매우 크고, 새로운 키워드, 중의적인 단어의 분류 한계로 인해 모든 상품을 카테고리에 매핑하는 것도 어려운 일입니다. 그래서 쇼핑하우에서는 데이터를 기반으로 하는 머신러닝 기법을 적용한 데이터 자동 분류기를 구현해 적용하게 되었습니다.

데이터 자동 분류기는 기존 카테고리 매핑 상품들의 카테고리와 상품명에 들어 있는 모든 단어를 학습하여 자동 매핑시켜주는 방법입니다. 기존 카테고리 매핑 상품의 상품명과 카테고리 정보를 학습하여 미 매핑된 상품의 카테고리가 정답일 확률을 구하는 방식으로, 분류의 정확성과 매핑 커버리지 가운데 무엇이 더 중요한지에 따라 카테고리 분류 결과물을 활용할 수 있습니다.

1.1.2 대회 내용 설명

카카오 아레나 1회 대회는 쇼핑몰에 등록된 상품 정보를 활용해 카테고리 분류의 정확도를 높이는 "쇼핑몰 상품 카테고리 분류"를 주제로 합니다. 상품의 정보는 그림 1.3 같이 상품명(Product), 브랜드(Brand), 정제된 상품명(Model), 생산자명(Maker), 가격(Price), 대표 이미지 피처(Image Feature, 2048차원)로 구성되어, 대회 참가자들이 텍스트 분석, 이미지 분석 등 다양한 머신러닝 기술을 활용하여 상품 카테고리 분류 문제를 해결했습니다. 대회 입상자의 솔루션 대부분은 텍스트와 이미지를 모두 사용한 모델이었습니다.

상품의 카테고리는 대분류>중분류>소분류>세분류 이렇게 1~4단계의 분류 값을 가지며, 각 분류는 계층적인 구조를 가지고 있습니다. 상품별 4개의 분류를 모두 예측해야 하며 각 분류의 단계별 정확도 측정 시 가중치가 고려되어 계산됩니다. 분류가 어려운 하위 카테고리일수록 가중치가 높습니다.

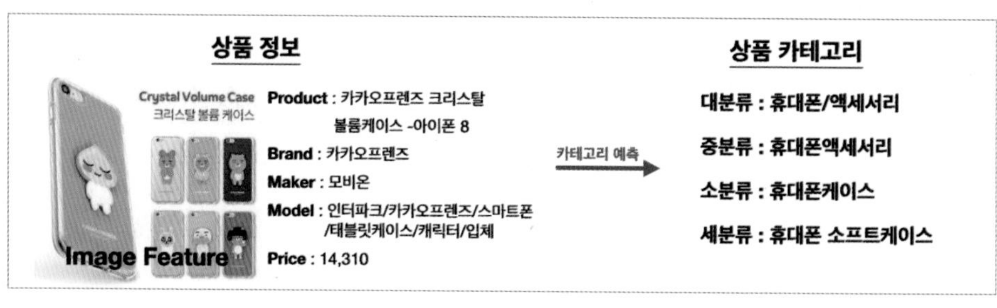

그림 1.3 상품 정보로 카테고리 분류하기

이 대회는 32일 동안 총상금 3,000만 원을 걸고 진행되어 6팀이 입상했습니다. 대회가 끝난 지금은 그림 1.4와 같이 플레이그라운드(https://arena.kakao.com/c/5)로 공개되어 다시 도전해보고 싶은 사람은 누구나 참여가 가능합니다. 또한 카카오 아레나는 대회 입상자의 결과를 깃허브(GitHub)에 공개하고 있으니 우승 팀의 구현 방식을 재현해 보는 것도 좋은 경험이 될 것입니다.

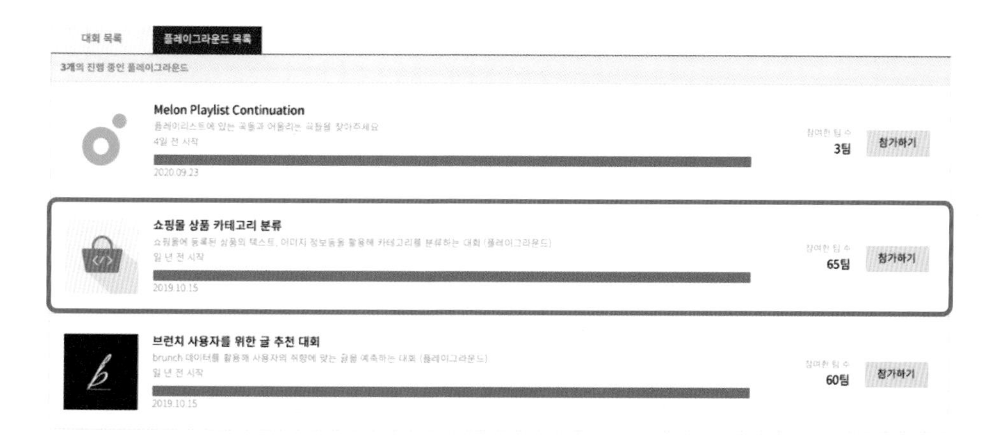

그림 1.4 쇼핑몰 상품 카테고리 분류 플레이그라운드 목표 화면

- **총상금**: 3,000만 원
  - 1등(1팀): 1,000만 원
  - 2등(2팀): 500만 원
  - 3등(3팀): 300만 원
  - 특별상(1팀): 100만 원
- **대회 기간**: 2018.11.7.~2019.1.7.(2개월)

대회 최종 입상 순위는 다음과 같습니다.

표 1.1 1회 대회 입상자

순위	팀명	점수	깃허브
1	라임로봇	1.08592	https://github.com/lime-robot/product-categories-classification
2	baseline(팀명)	1.078614	https://github.com/tantara/kakao-arena-product-classification
3	Zero	1.074061	https://github.com/ywkim/kakao-arena-shopping
4	박준우	1.070031	https://github.com/junwoopark92/kakao_shopping_classification
5	nyanye	1.067159	https://github.com/nyanye/catekitten
6	zerocoke	1.066355	https://github.com/zero-cola/Kakao-Arena-2019

1.1.3 대회 참여 현황

2개월간 진행된 1회 쇼핑몰 상품 카테고리 분류 대회는 451개 팀 608명이 등록해 팀당 1.3명으로 대부분 1명으로 구성된 팀(전체의 80%)이었습니다. 입상한 6개 팀도 한 팀만 2명으로 구성됐고 나머지는 모두 1명으로 구성되어 대회에 참가해 입상했습니다.

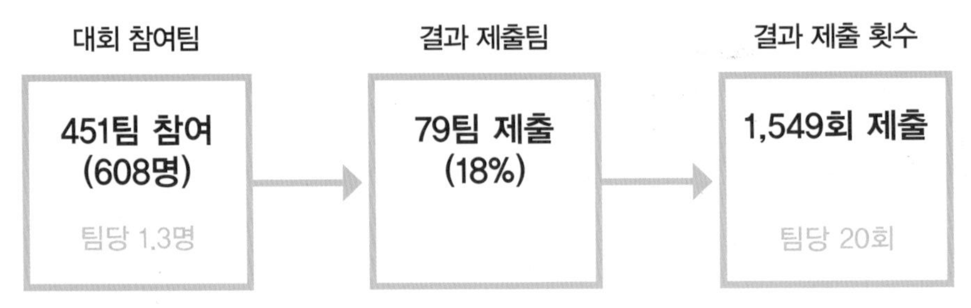

그림 1.5 1회 대회 참여 현황

1회 이상 결과를 제출한 팀은 79팀으로 전체의 18%입니다. 2회 대회 결과 제출 비율(38%)의 절반에 못 미치는 수준인 것은 대회 문제 난도가 더 높았기 때문으로 보입니다. 일간 대회 결과 제출 횟수를 보면 대회 종료를 앞둔 2주 전부터 대회 참여가 활발해지고 대회 마지막날(1월 6일) 가장 많은 194회 제출하면서 대회가 마감되었습니다.

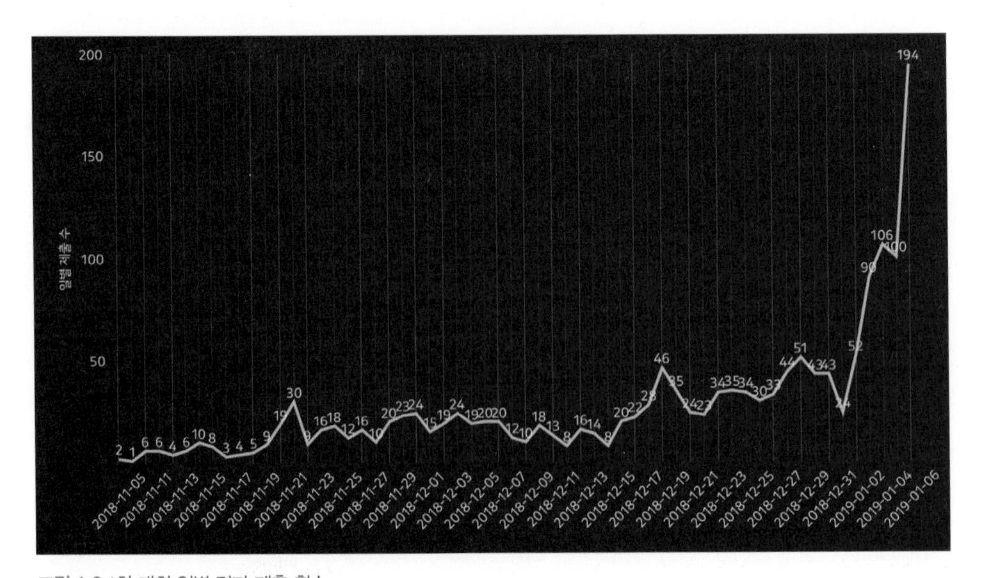

그림 1.6 1회 대회 일별 결과 제출 횟수

대회 결과 제출 시간(그림 1.7)을 통해 대회 참가자들의 활동 시간대를 알아봤습니다. 가장 많이 제출한 시간은 밤 23시입니다. 새벽 시간을 제외하고 특정 시간대 편중 없이 고르게 참여함을 알 수 있습니다.

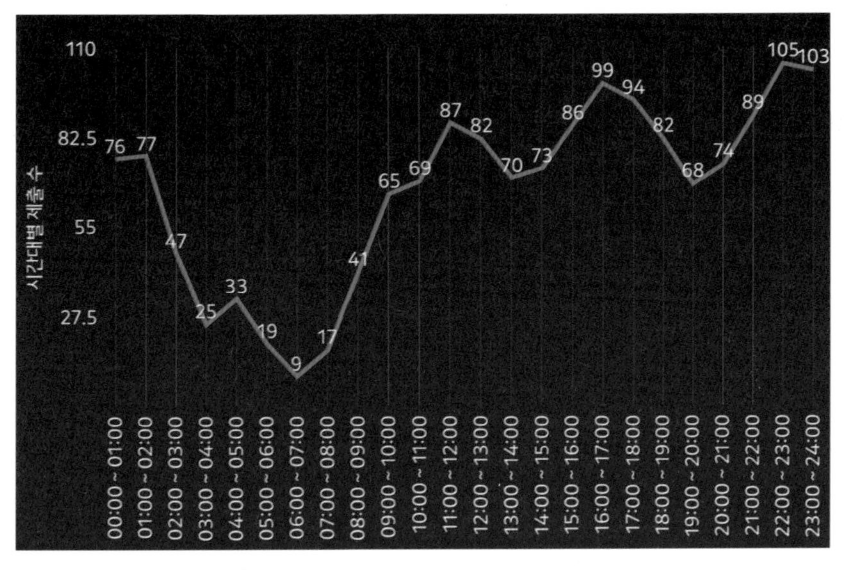

그림 1.7 1회 대회 시간대별 결과 제출 수

1.2 대회 평가 척도

카테고리 분류가 없는 dev 데이터셋 507,783개와 test 데이터셋 1,526,523개의 상품 카테고리 분류 예측 결과를 각각 제출하면 정확도를 평가합니다. 정확도는 예측 값과 실제 값을 비교 후 산정한 정답 비율입니다.

상품은 계층적인 카테고리를 가집니다. 그래서 상품마다 4개 단계의 카테고리를 예측해야 합니다. 예측한 카테고리 분류 값은 대분류 · 중분류 · 소분류 · 세분류마다 정확도를 측정하게 되며, 최종적인 평가 점수는 다음과 같이 카테고리 단계별 정확도에 가중치를 고려한 값으로 계산합니다(최대 1.225).

카테고리 분류 평가 계산식은 다음과 같습니다.

카테고리 단계별 정확도 = (카테고리 분류 정답 상품 수) / (카테고리 단계의 전체 상품 수)

전체 정확도 = ((대분류 정확도) * 1.0
+ (중분류 정확도) * 1.2
+ (소분류 정확도) * 1.3
+ (세분류 정확도) * 1.4) / 4

모든 상품은 대분류, 중분류 값이 존재하지만 소분류와 세분류 값은 없을 수도 있습니다. 예측 결과 파일을 제출할 때는 이 점을 무시하고 모든 분류를 예측해야 합니다. 하지만 채점 시 실제로 존재하지 않는 카테고리 값은 평가에서 제외되어 정확도에 영향을 주지 않습니다. 예를 들어 대 · 중 · 소까지 분류 값이 존재하는 샘플에 대해서는 세분류에 대해 어떤 값을 예측하더라도 점수에는 영향을 주지 않습니다.

평가 소스는 대회 베이스라인이 공개된 다음 주소의 깃허브에 공개되어 있으니 참고하기 바랍니다. https://github.com/kakao-arena/shopping-classification/blob/master/evaluate.py

카테고리 수는 57개의 대분류 카테고리, 552개의 중분류 카테고리, 3,190개의 소분류 카테고리, 404개의 세분류 카테고리를 가지고 있습니다. 대회 상위 10팀의 카테고리 단계별 평균 정확도는 예측할 카테고리 수가 적을수록 높고, 많을수록 낮은 특징이 있습니다.

표 1.2 카테고리 단계별 상위 10팀의 평균 정확도

카테고리 단계	대분류	중분류	소분류	세분류
카테고리 수	57	552	3,190	404
상위 10팀 평균 정확도	0.9131	0.865	0.8517	0.8718

dev 데이터셋(`dev.chunk.01`)과 test 데이터셋(`test.chunk.01`~`test.chunk.02`)의 카테고리 분류 값은 모두 −1 값으로 되어있습니다. 이 데이터셋의 상품 정보로 카테고리 값을 예측한 후 결과 파일을 생성하여 리더보드에 제출하면 채점 후 제출된 dev 데이터셋의 정확도와 리더보드 순위가 공개됩니다.

카테고리 예측 결과 제출 파일 형식은 다음과 같습니다. 각 행은 상품 하나의 예측 결괏값을 나타냅니다. 하나의 행은 예측한 상품의 식별값인 `pid`와 대분류, 중분류, 소분류, 세분류 값을 탭(\t) 문자로 구분해 기록합니다.

```
{pid}\t{대분류}\t{중분류}\t{소분류}\t{세분류}\n
T1878268281\t3\t3\t38\t8
L3203227501\t3\t3\t40\t9
```

제출 파일 형식의 규칙은 다음과 같습니다.

- pid는 중복없이 유일한 값이어야 합니다.
- 제출 결과 파일 상품 수와 dev, train 데이터셋 상품 수는 일치해야 합니다.
- 행 구분자는 줄바꿈(\n) 문자입니다.
- 값 구분자는 탭(\t) 문자입니다.
- 하루에 제출할 수 있는 최대 횟수는 10번입니다.

1.3 데이터셋 훑어보기

1.3.1 데이터셋 설명

쇼핑몰 상품 카테고리 분류 대회는 3개의 데이터셋과 카테고리 매핑 정보를 제공합니다. 데이터는 카카오 아레나 사이트(https://arena.kakao.com/c/5/data)에서 로그인한 후 내려받을 수 있습니다.

표 1.3 1회 대회 제공 데이터 항목

데이터	파일/디렉터리	데이터 건수	용량	저장 형식
카테고리 매핑 정보	cate1.json	4,203	2.61MB	JSON[1] 형식
train 데이터셋	train.chunk.01~09	8,134,818	71.4GB	HDF5[2] 형식
dev 데이터셋	dev.chunk.01	507,783	4.46GB	HDF5 형식
test 데이터셋	test.chunk.01~02	1,526,523	13.4GB	HDF5 형식

1 JSON(위키백과): https://ko.wikipedia.org/wiki/JSON

2 계층적 데이터 형식(Hierarchical Data Format): https://www.hdfgroup.org/solutions/hdf5/

HDF5는 계층적 데이터 파일 형식으로 대용량 데이터 파일에 적합한 파일 형식입니다. 파이썬 API는 h5py(https://docs.h5py.org)를 참고하기 바랍니다.

카테고리 매핑 정보

카테고리 매핑 정보(cate1.json)는 카테고리 분류 식별값과 이름의 매핑 정보를 제공합니다. 매핑 정보는 카테고리 단계별로 구분됩니다. 제공되는 cate1.json 파일의 구성은 그림 1.8과 같습니다. 대분류 식별값 'b', 중분류 식별값 'm', 소분류 식별값 's', 세분류 식별값 'd'로 카테고리 단계를 구분하고 단계별로 카테고리 이름–카테고리 식별값의 매핑 값을 제공합니다. 카테고리 단계 식별값과 카테고리 이름은 문자열(String), 카테고리 식별값은 수(Number) 타입으로 저장되어 있습니다.

```
{
소분류 카테고리 ----> "s": {
                          "": -1,          ----> 카테고리 이름
                          "탱크 RC": 1966,
                          "북엔드": 634,   ----> 카테고리 식별값
                          ...
                      },
대분류 카테고리 ----> "b": {
                          "가공식품/과자/초콜릿": 27,
                          "수납/정리/선반": 21,
                          ...
                      },
중분류 카테고리 ----> "m": {
                          "김치냉장고": 337,
                          "권투용품": 296,
                          ...
                      },
세분류 카테고리 ----> "d": {
                          "": -1,
                          "MP3 케이블/충전기": 398,
                          ...
                      },
}
```

그림 1.8 카테고리 매핑 정보(cate1.json) 파일 형식

train 데이터셋

- 총 8,134,818건의 데이터가 100만 건 단위로 분할되어 `train.chunk.01`부터 `train.chunk.09`까지 9개의 HDF5 형식의 파일에 저장되어 있습니다.
- HDF5 파일은 `/train` 그룹에 있으며 그림 1.9와 같은 구조로 상품 데이터셋이 저장되어 있습니다.

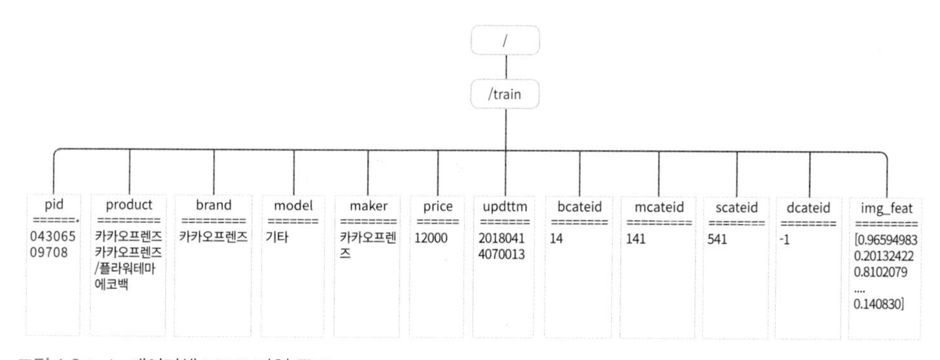

그림 1.9 train 데이터셋 HDF5 파일 구조

- **상세 데이터셋의 필드 설명**
  - pid: 상품 식별자
  - product: 상품명
  - brand: 브랜드명
  - model: 정제된 상품명
  - maker: 제조사
  - price: 가격
  - updttm: 상품이 업데이트된 시간
  - bcateid: 대분류 카테고리 식별값
  - mcateid: 중분류 카테고리 식별값
  - scateid: 소분류 카테고리 식별값(값이 없을 경우 –1)
  - dcateid: 세분류 카테고리 식별값(값이 없을 경우 –1)
  - img_feat: 상품 대표 이미지를 ResNet50(ImageNet) 모델로 출력해서 얻은 2,048차원의 이미지 피처입니다.

- train.chunk.01 파일의 데이터 샘플 5개입니다.

	0	1	2	3	4
pid	O4486751463	P3307178849	R4424255515	F3334315393	N731678492
product	직소퍼즐 - 1000조각 바다거북의 여행 (PL1275)	[모리케이스]아이폰6S/6S+ tree farm101 - 다이어리케이스[바보사랑][...	크리비아 기모 3부 속바지 GLG4314P	[하프클럽/잭앤질]남성 솔리드 절개라인 포인트 포켓 팬츠 31133PT002_NA	코드프리혈당시험지50매/코드프리시험지/최장유효기간
brand	퍼즐라이프	바보사랑	크리비아	잭앤질	
maker	상품상세설명 참조	MORY|해당없음		㈜크리스패션	기타
model	퍼즐라이프 직소퍼즐 바다거북의 여행	아이폰6S/6S+ tree farm101 - 다이어리케이스|아이폰6S/6S+	크리비아 기모 3부 속바지 GLG4314P	[잭앤질] 남성 솔리드 절개라인 포인트 포켓 팬츠 31133PT002_NA	SD코드프리혈당시험지[50매]
price	16520	20370	-1	16280	-1
updttm	20180227091029	20180429085019	20180426102314	20180422084512	20180424071623
bcateid	1	3	5	7	10
mcateid	1	3	5	7	9
scateid	2	4	6	8	11
dcateid	-1	-1	-1	-1	-1
img_feat	[0.75723773, 0.8849334, 0.0776659, 0.26645592,...	[0.08962844, 0.022527816, 0.0, 0.2439073, 0.31...	[1.0080119, 2.61942, 0.13982898, 1.0908707, 0....	[0.0980237, 0.052997973, 0.04391024, 2.1106048...	[0.18871741, 0.07393849, 0.0, 0.0, 0.023571586...

그림 1.10 train 데이터 샘플

dev 데이터셋

- 총 507,783건의 데이터가 dev.chunk.01에 HDF5 파일 형식으로 저장되어 있습니다.
- HDF5 파일은 /dev 그룹에 있으며 그림 1.11과 같은 구조로 상품 데이터셋이 저장되어 있습니다.

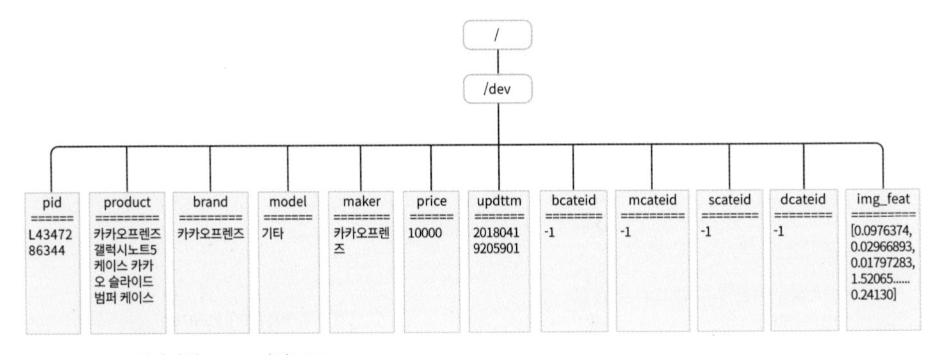

그림 1.11 dev 데이터셋 HDF5 파일 구조

- **상세 데이터셋의 필드 설명**
  - pid: 상품 식별자
  - product: 상품명

- brand: 브랜드명
- model: 정제된 상품명
- maker: 제조사
- price: 가격
- updttm: 상품이 업데이트된 시간
- bcateid: –1
- mcateid: –1
- scateid: –1
- dcateid: –1
- img_feat: 상품 대표 이미지를 ResNet50(ImageNet) 모델로 출력해서 얻은 2,048차원의 이미지 피처입니다.

- dev.chunk.01 파일의 데이터 샘플 5개입니다.

	0	1	2	3	4
pid	H2829766805	H4269948000	H4692120833	O3630173399	G3523601788
product	GIGABYTE 미니PC GB-BACE-3160 (램 4G+HDD 500GB) w	와코루 [WACOAL]와코루 플레이스 홑겹 B컵브라 2칼라 (NB.SP)-DBR0156	카렉스 블랙스2 핸들커버(실버) 아반떼XD	[뉴에라]MLB 도트 프린트 뉴욕 양키스 티셔츠 화이트 (11502825)	[플러그피트니스] 네오플렌 삼각아령5kg/아령/여자아령/여성아령/팔운동/여성덤벨 [...
brand	기가바이트	와코루		뉴에라	플러그피트니스
maker	GIGABYTE	기타	기타	뉴에라캡코리아	제조자:플러그피트니스
model	기가바이트 GB-BACE-3160 2GB, 500GB	와코루	기타	MLB 도트 프린트 뉴욕양키즈 티셔츠 11502825	FROG
price	267440	-1	-1	61410	-1
updttm	20180429194709	20180413070637	20180415091715	20180329085914	20180428044847
bcateid	-1	-1	-1	-1	-1
mcateid	-1	-1	-1	-1	-1
scateid	-1	-1	-1	-1	-1
dcateid	-1	-1	-1	-1	-1
img_feat	[0.096761174, 0.24121004, 0.020110076, 0.06846...	[0.103764065, 1.1700084, 0.19639176, 0.4459797...	[0.13474892, 0.3953847, 0.0095023755, 0.310161...	[0.0, 6.0690312, 0.23941123, 0.112007804, 0.07...	[0.0010535474, 1.3820282, 0.16143472, 0.0, 0.8...

그림 1.12 dev 데이터 샘플

test 데이터셋

- 총 1,526,523건의 데이터가 100만 건 단위로 분할되어 test.chunk.01과 test.chunk.02의 2개의 HDF5 파일에 저장되어 있습니다.
- 각 HDF5 파일의 구조는 그림 1.13과 같이 /test 하위 그룹에 상품 데이터셋이 저장되어 있습니다.

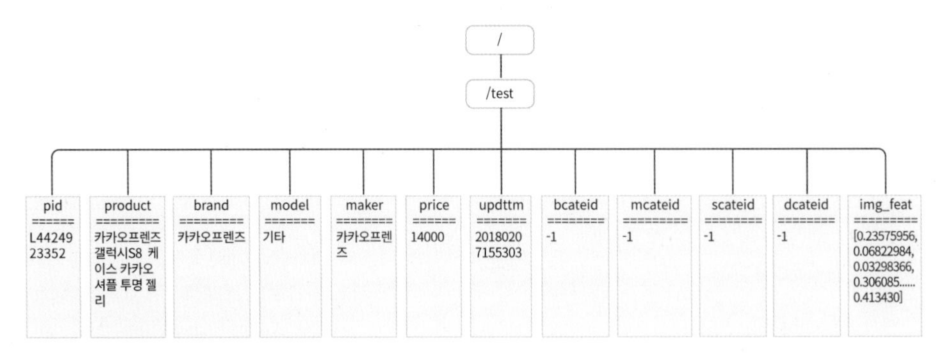

그림 1.13 test 데이터셋 HDF5 파일 구조

- 상세 데이터셋의 필드 설명
  - pid: 상품 식별자
  - product: 상품명
  - brand: 브랜드명
  - model: 정제된 상품명
  - maker: 제조사
  - price: 가격
  - updttm: 상품이 업데이트된 시간
  - bcateid: –1
  - mcateid: –1
  - scateid: –1
  - dcateid: –1
  - img_feat: 상품 대표 이미지를 ResNet50(ImageNet) 모델로 출력해서 얻은 2,048차원의 이미지 피처입니다.
- `test.chunk.01` 파일의 데이터 샘플 5개입니다.

	0	1	2	3	4
pid	P4458299590	T4385210014	I2228774507	R2530027104	R4424269762
product	모다까리나 NC04 목폴라레이스 티셔츠 M1745T536	꿀비IDS Aglass 아이폰6플러스 강화유리 액정보호필름 올레포빅 0.3미리	오케이 와사비 가루 90% A 오케이 250g / 와사비분 겨자분	에스까다 선글라스 SES414G 0700 에스카다 SES414 414	패리스독 베이직 스트라입 티셔츠 - 레드(S - XL) 애
brand			오케이	에스까다	parisdog
maker	기타	상품상세설명참조	오케이	제조자:DE RIGO / 수입자:㈜ 세원 I.T.C	parisdog
model	여아목폴라레이스티셔츠 (M1745T536)		오케이	SES414G 0700	인터파크/parisdog/애견의류/줄/패션/패션/액세서리/티셔츠/나시티
price	-1	-1	-1	147600	7730
updttm	20180409064556	20180228074232	20180426080018	20180415084711	20180317030818
bcateid	-1	-1	-1	-1	-1
mcateid	-1	-1	-1	-1	-1
scateid	-1	-1	-1	-1	-1
dcateid	-1	-1	-1	-1	-1
img_feat	[0.124971956, 1.0995107, 0.0009028474, 0.00355...	[0.17164195, 0.38271126, 0.063808024, 0.041858...	[0.04656483, 0.006114107, 0.22092153, 0.143645...	[0.0511647, 0.028923186, 0.094004184, 0.0, 0.1...	[0.0, 0.40635297, 0.031535264, 0.0, 0.32758752...

그림 1.14 test 데이터 샘플

1.3.2 대회 데이터 탐색

train 데이터(train.chunk.01~09) 상품 수

813만 개의 상품 데이터는 19만 개의 브랜드(brand), 24만 개의 제조사(maker)로 구분되어 있으며, 정제된 상품명(model)의 유일값 개수는 256만 개로, 상품명(product) 다음으로 유일값이 많습니다.

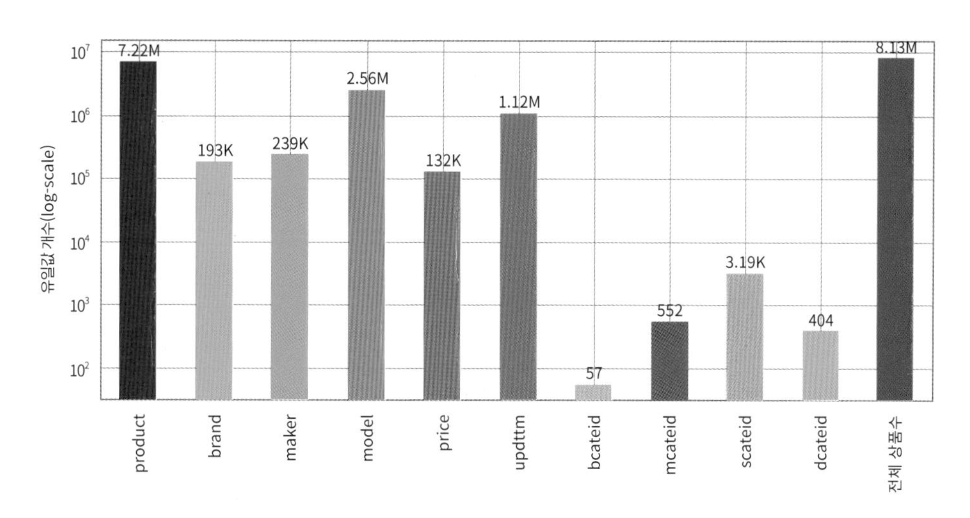

그림 1.15 상품 정보의 유일값 개수

상품 카테고리 분류 분포

상품 카테고리별 상품 수 비율입니다. 카테고리 단계별 상위 30개는 카테고리 이름으로, 나머지는 카테고리 식별값으로 표현했습니다. 휴대폰 관련, 잡화류, 의류, 사무용품과 같은 카테고리 상품이 많은 것을 알 수 있습니다.

대분류 카테고리 57개 상품 수 비중

중분류 카테고리 552개 상품 수 비중

소분류 카테고리 3190개 상품 수 비중

세분류 카테고리 404개 상품 수 비중

휴대폰 하드케이스 (6.7%)
휴대폰 소프트케이스 (7.0%)
휴대폰 가죽케이스 (8.0%)
토너 (9.5%)
렌즈필터 (1.0%)
후지동 (1.1%)
여성 장지갑 (1.1%)
남성 옥스포드화 (1.2%)
유리시트지 (1.2%)
전집 (1.2%)
17
팁 (0.6%)
여성 반지갑 (0.6%)
인화 (0.7%)
긴바지 (0.7%)
전공/대학교재 (0.8%)
현관문시트지 (0.8%)
종교/역학 (1.0%)
휴대폰 범퍼케이스 (0.9%)
레깅스 (0.8%)
시/에세이 (0.8%)
자격서/수험서 (0.8%)
남성 반지갑 (0.8%)
유아 (2.4%)
남성 로퍼 (2.0%)
자켓 (1.7%)
기타 프린터/복합기 용품 (1.6%)
소설 (1.3%)
티셔츠 (3.9%)
바지 (3.5%)
잉크 (3.1%)
아동 (3.0%)

그림 1.16 카테고리별 상품 수 비율 트리맵

카테고리별 상품 수가 얼마나 편중되어 있는지 카테고리별 상품 수 그래프와 비대칭도(Skewness)[3]를 측정해 보았습니다. 비대칭도 값이 클수록 왼쪽, 즉 소수의 카테고리로 상품이 편중된 분포의 형태입니다. 비대칭도와 그래프의 형태를 보면 소분류(19.2)〉세분류(7.37)〉중분류(5.47)〉대분류(1.15) 순으로 카테고리의 상품 편중이 커짐을 확인할 수 있습니다.

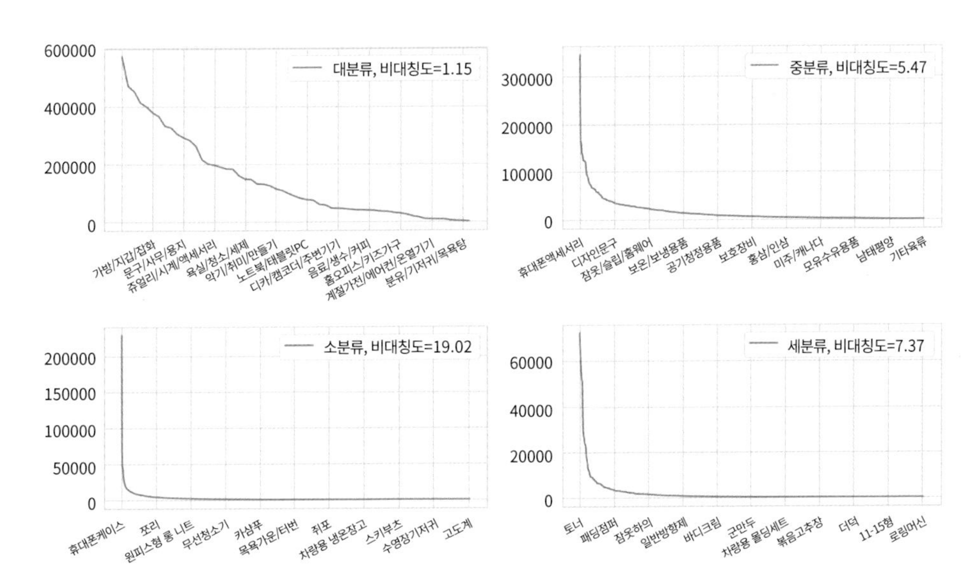

그림 1.17 카테고리별 상품 수 그래프와 비대칭도

3 비대칭도는 실수 값 확률 변수의 확률 분포 비대칭성을 나타내는 지표입니다. (출처: https://ko.wikipedia.org/wiki/비대칭도)

상품명에 담긴 정보

상품명에는 사용자가 상품을 잘 이해할 수 있게 많은 정보가 담겨 있습니다. 상품의 유일한 식별값, 카테고리 정보, 성별, 속성 등의 정보가 있습니다. 이 텍스트 정보를 잘 분석하면 카테고리 분류에 많은 도움이 됩니다.

이러한 상품정보는 다양한 곳에서 생성하며 정제되어 있지 않습니다. 상품명이 "여면트임넥잔꽃원드스"처럼 띄어쓰기를 하지 않았거나, "건강한헬스라이프_가로형뮤럴시트지_뮤럴시트지"와 같이 공백 문자가 아닌 문자("_")로 띄어쓰기가 되어 있습니다. 이런 정제되지 않은 문장을 적절한 단어나 의미로 구분하는 텍스트 전처리에 주의할 필요가 있습니다. 참고로 많은 상위 입상자의 솔루션에는 서브워드(sub-word) 단위로 분리하는 BPE(Byte Pair Encoding)[4] 알고리즘이 활용되었습니다.

product	대분류	중분류	소분류	세분류
S아람/한일/전기 미니온풍기 HEF-600히터/난방 난로	계절가전/에어컨/온열기기	난방기기	온풍기	전기온풍기
갤럭시S6 핸드폰케이스 스위트과일젤리 휴대폰 SM-G92	휴대폰/액세서리	휴대폰액세서리	휴대폰케이스	휴대폰 소프트케이스
[AK플라자]에스콰이아 (AK플라자)[에스콰이아핸드백] EC7SP...	가방/지갑/잡화	지갑	여성지갑	여성 장지갑
[JAJU/자주] 여면트임넥잔꽃원피스	언더웨어	잠옷/슬립/홈웨어	여성잠옷	원피스 잠옷
햇츠온 SMB 심플 SMBPTJ2213 남여공용 트레이닝 반바지 3종	스포츠의류/운동화/잡화	의류/트레이닝복	트레이닝 하의	바지
삼진 뽀로로 팡팡마이크 임의배송 어린이 아동 애기	완구/교육/교구	교육/학습완구	음악학습	장난감 마이크
[1358k] cm177-건강한헬스라이프_가로형뮤럴시트지_뮤럴시트지	홈/인테리어/가드닝	벽지/시트지/스티커	시트지	유리시트지
[현대백화점] 락포트 CG7281 남성화 편한구두 트루테크기능 매...	신발/수제화	남성화	남성 구두	남성 옥스포드화
바보사랑 (현대Hmall)[아이콘팜]갤럭시S6엣지플러스 (G928...	휴대폰/액세서리	휴대폰액세서리	휴대폰케이스	휴대폰 소프트케이스
[하프클럽][애플 스토리] 피코극세사성인상하복_475	언더웨어	잠옷/슬립/홈웨어	남성잠옷	잠옷세트

띄어쓰기가 없거나 제각각임 카테고리 정보를 담고 있음

그림 1.18 상품명과 카테고리 정보 예시

사용 빈도가 높은 단어

상품 정보의 텍스트 패턴 확인을 위해 사용 빈도가 높은 단어를 시각화했습니다(그림 1.19). 특히 상품명과 정제된 상품명에는 카테고리 이름과 비슷한 단어들이 많이 출현됨을 확인할 수 있습니다. 그외에도 그림 1.19와 같은 시각화에서는 제외 처리된 "상품상세설명, 상세정보, 별도, 상세페이지 해당없음 상품상세설명참조"와 같은 정보의 생략을 의미하는 단어가 많이 포함되어 있습니다.

4 https://en.wikipedia.org/wiki/Byte_pair_encoding

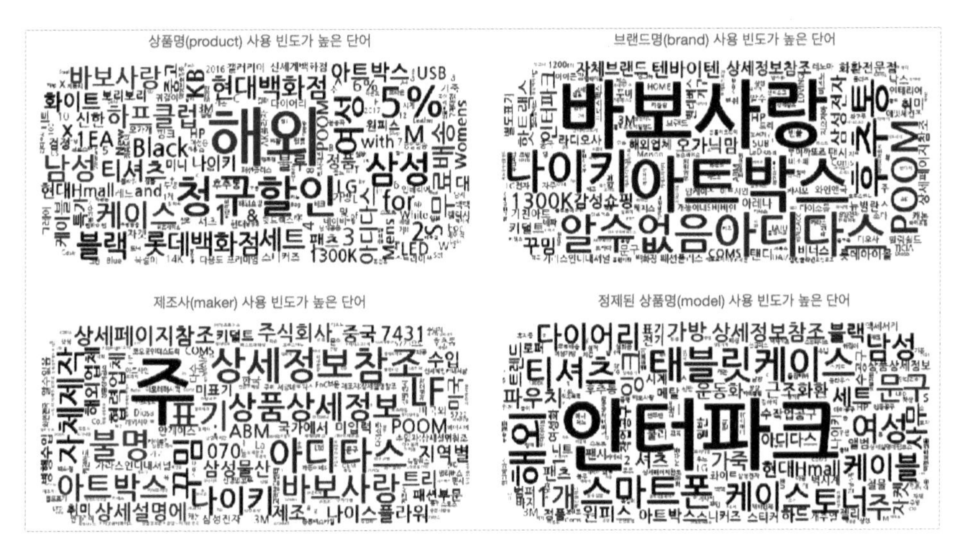

그림 1.19 상품 정보의 단어 사용 분포

그림 1.20 카테고리 이름의 단어 사용 분포

이미지 피처 시각화

상품 이미지 피처가 카테고리별로 유사한지 확인하기 위해 t-SNE[5]로 차원 축소 후 대분류 카테고리 기준으로 시각화했습니다. 학습 데이터에서 상품 1만 개를 무작위 추출한 후 t-SNE로 상품의 이미지 피처 2,048차원 데이터를 2차원 평면으로 차원 축소 후 대분류 상위 20개 카테고리를 기준으로 그림 1.21과 같이 시각화했습니다.

차원이 축소되어 정보가 손실되었음에도 대분류 기준으로 상품들이 적절히 군집화된 것을 볼 수 있습니다. "신발수제화 – 스포츠의류/운동화/잡화", "침구/커튼/카페트 – 홈/인테리어/가드닝"처럼 유사한 카테고리끼리는 근접하여 위치함을 확인할 수 있습니다. 이처럼 상품 카테고리를 분류할 때 텍스트 정보와 함께 이미지 피처도 활용하면 성능을 높일 수 있습니다.

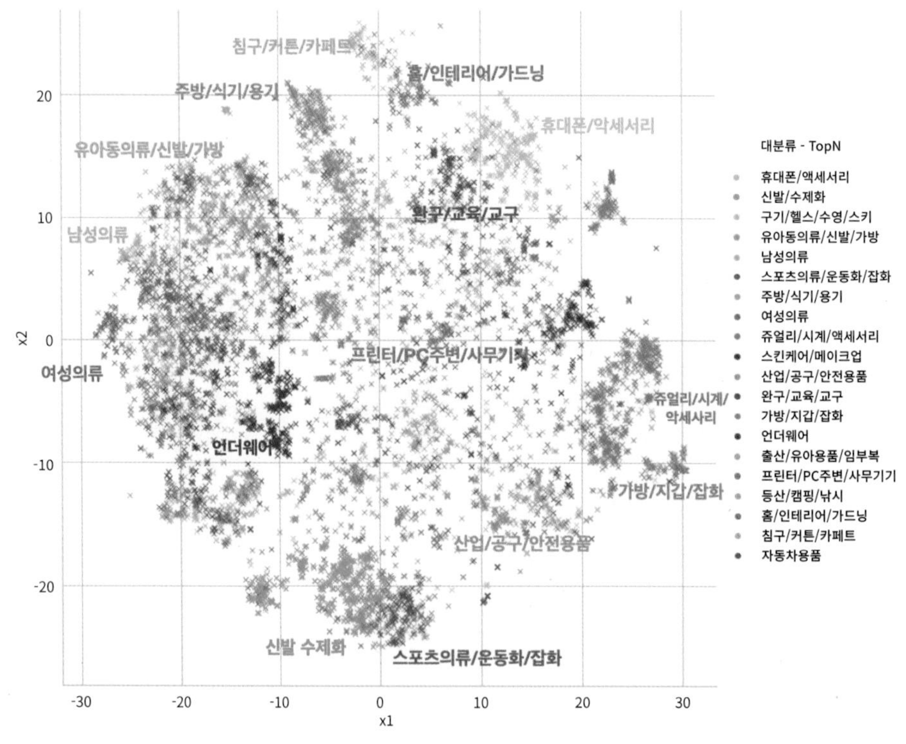

그림 1.21 상품 이미지 피처 시각화(대분류 기준)

---

5 t-분포 확률적 임베딩(t-SNE)은 데이터의 차원 축소에 사용되는 머신러닝 알고리즘 중 하나로, 제프리 힌튼이 개발했습니다(출처: https://ko.wikipedia.org/wiki/T-분포_확률적_임베딩).

데이터 탐색 요약

지금까지 간단한 데이터 탐색과 시각화 작업을 통해 쇼핑몰 상품 데이터의 특징을 확인했습니다. 앞에서 분석한 데이터에 의하면 다음과 같이 요약할 수 있습니다.

1. 소분류>세분류>중분류>대분류 순서로 상품 카테고리가 편중되어 있다.
2. 상품명(product)과 정제된 상품명(model)의 텍스트에 카테고리 분류 정보가 포함되어 있다.
3. 문법에 맞지 않는 비정형 텍스트 형식으로 제공되었다.
4. 상품 이미지 피처는 카테고리 특징을 담고 있다.

아직 살펴보지 못한 데이터가 많으니 탐색적 데이터 분석을 통해 분류 모델에 활용할 수 있는 다른 특징도 찾아보기 바랍니다.

1.4 베이스라인 모델 실행

아레나 1회 대회 베이스라인 추천 모델과 이를 평가할 수 있는 채점 소스를 깃허브(https://github.com/kakao-arena/shopping-classification)에 공개하고 있습니다. 공개된 소스를 통해 결과 제출 형식과 채점 방식을 정확히 이해하고 대회에 참여하기 바랍니다. 제공된 베이스라인 추천 모델의 채점 결과는 다음과 같습니다.

팀명	멤버	스코어	제출 횟수	마지막 제출
baseline	BASELINE	**0.885674**	6	2년 전

그림 1.22 베이스라인 추천 모델 제출 결과

1.4.1 실행 코드 가져오기

대회에서 공개된 깃허브 저장소에서 소스를 내려받습니다. 실행하는 PC에 git이 설치돼 있지 않다면 깃허브의 저장소에서 직접 내려받으면 됩니다.

코드 1.1 _ 대회 베이스라인 모델 소스 내려받기

```
$ git clone https://github.com/kakao-arena/shopping-classification
$ cd shopping-classification
```

1.4.2 필요 패키지 설치하기

베이스라인 소스를 실행하려면 requirements.txt에 명시된 패키지가 설치되어 있어야 합니다. 다음 명령어로 소스 실행에 필요한 파이썬 패키지를 설치합니다.[6] 이 베이스라인 소스는 맥(Mac) 환경에서 파이썬 2.7/3.5+, 케라스(keras), 텐서플로(tensorflow) 기준으로 작성되었습니다.

코드 1.2 _ 필요 패키지 설치하기

```
$ pip install -r requirements.txt
```

1.4.3 대회 데이터 저장

대회 데이터셋은 소스가 실행될 디렉터리의 상위 디렉터리(../)에 저장합니다. 지정된 경로 외의 다른 위치에 저장했다면 config.json의 train_data_list, dev_data_list, test_data_list 설정값을 데이터셋의 저장 경로로 수정하면 됩니다.

코드 1.3 _ 대회 데이터셋 저장 위치

```
# config.json의 데이터셋 저장 경로
{
    "train_data_list": [
        "../train.chunk.01",
        "../train.chunk.02",
        "../train.chunk.03",
        "../train.chunk.04",
        "../train.chunk.05",
        "../train.chunk.06",
```

6 (엮은이) 윈도우 환경에서 실습하는 경우 mmh3 설치 시 "Microsoft Visual C++ 14.0 is required" 오류가 발생한다면 https://visualstudio.microsoft.com/ko/visual-cpp-build-tools/에서 Build Tools를 다운로드해 설치합니다.

```
            "../train.chunk.07",
            "../train.chunk.08",
            "../train.chunk.09"
        ],
        "dev_data_list": [
            "../dev.chunk.01"
        ],
        "test_data_list": [
            "../test.chunk.01",
            "../test.chunk.02"
        ],
        ...
}
```

1.4.4 학습 데이터와 평가 데이터 나누기

학습에 필요한 데이터셋을 생성합니다. 아래 명령어를 실행하면 train 데이터의 80%는 학습, 20%는 평가로 사용하게 데이터가 나뉩니다. 이 명령어를 실행하기 전에 python data.py build_y_vocab 명령어로 y_vocab.cPickle 데이터 생성이 필요한데, 소스 저장소에 생성한 파일이 포함되어 있으므로 다시 만들지 않아도 됩니다. 참고로 Python 2는 y_vocab.cPickle 파일을 사용하고, Python 3는 y_vocab.py3.cPickle 파일을 사용합니다.[7]

코드 1.4 _ 데이터셋 나누기 실행

```
$ python data.py make_db train
```

데이터셋 나누기 실행 결과로 ./data/train 경로에 data.h5py, meta 2개의 파일이 생성됩니다. 맥북 프로(MacbookPro) 노트북(8GB 램, 8 논리 코어, python2, tensorflow-CPU-Only)으로 기본 설정값과 train_data_list에 파일을 하나 사용했을 때와 모두(9개) 사용했을 때의 소요 시간은 다음과 같습니다.

---

7 (엮은이) 윈도우에서 GPU를 사용할 때 Could not load dynamic library 'cudart64_101.dll'; dlerror: cudart64_101.dll not found 오류가 발생하는 경우 다음 주소에서 CUDA Toolkit 10.1을 다운로드해 설치합니다. https://developer.nvidia.com/cuda-10.1-download-archive-update2

코드 1.5 _ 실행시간 측정 결과

```
- train_data_list 1개 파일 : 수행 시간 16분 42초
- train_data_list 9개 파일 : 수행 시간 2시간 3분
```

1.4.5 베이스라인 모델 학습하기

아래 명령어를 실행하면 ./data/train에 생성한 데이터셋으로 학습을 진행합니다. 완성된 모델은 ./model/train에 저장됩니다.[8]

베이스라인 알고리즘은 카테고리를 계층 구분없이 "대>중>소>세"로 표현해 정답 데이터를 구성했습니다. 그 뒤에 간단한 선형 모델로 네트워크를 구성했는데, 텍스트 데이터를 정규화한 후 단어 빈도가 높은 순서로 N개의 워드와 그에 대한 빈도를 입력으로 받습니다. 워드는 임베딩되고, 빈도는 가중치로 작용하게 됩니다. 실행 명령어의 입력 파라미터의 의미는 다음과 같습니다.

- train은 분류기(classifier.py)의 학습과 예측 기능 중 학습 기능을 호출하는 식별값입니다.
- ./data/train은 학습 데이터가 저장된 경로입니다.
- ./model/train은 학습이 완성된 모델이 저장될 경로입니다.

코드 1.6 _ 베이스라인 모델 학습 실행

```
$ python classifier.py train ./data/train ./model/train
```

맥북 프로 노트북(8GB 램, 8 논리 코어, python2, tensorflow-CPU-Only)으로 기본 설정값과 train_data_list에 파일을 하나 사용했을 때와 모두(9개) 사용했을 때의 소요 시간은 다음과 같습니다.

8 (옮긴이) Could not load dynamic library 'cudnn64_7.dll'; dlerror: cudnn64_7.dll not found 메시지가 발생하는 경우 https://developer.nvidia.com/cudnn에서 cuDNN v7.6.5 (November 5th, 2019), for CUDA 10.1을 다운로드해, cudnn64_7.dll 파일을 C:\Program Files\NVIDIA GPU Computing Toolkit\CUDA\v10.1\bin으로 복사합니다.

코드 1.7 _ 실행시간 측정 결과

```
- train_data_list 1개 파일 : 1 epoch 당 수행 시간 6분 41초
- train_data_list 9개 파일 : 1 epoch 당 수행 시간 50분
```

1.4.6 베이스라인 모델로 결과 생성하기

train 데이터로 나누어진 20%의 평가 데이터에 대하여 예측한 결과를 predict.tsv에 저장합니다. 실행 명령어의 입력 파라미터의 의미는 다음과 같습니다.

- predict는 분류기(classifier.py)의 학습과 예측 기능 중 예측 기능을 호출하는 식별값입니다.
- ./data/train은 학습 데이터가 저장된 경로입니다(두 번째 파라미터).
- ./model/train은 예측에 사용될 모델이 저장된 경로입니다.
- ./data/train/은 평가 데이터가 저장된 경로입니다(네 번째 파라미터).
- dev는 평가 데이터(data.h3py)의 그룹 식별값입니다. dev로 명시할 경우 /dev 하위 그룹의 데이터셋을 참조합니다.
- predict.tsv는 예측 결과가 저장될 파일의 경로입니다.

코드 1.8 _ 베이스라인 모델 결과 생성하기

```
$ python classifier.py predict ./data/train ./model/train ./data/train/ dev predict.tsv
```

생성된 predict.tsv는 다음의 형식으로 저장됩니다.

코드 1.9 _ predict.tsv 저장 형식

```
{pid}\t{대분류}\t{중분류}\t{소분류}\t{세분류}\n
T1878268281\t3\t3\t38\t8
L3203227501\t3\t3\t40\t9
...
```

1.4.7 결과 데이터 채점하기

예측한 결과에 대해 평가 점수를 계산해 출력합니다. 실행 명령어의 입력 파라미터는 다음과 같습니다.

- predict.tsv는 예측 결과가 저장된 파일입니다.
- ./data/train/data.h5py는 HDF5 형식의 카테고리 정답 정보가 있는 파일입니다.
- dev는 정답 파일(data.h3py)의 그룹 식별값입니다. dev로 명시할 경우 /dev 하위 그룹의 데이터셋을 참조합니다. 그룹은 dev, train이 있습니다.
- ./data/y_vocab.cPickle은 카테고리를 계층 구분 없이 하나의 분류로 묶어 순차 식별값을 부여해 저장한 파일입니다. Python 3에서는 y_vocab.cPickle 파일 대신 y_vocab.py3.cPickle 파일을 사용합니다.

코드 1.10 _ 결과 데이터 채점하기

```
$ python evaluate.py evaluate predict.tsv ./data/train/data.h5py dev ./data/y_vocab.cPickle
```

1.4.8 결과 제출하기

dev 데이터셋 전체를 예측 용도로 사용하기 위해 train_ratio 값을 0.0으로 설정해 dev 데이터 전체를 평가 데이터셋으로 생성합니다. 학습된 베이스라인 모델로 생성된 dev 데이터셋에 대한 예측 결과를 생성합니다. 예측 결과는 baseline.predict.tsv로 생성됩니다.

코드 1.11 _ 결과 제출 파일 생성하기

```
$ python data.py make_db dev ./data/dev --train_ratio=0.0
$ python classifier.py predict ./data/train ./model/train ./data/dev/ dev baseline.predict.tsv
```

baseline.predict.tsv 파일을 zip으로 압축한 후 카카오 아레나 홈페이지에 제출합니다. 제출하는 과정은 그림 1.23과 같이 1~6단계로 진행하면 됩니다. baseline.predict.tsv의 압축을 풀었을 때 예측 결과가 디렉터리 없이 최상위에 있어야 합니다.

(1) 카카오 아레나 로그인

(2) 1회 대회 참여하기

(3) 제출파일 준비(zip압축)

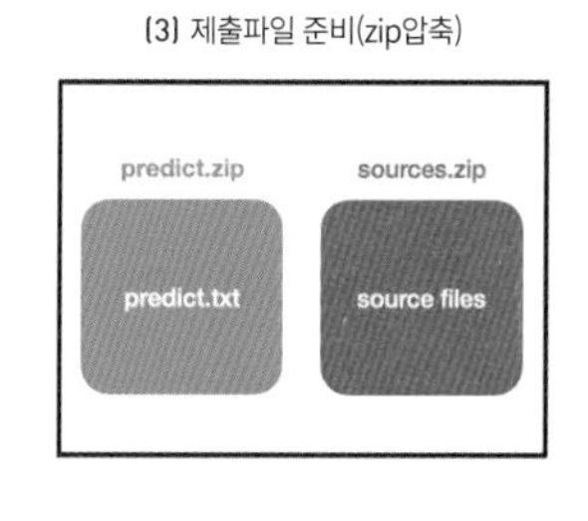

(4) 결과 제출하기

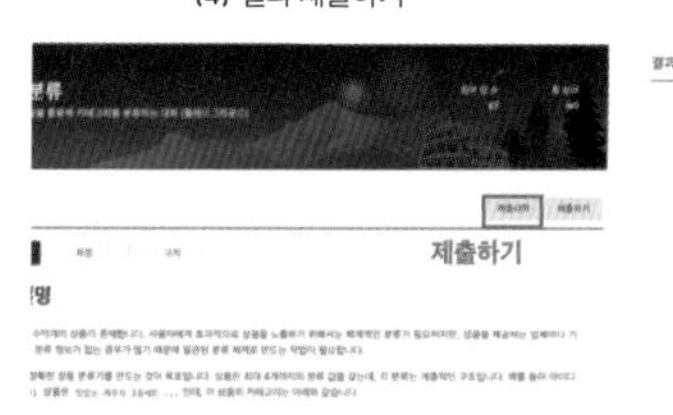

(5) 결과 파일 제출

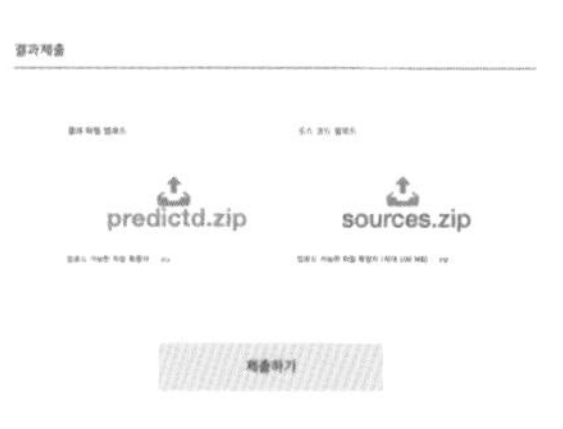

(6) 제출 결과확인

그림 1.23 카카오 아레나 결과 제출 과정

02장

쇼핑몰 상품 카테고리 분류 1등 솔루션

2.1 접근 방법

2.2 실행 환경 구축

2.3 솔루션 코드 실행

2.4 솔루션 코드 분석

본 대회는 쇼핑몰에 등록된 상품의 텍스트, 이미지 등의 정보를 활용해 카테고리를 분류하는 것입니다. 이를 위해 1등 솔루션은 딥러닝(Deep Learning) 방법을 활용했으며 특히 텍스트 정보를 처리하기 위해 트랜스포머(Transformer)[1] 기반의 인코더(Encoder)를 사용했습니다. 트랜스포머는 최근 자연어처리 분야에서 뜨거운 관심을 받고 있는 아키텍처입니다. 참고로 본 대회에서 우승에 사용된 솔루션은 LSTM(Long short-term memory) 기반의 텍스트 인코더였으나 집필 과정에서 최신 기술인 트랜스포머로 수정했습니다. 유사한 실험 환경에서 단일-모델 기준으로 이전 솔루션에 비해 새로운 솔루션의 성능이 우세함을 표 2.1에서 확인할 수 있습니다.

표 2.1 이전 솔루션과 새로운 솔루션의 점수 비교

솔루션	결합 방법	공개 리더보드	최종 리더보드	은닉 크기
LSTM 기반	단일-모델	1.0722	(이용불가)	1000
	앙상블-4개 모델	1.0827	(이용불가)	700, 800, 900, 1000
	앙상블-6개 모델	1.0845	1.0859	700, 800, 900, 1000, 1100, 1200
트랜스포머 기반	단일-모델	1.0737	(이용불가)	512
	앙상블-5개 모델	1.0827	(이용불가)	512, 512, 512, 512, 512

성능을 높이기 위해 여러 개의 단일-모델을 결합한 앙상블 모델에서는 오히려 이전 LSTM 기반 솔루션의 공개 리더보드 점수가 새로운 솔루션보다 더 높음을 볼 수 있습니다. 이전 솔루션은 점수를 최대한 높이기 위해 다양한 은닉 크기의 모델을 만들어 앙상블했기 때문입니다. 이에 비해 새로운 솔루션에서는 일반적으로 많이 사용되는 5-폴드(fold) 앙상블을 활용했습니다. 이 방법으로 동일한 은닉 크기를 가진 모델을 만들어 앙상블이 가능합니다. 더 작은 크기의 모델을 앙상블하여 성능을 높이려면 충분히 선택이 가능한 방법입니다. 만약 이전 솔루션처럼 성능을 끌어올리려면 다양한 은닉 크기의 모델을 만들어 앙상블할 수 있습니다.

텍스트 인코더로 LSTM을 사용한 이전 솔루션을 참고하고 싶다면 다음 링크를 참고해 주세요. https://github.com/lime-robot/product-categories-classification

1 Vaswani, Ashish, et al. "Attention is all you need." *Advances in neural information processing systems*. 2017.

LSTM과 트랜스포머 비교

여기서 잠시 솔루션의 인코더로 사용되는 LSTM과 트랜스포머를 비교하고 넘어가겠습니다. LSTM과 트랜스포머 둘 다 시퀀스 데이터(Sequence data)를 압축된 정보로 인코딩하는 데 사용할 수 있습니다. 그림 2.1에서 순차 데이터 [A, B, C, …, Z]를 압축된 정보로 만드는 과정을 보여주고 있습니다.

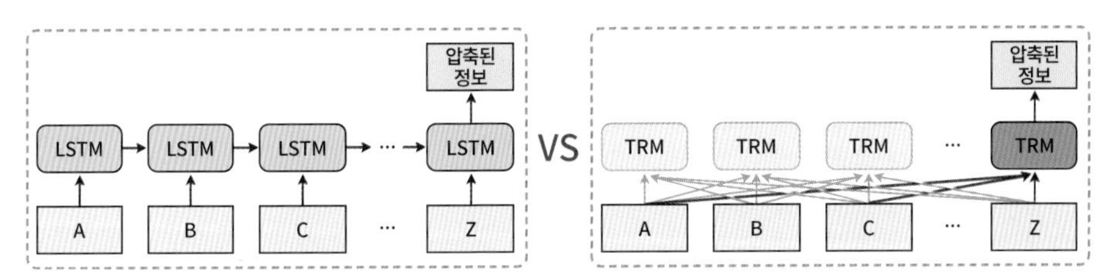

그림 2.1 LSTM(왼쪽)과 트랜스포머(오른쪽)의 시퀀스 데이터를 압축하는 과정 비교. 오른쪽 블록에서 압축된 정보를 만들 때 사용되지 않는 TRM은 연하게 표시했습니다.

시퀀스 데이터

시퀀스 데이터란 데이터 내의 각 요소가 순서를 가지고 배열된 데이터입니다. 이 때문에 순서가 바뀌면 데이터가 내포한 정보가 변경되거나 손실될 수 있습니다. 예컨대 시퀀스 데이터 ["압축된", "정보로", "인코딩", "합니다"]를 ["인코딩", "정보로", "압축된", "합니다"]로 순서만 변경해도 원래의 의미를 잃어버리게 됩니다.

LSTM과 트랜스포머의 큰 차이점은 A와 압축된 정보 사이에 얼마나 많은 셀을 거치는지입니다. LSTM은 시퀀스 데이터의 길이만큼 LSTM 셀을 거쳐가야 합니다. 그에 비해 트랜스포머는 TRM(Transformer Module) 셀을 1번밖에 거치지 않습니다. 셀을 많이 거칠수록 정보가 변형될 가능성이 높아지며 학습의 난이도가 올라갑니다. 이런 이유로 길이가 긴 시퀀스 데이터에서 LSTM은 약한 모습을 보이며 트랜스포머는 강한 모습을 보입니다. 또한 트랜스포머는 내부 모듈에 입력을 출력에 더하는 잔차 연결(Residual connection)이 사용되었습니다. 잔차 연결이 없는 LSTM은 4층만 초과하여도 학습시키기 어렵지만[2] 잔차 연결이 있는 트랜스포머는 12층, 24층으로 깊게 쌓아 학습시킬 수 있습니다. 깊게 쌓으면 모델의 용량(Capacity)

2 Wu, Yonghui, et al. "Google's neural machine translation system: Bridging the gap between human and machine translation." arXiv preprint arXiv:1609.08144 (2016).

이 늘어나므로 더 나은 성능을 보일 수 있습니다. 이러한 장점 때문에 트랜스포머는 자연어처리 분야에서 널리 쓰이는 아키텍처가 되었습니다.

필요 하드웨어 사양

본 대회의 데이터는 상당히 큰 편입니다. 큰 용량 때문에 데이터 전처리와 딥러닝 모델의 학습에 많은 시간이 소요되며 상당히 높은 컴퓨터 사양을 요구합니다. 최근 딥러닝 모델의 학습을 가속하기 위한 장비로 NVIDIA의 GPU(Graphic Processing Unit)가 주로 사용되고 있습니다. 본 솔루션 코드도 NVIDIA의 GPU가 필수적으로 요구됩니다. 표 2.2는 최소 하드웨어 요구 사항입니다. 컴퓨터 사양이 낮다면 실행 중 메모리와 저장공간의 용량 부족으로 실행이 실패할 수 있음에 유의합니다. 특히 저장장치로 속도가 빠른 SDD가 아닌 느린 HDD에서 학습을 수행하면 5~10배 이상의 시간이 추가로 소요될 수 있습니다.

표 2.2 하드웨어 요구 사항

하드웨어 부품	최소 요구 사양
CPU	2.2GHz 4코어 이상
RAM	16GB 이상의 용량
GPU	NVIDIA GTX 1080 이상
SDD	180GB 이상의 저장 공간

최소 요구 사양에서 솔루션의 학습 과정을 완료하는 데 36시간 정도가 소요됩니다. 학습에 소요되는 시간을 줄이는 방법으로 더 상위의 GPU를 사용하거나 2장 이상의 GPU로 병렬학습을 할 수 있습니다. 권장사양보다 상위 GPU인 RTX 2080Ti를 사용하면 학습 시간이 약 18시간으로 줄어듭니다. 2장의 RTX 2080Ti로 병렬학습을 수행하면 약 12시간으로 줄어듭니다. 참고로 본 솔루션 코드는 컴퓨터에 GPU가 2대 이상 설치돼 있으면 자동으로 데이터 병렬학습을 수행합니다. 동일한 GPU 카드가 2대 이상 설치돼 있어야 병렬학습의 효과를 볼 수 있습니다.

이제부터 쇼핑몰 상품 카테고리 분류 대회에서 1등을 차지한 솔루션을 살펴보겠습니다.

모델(Model)이란?

모델은 입력을 받으면 그에 대응하는 출력을 냅니다. 예를 들어 메일 제목과 본문을 입력 x로 받아서 스팸인지 아닌지를 나타내는 $\hat{y}$를 출력하는 박스를 모델로 생각해 볼 수 있습니다.

입력 x ⟶ **모델** $f_\theta(x)$ ⟶ 입력 $\hat{y}$

모델을 $f_\theta(\cdot)$로 표현

모델의 작동을 식 $\hat{y}=f_\theta(\cdot)$로도 표현할 수 있습니다. 식 괄호 안의 ·으로 x를 입력하면 함수 $f_\theta(\cdot)$가 $\hat{y}$를 출력하는 것을 나타낸 것입니다. 여기서 흥미로운 점은 f 문자의 아래 첨자로 파라미터를 나타내는 θ 문자가 있는 것입니다. 이는 x와 $\hat{y}$의 대응 관계를 나타내는 함수 $f_\theta(\cdot)$는 파라미터로 조절된다는 것을 나타냅니다. 예컨대 $f_\theta(x)$로 선형 레이어(Linear layer)를 사용하면 $\hat{y}=f_\theta(x)$는 식 $\hat{y}=wx+b$로 표현됩니다. 식에서 볼 수 있듯이 x와 $\hat{y}$의 대응관계는 파라미터 w, b로 조절이 가능합니다. 참고로 단순한 선형 레이어를 $f_\theta(x)$로 사용했기에 x와 $\hat{y}$의 복잡한 대응관계는 나타낼 수 없습니다. 복잡한 딥러닝 아키텍처를 사용하면 x와 $\hat{y}$의 복잡한 대응 관계를 나타낼 수 있습니다.

2.1 접근 방법

대회의 문제를 풀기 위해 어떤 식으로 접근해야 하는지 방법을 설명합니다. 이번 절에서 설명하는 머신러닝 파이프라인을 구체화한 솔루션 코드 실행 방법은 2.3절, 솔루션 코드의 설명은 2.4절에서 다룹니다.

2.1.1 문제 파악

대회에 참가한다는 것은 주어진 머신러닝 문제를 푼다는 것입니다. 어떤 문제를 풀 것인지는 대회의 이름과 그 아래의 설명을 보면 알 수 있습니다. 그림 2.2에서 큰 텍스트가 대회 이름이고 아래는 부연 설명입니다.

플레이그라운드

쇼핑몰 상품 카테고리 분류

쇼핑몰에 등록된 상품의 텍스트, 이미지 정보등을 활용해 카테고리를 분류하는 대회 (플레이그라운드)

그림 2.2 대회 메인 페이지에서 캡처한 대회 이름과 부연 설명

이를 통해 본 대회의 과제는 **쇼핑몰에 등록된 상품의 카테고리 분류**라는 것을 알 수 있습니다. 그런데 카테고리 분류라는 것의 의미는 무엇일까요? 더 자세한 정보를 얻기 위해 대회 메인 페이지로 가봅시다. URL은 다음과 같습니다. https://arena.kakao.com/c/5

대회 메인 페이지에서 개요 메뉴 아래의 **상세 설명, 채점, 규칙** 등을 읽습니다. 참고로 규칙 탭은 필수적으로 읽어주는 것이 좋습니다. 대회 규칙을 어긴 것 때문에 수상을 못 하게 될 수 있기 때문입니다.

메뉴
개요
데이터
리더보드
포럼

개요
상세 설명 채점 규칙
대회 설명
다음쇼핑에는 수억개의 상품이 존재합니다. 사용자에게 효과

그림 2.3 대회 메인 페이지의 개요 메뉴를 선택했을 때의 화면

상세 설명 탭 읽기

상세 설명 탭에서 대회가 풀고자 하는 문제에 대해 추가로 정보를 얻을 수 있습니다. 여기서 카테고리가 무엇인지 파악할 수 있습니다.

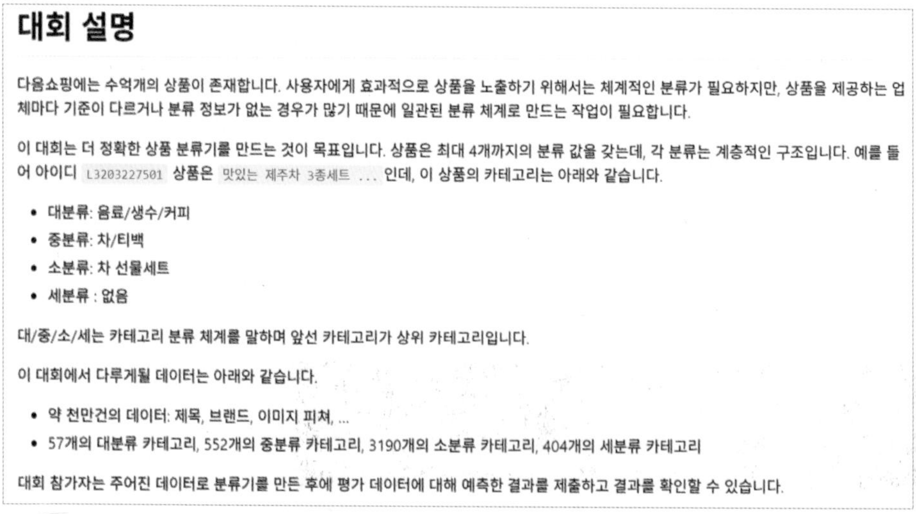

대회 설명

다음쇼핑에는 수억개의 상품이 존재합니다. 사용자에게 효과적으로 상품을 노출하기 위해서는 체계적인 분류가 필요하지만, 상품을 제공하는 업체마다 기준이 다르거나 분류 정보가 없는 경우가 많기 때문에 일관된 분류 체계로 만드는 작업이 필요합니다.

이 대회는 더 정확한 상품 분류기를 만드는 것이 목표입니다. 상품은 최대 4개까지의 분류 값을 갖는데, 각 분류는 계층적인 구조입니다. 예를 들어 아이디 `L3203227501` 상품은 `맛있는 제주차 3종세트 ...` 인데, 이 상품의 카테고리는 아래와 같습니다.

- 대분류: 음료/생수/커피
- 중분류: 차/티백
- 소분류: 차 선물세트
- 세분류 : 없음

대/중/소/세는 카테고리 분류 체계를 말하며 앞선 카테고리가 상위 카테고리입니다.

이 대회에서 다루게될 데이터는 아래와 같습니다.

- 약 천만건의 데이터: 제목, 브랜드, 이미지 피쳐, ...
- 57개의 대분류 카테고리, 552개의 중분류 카테고리, 3190개의 소분류 카테고리, 404개의 세분류 카테고리

대회 참가자는 주어진 데이터로 분류기를 만든 후에 평가 데이터에 대해 예측한 결과를 제출하고 결과를 확인할 수 있습니다.

그림 2.4 개요 메뉴 아래의 상세 설명 탭 내용

카테고리는 상품이 어떤 종류에 속하는지 나타내는 일종의 태그(Tag)로 생각할 수 있습니다. 카테고리는 대 · 중 · 소 · 세의 계층적 구조로 구성되며 왼쪽의 카테고리가 상위 카테고리입니다. 즉 **대**에 **중**이 포함되고, **중**에 **소**가 포함되며, **소**에 **세**가 포함되는 구조입니다.

그렇다면 상품의 **카테고리 분류**라고 하는 것은 상품이 속하는 대 · 중 · 소 · 세 카테고리가 무엇인지를 찾아내는 것을 의미한다고 볼 수 있겠습니다. 예컨대 **대 카테고리 분류**는 상품이 57개 중에 속하는 1개의 대분류 카테고리를 찾는 것입니다. **중 카테고리 분류**는 552개 중 1개를, **소 카테고리 분류**는 3,190개 중 1개를, **세 카테고리 분류**는 404개 중 1개를 찾는 것입니다.

여기서 생기는 궁금증은 그렇다면 상품의 어떤 정보를 가지고 카테고리를 분류하느냐는 것입니다. 이에 대한 초기의 답은 대회 데이터의 구성을 보고 분류 대상인 카테고리를 제외한 모든 정보를 사용해 본다는 것입니다. 예컨대 상품은 하나의 **아이디, 상품명과 추가정보(예: 이미지), 대 · 중 · 소 · 세 카테고리**를 가지고 있는데 그중 **상품명과 추가정보(예: 이미지)**를 보고 카테고리를 분류한다는 것입니다.

그런데 실험을 반복하다 보면 카테고리를 제외한 모든 정보를 사용하는 것보다는 노이즈가 적은 특정 정보만 사용하는 것이 나을 수도 있습니다. 즉, 어떤 정보를 사용할지는 참가자마다 약간씩 다르고 어떤 정보를 사용했느냐가 우승에 영향을 미칠 수 있습니다. 본 솔루션에서 어떤 정보를 사용했는지는 2.4.1의 데이터 전처리에서 참고할 수 있습니다.

채점 탭 읽기

채점 탭은 대회에서 어떤 평가 방법으로 점수를 매기는지를 알려줍니다. 대회에서는 대 · 중 · 소 · 세 개별 카테고리의 정확도를 계산하고 서로 다른 가중치를 주어 전체 정확도를 계산합니다.

하나 주의해야 할 것으로 소 · 세 카테고리 중 일부는 값이 −1로 돼 있다는 것입니다. 값이 −1일 때는 모델 학습 시에 손실(loss) 계산에서 제외하는 예외 처리가 필요합니다. 이 점을 솔루션에서 어떻게 해결했는지 코드 2.1 cate_model.py에서 참고할 수 있습니다(2.4.2항).

목표

제출된 결과는 정확도로 평가합니다. 예측한 결과중에 실제 카테고리와 맞는 비율을 구하게 됩니다.

상품이 계층적인 카테고리를 가지므로 하나의 상품마다 총 4개의 카테고리를 예측해야합니다. 예측한 카테고리 정보에 대해서는 대분류/중분류/소분류/세분류 마다 정확도를 측정하게 되며, 최종적인 평가 점수는 아래와 같이 각 카테고리별 정확도에 가중치를 고려한 값으로 계산합니다. (최대 1.225)

- ((대분류 정확도) * 1.0 + (중분류 정확도) * 1.2 + (소분류 정확도) * 1.3 + (세분류 정확도) * 1.4) / 4

모든 샘플은 대/중분류 값이 존재하지만 소나 세분류 값은 없을 수도 있습니다. 예측 결과 파일을 제출할 때는 이점을 무시하고 모든 분류에 대해 예측해야합니다. 하지만 채점시에 실제로 존재하지 않는 분류 체계에 대해서는 점수에 영향을 주지 않습니다. 예를 들어 대/중/소까지 분류 값이 존재하는 샘플에 대해서는 세 분류에 대해 어떤 값을 예측하더라도 점수에는 영향을 주지 않습니다.

그림 2.5 개요 메뉴 아래의 채점 탭 상단 내용

채점 탭의 아랫부분에서는 상품의 카테고리를 예측한 다음 어떤 양식으로 제출해야 하는지를 설명하고 있습니다. 제출 파일을 생성할 때 이 내용을 참고합니다.

아이디로 T1878268281를 가진 상품의 카테고리가 2/1/2/2로 예측됐다면 그림 2.6의 예시처럼 이들을 탭으로 구분하여 한 라인에 기록합니다. 참고로 \t는 탭을 나타내는 문자입니다.

제출 파일 양식

리더보드용 제출

`dev` 로 주어진 데이터에 대해 카테고리를 예측한 결과를 아래와 같은 포맷의 `tsv` 파일로 만든 후에 zip 파일로 압축하여 제출합니다.

```
T1878268281\t2\t1\t2\t2
L3203227501\t3\t1\t2\t9
```

각 라인은 하나의 상품에 대한 예측 결과이며 탭으로 구별하여 총 4개의 카테고리ID를 기록하면 됩니다.

최종 평가용 제출

`test` 로 주어진 데이터에 대해 위와 동일한 양식으로 제출합니다. 최종 평가용으로 제출한 결과는 대회 최종 순위 평가에 사용됩니다.

그림 2.6 개요 메뉴 아래의 채점 탭 하단 내용

2.1.2 데이터 구성 확인

대회의 문제를 파악했다면 다음으로 대회 메인 페이지의 데이터 메뉴에서 데이터의 구성을 확인합니다. 데이터의 개수는 몇 개인지, 예측해야 하는 카테고리가 어떤 형태로 저장됐는지, 카테고리 예측을 위해 상품의 어떤 데이터를 사용 가능한지, 특이사항은 없는지 등을 확인합니다.

대회별로 약간의 차이는 있겠지만 보통 데이터셋은 3개가 주어집니다. 본 대회 역시 데이터셋 설명에 따르면 train, dev, test의 3개의 데이터셋으로 나뉘어져 있습니다. 각 데이터셋의 설명은 표 2.3을 참고합니다.

표 2.3 각 데이터셋의 설명과 레이블 유무

데이터셋	설명	레이블 유무
train set	모델의 학습용도로 사용됨	O
dev set	공개 리더보드에서 순위와 점수 확인용	X
test set	최종 순위 도출 용도	X

데이터 메뉴 페이지의 하단에서 실제 데이터의 구성을 볼 수 있습니다. 파일 목록에서 각 파일을 클릭해 봅니다. 특히 그림 2.7과 같이 한 파일 내의 칼럼에서 카테고리 예측을 위해 필요한 상품 정보가 무엇이 있는지 살펴볼 수 있습니다.

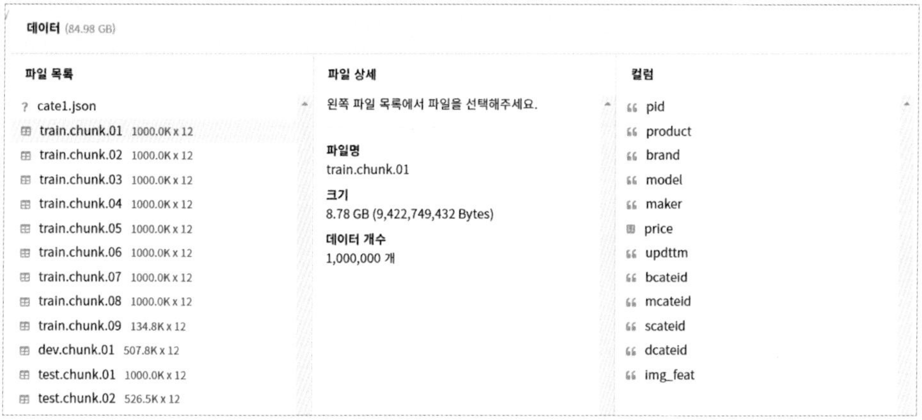

데이터 (84.98 GB)

파일 목록
? cate1.json
train.chunk.01 1000.0K x 12
train.chunk.02 1000.0K x 12
train.chunk.03 1000.0K x 12
train.chunk.04 1000.0K x 12
train.chunk.05 1000.0K x 12
train.chunk.06 1000.0K x 12
train.chunk.07 1000.0K x 12
train.chunk.08 1000.0K x 12
train.chunk.09 134.8K x 12
dev.chunk.01 507.8K x 12
test.chunk.01 1000.0K x 12
test.chunk.02 526.5K x 12

파일 상세
왼쪽 파일 목록에서 파일을 선택해주세요.
파일명
train.chunk.01
크기
8.78 GB (9,422,749,432 Bytes)
데이터 개수
1,000,000 개

컬럼
pid
product
brand
model
maker
price
updttm
bcateid
mcateid
scateid
dcateid
img_feat

그림 2.7 데이터 메뉴 페이지의 하단 부분에서 데이터의 구성을 살펴볼 수 있습니다.

2.1.3 머신러닝 파이프라인 구현

이제 위에서 얻은 정보를 가지고 본 대회의 문제를 풀기 위한 머신러닝 파이프라인을 구현합니다. 여기서는 파이프라인의 각 과정을 간단하게 설명하겠습니다. 각 과정에 대한 자세한 설명은 2.4절에서 살펴볼 수 있습니다.

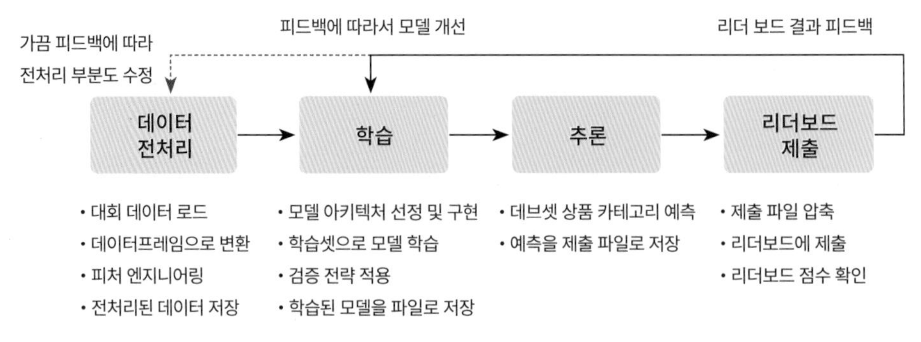

그림 2.8 대회를 위한 머신러닝 파이프라인

데이터 전처리(Data Preprocessing)

다운로드받은 대회 데이터를 학습에 적합한 형태로 변환하여 파일로 저장하는 과정입니다. 학습에 적합한 형태는 무엇일까요? 1) 학습 과정에서는 학습 데이터를 모두 불러와야 하기에 대용량 데이터를 빠르고 간편하게 불러올 수 있는 형태여야 합니다. 2) 원시 데이터(Raw Data, 전처리 전 대회 데이터)에서 모델의 성능을 개선하기 위한 가공 등이 수행된 형태여야 합니다. 마지막으로 가공이 완료된 형태의 데이터는 3) 학습 과정에서 사용하기 위해 저장합니다.

이 과정을 1) 데이터프레임으로 변환, 2) 피처 엔지니어링, 3) 전처리된 데이터를 저장으로 표현하고 각 과정을 설명하겠습니다.

1) 데이터프레임으로 변환

대회 데이터를 판다스(Pandas)의 데이터프레임(DataFrame)으로 변환하면 데이터를 빠르고 간편하게 불러올 수 있습니다. 이를 위해 HDF5 포맷으로 저장된 대회 데이터를 판다스의 데이터프레임으로 변환합니다. 그리고 카테고리 분류기를 만드는 학습 방법으로 지도학습(Supervised Learning)을 사용합니다. 따라서 그림 2.9와 같이 데이터프레임이 (x, y) 쌍에 포함되는 칼럼을 갖게 만들어야 합니다. x는 모델의 입력으로 들어가는 상품 정보이며 y는 모델이 맞춰야 하는 정답 카테고리입니다.

	pid	product	brand	maker	model	price	bcatenm	mcatenm	scatenm	dcatenm
0	O4486751463	직소퍼즐 - 1000조각 바다거북의 여행 (PL1275)	퍼즐라이프	상품상세 설명 참조	퍼즐라이프 직소퍼즐 바다거북의 여행	16520	악기/취미/만들기	보드게임/퍼즐	직소/퍼즐	-1
1	P3307178849	[모리케이스]아이폰6S/6S+ tree farm101 - 다이어리케이스[바보사랑][무료배송]	바보사랑	MORY|해당없음	아이폰6S/6S+ tree farm101 - 다이어리케이스|아이폰6S/6S+	20370	휴대폰/액세서리	휴대폰액세서리	아이폰액세서리	-1
2	R4424255515	크리비아 기모 3부 속바지 GLG4314P	크리비아		크리비아 기모 3부 속바지 GLG4314P	-1	언더웨어	보정언더웨어	속바지/속치마	-1
3	F3334315393	[하프클럽/잭앤질]남성 솔리드 절개라인 포인트 포켓 팬츠 31133PT002_NA	잭앤질	㈜크리스패션	[잭앤질] 남성 솔리드 절개라인 포인트 포켓 팬츠 31133PT002_NA	16280	남성의류	바지	일자면바지	-1
4	N731678492	코드프리혈당시험지50매/코드프리시험지/최장유효기간		기타	SD코드프리혈당시험지[50매]	-1	건강관리/실버용품	건강측정용품	혈당지	-1

x　　y

그림 2.9 대회 데이터의 학습셋을 데이터프레임으로 변환하고 5개 행만 출력한 결과입니다. 왼쪽 5개 칼럼은 x인 상품 정보이며, 오른쪽 4개의 칼럼은 y인 정답 레이블입니다.

 HDF5 포맷

간단하게 설명하면 대용량 데이터를 저장하기 위한 파일 포맷입니다. 지원하는 객체 타입이 numpy의 array와 파이썬의 딕셔너리와 매우 유사하기 때문에 파이썬 유저가 사용하기에 어렵지 않은 포맷입니다. h5py 패키지를 사용해 HDF5 포맷의 파일을 다룰 수 있습니다.

2) 피처 엔지니어링(Feature Engineering)

원시 데이터에서 모델의 성능 향상을 위한 목적으로 데이터를 가공하는 과정을 말합니다. 새로운 피처를 만들어 내거나 불필요한 피처를 제거할 수 있습니다. 쉽게 말하면 기존 테이블의 칼럼의 정보를 활용해 새로운 칼럼을 추가하거나 특정 칼럼을 제거한다고 볼 수 있습니다. 예컨대 그림 2.10처럼 `tokens` 칼럼은 새로 추가되고 `brand`, `maker`, `model`, `price` 칼럼은 제거된 데이터프레임을 만들 수 있습니다.

	pid	product	tokens	bcatenm	mcatenm	scatenm	dcatenm
0	O4486751463	직소퍼즐 - 1000조각 바다거북의 여...	▁직소퍼즐 ▁- ▁1000 조각 ▁바...	악기/취미/만들기	보드게임/퍼즐	직소/퍼즐	-1
1	P3307178849	[모리케이스]아이폰6S/6S+ tree...	▁[모리 케이스] 아이폰 6 S/...	휴대폰/액세서리	휴대폰액세서리	아이폰액세서리	-1
2	R4424255515	크리비아 기모 3부 속바지 GLG4314P	▁크리비아 ▁기모 ▁3 부 ▁속바지 ▁...	언더웨어	보정언더웨어	속바지/속치마	-1
3	F3334315393	[하프클럽/잭앤질]남성 솔리드 절개라인...	▁[하프 클럽 / 잭 앤 질] 남...	남성의류	바지	일자면바지	-1
4	N731678492	코드프리혈당시험지50매/코드프리시험지/...	▁코드 프리 혈 당 시험 지 50 매 ...	건강관리/실버용품	건강측정용품	혈당지	-1

그림 2.10 피처 엔지니어링이 적용된 데이터프레임의 5개 행만 출력한 결과

참고로 본 솔루션에서는 데이터프레임의 칼럼은 모델의 입력으로 사용되는 피처와 같은 의미로 사용하고 있습니다.

3) 전처리된 데이터를 저장

마지막 단계는 전처리가 완료된 데이터를 CSV(콤마로 칼럼을 구분하여 저장하는 포맷) 파일로 저장하는 것입니다. 그런데 대회 데이터의 특정 정보는 용량이 너무 커서 데이터프레임의 칼럼으로 추가할 수 없고 이 때문에 CSV 포맷의 파일로 저장할 수 없는 경우가 있습니다. 본 대회의 상품정보 중 img_feat 칼럼이 이에 해당합니다. 따라서 img_feat 칼럼만 CSV 포맷 파일이 아닌 별도의 HDF5 포맷으로 저장합니다.

참고로 본 대회는 학습셋(Train set), 데브셋(Dev set), 테스트셋(Test set)이 있으므로 데이터셋별로 전처리 과정이 적용됩니다. 즉, 총 3개의 (CSV 파일, HDF5 파일) 쌍이 생성됩니다.

학습(Training)

본 대회에서 풀고자 하는 문제인 상품의 카테고리를 분류하는 모델을 구현하여 학습시킨 후 저장하는 과정입니다. 이 과정을 1) 모델 아키텍처 선정 및 구현, 2) 모델 학습 진행, 3) 검증 전략 적용, 4) 학습된 모델을 파일로 저장으로 표현하고 각 과정을 설명하겠습니다.

1) 모델 아키텍처 선정 및 구현

모델의 아키텍처를 어떤 형태로 구성할지는 어떤 데이터를 다루는지, 풀고자 하는 문제가 무엇인지에 달려 있습니다. 본 대회에서 제공된 데이터는 상품 정보이며 풀고자 하는 문제는 분류(Classification)입니다. 즉, 모델의 입력은 상품 정보이며 출력은 분류 정보입니다. 이를 기반으로 모델을 다음처럼 설계해볼 수 있습니다. 상품 정보 중 상품명은 텍스트기 때문에 텍스트 데이터를 처리하는 데 빈번하게 사용되는 트랜스포머 인코더를 모델의 입력으로 사용합니다. 모델의 출력은 분류이므로 모델의 출력 부분에 분류기(Classifier)를 사용할 수 있습니다.

모델의 구현으로 페이스북 인공지능 연구실에서 개발한 딥러닝 모델 구현을 도와주는 파이썬 기반의 오픈소스 프레임워크인 파이토치(PyTorch)를 사용할 수 있습니다.

2) 모델 학습 진행

학습셋으로 앞 단계에서 구현한 모델을 학습시키는 단계입니다. 모델을 학습시킨다는 것의 의미는 다음과 같습니다. 모델은 내부적으로 파라미터를 가지고 있고 파라미터는 모델에 입력이 들어왔을 때 어떤 출력을 낼지를 결정하는 값입니다. 초기 모델은 입력이 들어왔을 때 정답과 다른 예측 값을 출력합니다. 예컨대 직소퍼즐 - 1000조각 바다거북의 여행(PL1275)의 상품명 입력에 대해 초기 모델은 카테고리로 직소/퍼즐이 아닌 전혀 다른 고양이간식을 예측 값으로 출력할 수 있습니다. 이러한 잘못된 예측 값인 고양이간식 대신에 정답인 직소/퍼즐을 출력하도록 모델의 파라미터를 업데이트하는 것이 바로 모델을 학습시키는 것입니다.

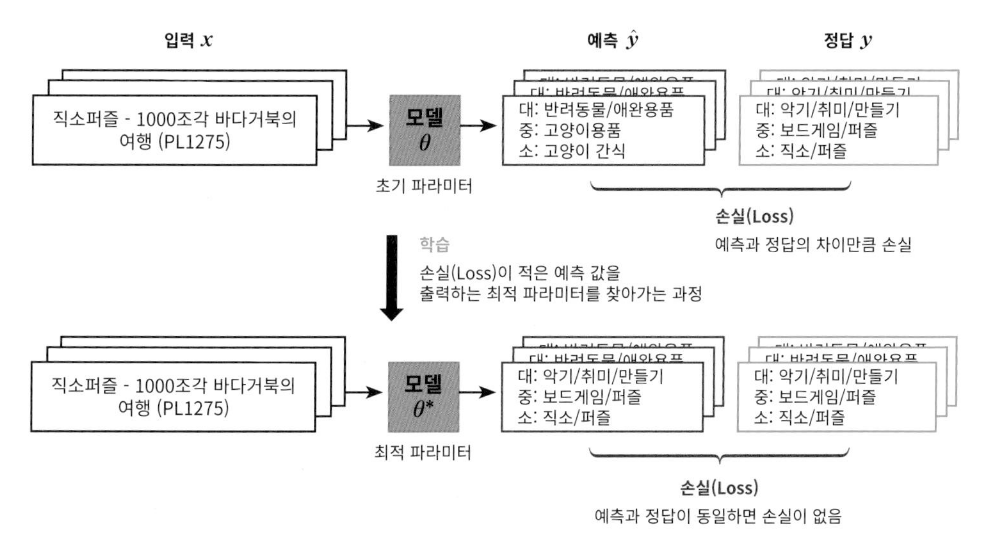

그림 2.11 학습 과정은 모델의 예측과 정답의 차이인 손실이 적어지도록 파라미터를 업데이트하는 것입니다. 참고로 입력 x, 정답 y는 학습셋에서 가져온 것이고 예측 $\hat{y}$는 모델의 출력입니다.

최적 파라미터인 θ^*를 찾는 학습 과정은 반복적인 파라미터의 업데이트를 필요로 합니다. 이때 파라미터의 업데이트 속도를 제어할 수 있습니다. 학습 과정 동안 파라미터의 업데이트 속도는 초기 학습률(Learning rate)과 스케줄러(Scheduler)로 조절할 수 있습니다. 또한 파라미터 업데이트 속도에 관성을 주거나 파라미터별로 다른 학습률을 적용하기 위한 옵티마이저(Optimizer)를 선택할 수도 있습니다.

3) 검증 전략 적용

학습 과정에서 모델이 학습 데이터에 과적합(Overfitting)되지 않도록 에폭(Epoch)마다 검증(Validation) 과정도 함께 수행됩니다. 검증 과정을 위해 학습 데이터는 다시 8:2의 비율로 학습셋(Training set)과 검증셋(Validation set)으로 나눠집니다. 학습셋으로 학습된 모델은 학습 과정에서 보지 못한 데이터(Unseen Data)인 검증셋에서 평가됩니다. 학습 중에 검증셋에서 더 이상 성능 개선이 없거나 오히려 성능이 떨어지면 학습을 멈춥니다.

4) 학습된 모델을 파일로 저장

학습이 완료된 모델의 파라미터만 파이토치의 저장 함수를 이용하여 파일로 저장합니다.

추론(Inference)

추론 과정에서는 앞서 학습 과정에서 학습된 모델로 대회 데이터 중 데브셋에 있는 상품의 카테고리를 예측하여 리더보드에 제출하기 위한 제출 파일을 생성합니다.

추론 과정은 학습 과정의 검증 과정과 매우 유사합니다. 따라서 학습 과정에서 구현된 검증 과정의 코드를 재사용합니다. 차이가 있다면 입력 데이터로 데브셋을 사용한다는 것과 상품별 예측된 카테고리를 제출 파일로 저장해야 한다는 것입니다. 참고로 성능을 높이기 위해 여러 모델의 앙상블을 생각해 볼 수 있습니다. 앙상블 방법에 대한 추가 설명은 2.3.4항을 참고합니다.

리더보드 제출

추론 과정에서 생성된 제출 파일을 대회의 리더보드에 제출하는 과정입니다. 대회 메인 페이지의 리더보드 메뉴 또는 다음의 URL로 접속할 수 있습니다. https://arena.kakao.com/c/5/leaderboard

제출 파일을 리더보드에 제출하면 그림 2.12와 같이 본인의 순위와 점수를 확인할 수 있습니다. 다른 경쟁자들과 본인의 순위와 점수를 비교해 모델을 어느 방향으로 개선해야 할지 가늠할 수 있습니다. 예를 들어 본인의 순위가 하위권이라면 학습, 추론 과정에서 실수가 없었는지 확인해야 하고 상위권 순위라면 경쟁자를 이기기 위한 창의적인 아이디어를 내서 모델을 튜닝해야 할 것입니다.

리더보드

제출내역 제출하기

공개 리더보드

#	△1d	팀명	멤버	스코어	제출 횟수	마지막 제출
1	-	라임로봇 (My team)		1.08271	19	몇 초 전
2	-	1234		1.073423	1	한 달 전
3	-	KYHyeon		1.000843	9	일 년 전
4	-	뭘까?		0.801854	1	일 년 전
5	-	xx		0.222455	1	일 년 전

그림 2.12 파일 제출 후 리더보드 현황입니다. 필자의 아이디는 라임로봇입니다.

성능 개선 방법

본 대회에서 경쟁자보다 더 나은 점수를 가져온 비법을 설명하겠습니다. 이 부분은 우선 넘기고 2.4절의 솔루션 코드 분석을 본 후에 다시 봐도 무방합니다.

1. 상품명 전처리 과정에서 '[!@#$%^ 등의 **특수기호를 제거**했습니다. 카테고리 분류에 특수기호가 도움이 안 된다면 제거하는 것이 좋습니다. 특수기호를 제거하는 방법은 2.4.1항을 참고합니다.
2. 상품명 전처리 과정에서 **학습 기반의 단어 분절기를 사용**한 것입니다. 상품명은 일반 문장과 다르게 명사 나열형으로 구성된 문장이라 MeCab 같은 일반 문장 용도의 한국어 단어 분절기는 성능이 떨어질 수 있습니다. 그래서 상품명으로 학습되는 분절기를 사용하는 것이 좋습니다. 이와 관련된 방법은 2.4.1항을 참고합니다.
3. **노이즈가 심한 칼럼은 제외하여 필요한 칼럼만 사용한 것**입니다. 경쟁자는 노이즈가 포함된 칼럼을 이용했는데 노이즈가 심한 데이터를 활용하면 오히려 예측 성능을 떨어뜨릴 수 있습니다. 2.4.1항을 참고합니다.
4. **입력의 형태에 대해 추가정보를 세그먼트 임베딩으로 모델에게 제공한 것**입니다. 상품명은 일반 문장과는 달리 브랜드, 상품 이름, 모델명 등의 명사 나열형인 경우가 많습니다. 이것의 의미는 띄어쓰기로 구분되는 단어들은 순서를 바꿔도 문장의 뜻이 크게 바뀌지 않는다는 것입니다. 예를 들어 아래 테이블의 0번째 행을 1000조각 (PL1275) 바다거북의 여행 - 직소퍼즐로 고쳐도 문장의 뜻이 크게 바뀌지 않습니다.

	product
0	직소퍼즐 - 1000조각 바다거북의 여행 (PL1275)
1	[모리케이스]아이폰6S/6S+ tree farm101 - 다이어리케이스[바보사랑][무료배송]
2	크리비아 기모 3부 속바지 GLG4314P

> 한편 위 테이블의 모든 상품명(product)의 첫 단어인 직소퍼즐, [모리케이스], 크리비아는 브랜드명으로 보이기도 합니다. 이는 단어의 역할이 위치에 어느 정도 영향을 받는다는 것을 의미합니다. 따라서 단어의 위치 정보를 반영하면서도 단어와 단어는 서로 독립적임을 모델의 입력으로 주기 위해서 세그먼트 임베딩을 도입했습니다. 2.4.2항의 텍스트 인코더의 세그먼트 임베딩을 참고하면 됩니다.

다음으로는 본 대회의 머신러닝 파이프라인을 구현해 놓은 솔루션을 1) 실행 환경 구축, 2) 코드 실행, 3) 코드 분석 순서로 설명하겠습니다.

2.2 실행 환경 구축

솔루션에서 사용된 딥러닝 프레임워크는 파이토치입니다. 파이토치는 페이스북의 인공지능 연구팀에서 만들었으며 딥러닝 모델을 구현하는 데 사용됩니다. 파이토치는 지속적으로 사용자 층을 넓혀가고 있습니다. 한 가지 예로 세계에서 가장 유명한 머신러닝 대회 플랫폼인 캐글(Kaggle)에서 파이토치로 구현된 오픈소스의 개수가 텐서플로(Tensorflow)와 거의 비등할 정도입니다. 파이토치는 파이썬(Python) 프로그래밍 언어 기반의 프레임워크입니다. 따라서 우선 파이썬 개발 환경을 구축하겠습니다.

2.2.1 아나콘다 설치하기

파이썬 개발환경을 빠르게 구축하기 위해서 아나콘다(Anaconda)를 설치합니다. 아나콘다는 numpy, scipy, pandas, matplotlib 등의 데이터 과학과 관련된 수많은 패키지를 포함하고 있습니다. 아나콘다 웹페이지 https://www.anaconda.com에서 자신의 OS에 해당하는 설치 파일을 다운로드받아 설치합니다. 64-Bit Installer를 선택하면 됩니다. 본 솔루션은 Python 3.7 이상 3.8 이하까지 정상 작동함을 확인했습니다.

Anaconda Installers

Windows	MacOS	Linux
Python 3.8	Python 3.8	Python 3.8
64-Bit Graphical Installer (466 MB)	64-Bit Graphical Installer (462 MB)	64-Bit (x86) Installer (550 MB)
32-Bit Graphical Installer (397 MB)	64-Bit Command Line Installer (454 MB)	64-Bit (Power8 and Power9) Installer (290 MB)

그림 2.13 https://www.anaconda.com/products/individual 페이지 하단에 위치한 설치 파일 링크

아나콘다 실행하기

아나콘다 프롬프트(Anaconda Prompt)를 실행하는 방법을 설명하겠습니다. 리눅스에서는 아나콘다 설치 후 명령 프롬프트 창을 새로 띄우면 아나콘다 환경으로 실행됩니다. 윈도우에서는 아나콘다 프롬프트 앱을 클릭하여 아나콘다 환경을 실행할 수 있습니다. 아니면 아나콘다 네비게이터(Anaconda Navigator)에서 `CMD.exe` Prompt 앱을 실행할 수도 있습니다. **참고로 아나콘다 프롬프트가 아닌 윈도우의 기본 명령 프롬프트를 실행하지 않도록 주의합니다.**

그림 2.14는 윈도우에서 아나콘다 명령 프롬프트를 실행한 예시입니다. 저자의 윈도우 계정 이름이 `limerobot`이므로 `c:\Users\limerobot` 위치에서 시작됩니다. 여러분은 자신의 윈도우 계정 이름 위치에서 시작될 것입니다.

그림 2.14 윈도우에서 아나콘다 명령 프롬프트를 실행한 모습

작업 디렉터리 생성하기

앞으로 솔루션 코드를 다운로드받을 작업 디렉터리인 workspace를 생성하고 베이스 경로를 이 위치로 변경하겠습니다.

```
# 윈도우
(base) c:\Users\limerobot>mkdir workspace
(base) c:\Users\limerobot>cd workspace
(base) c:\Users\limerobot\workspace>

# 리눅스
~$ mkdir workspace
~$ cd workspace
~/workspace$
```

경로 표현만 다를 뿐 앞으로 사용할 명령어는 윈도우와 리눅스에서 동일합니다. 따라서 **특별히 리눅스 명령어가 필요한 경우가 아니라면 윈도우 위주로 명령어를 설명**하겠습니다.

2.2.2 파이토치 설치하기

다음 과정으로 파이토치를 설치하겠습니다. 파이토치 홈페이지(https://pytorch.org)에서 자신의 환경에 맞는 항목을 선택하여 설치를 위한 명령어 안내를 받을 수 있습니다. 그림 2.15는 OS가 윈도우일 때 선택할 항목에 대한 예시입니다.

본 솔루션은 파이토치 1.6.0 버전에서 테스트했습니다. 테스트 된 다른 버전은 2.3.1항의 솔루션 코드의 깃허브 페이지에서 확인할 수 있습니다. 참고로 설치된 파이토치의 버전을 확인하는 방법은 아래와 같습니다.

```
(base) c:\Users\limerobot\workspace> python -c "import torch; print(torch.__version__)"
```

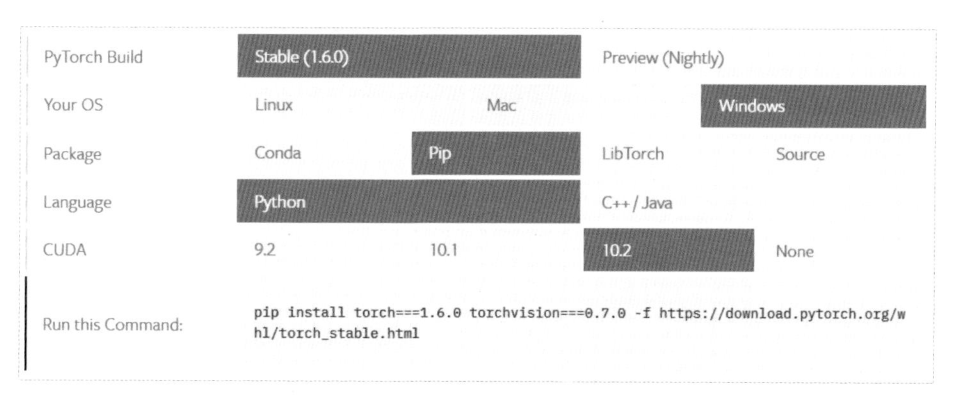

그림 2.15 https://pytorch.org/get-started/locally 페이지에서 설치 명령어를 받기 위해 본인의 환경에 맞게 항목을 선택한 모습

파이토치를 설치하기 위해서 그림 2.15 좌측 하단의 Run This Command: 우측의 명령어를 아나콘다 명령 프롬프트에 붙여 넣어 실행시킵니다.

```
(base) c:\Users\limerobot\workspace> pip install torch==1.6.0 torchvision==0.7.0 -f
https://download.pytorch.org/whl/torch_stable.html
```

설치가 완료되면 파이썬 셸(Python Shell)에서 설치가 제대로 됐는지를 검증할 수 있습니다. 파이썬 셸을 실행합니다.

```
(base) c:\Users\limerobot\workspace> python
```

파이썬 셸에서 다음 코드를 실행합니다.

```
>>> import torch
>>> torch.cuda.FloatTensor(10)
tensor([0., 0., 0., 0., 0., 0., 0., 0., 0., 0.], device='cuda:0')
```

위의 마지막 결과가 나오지 않는다면 NVIDIA 그래픽카드 장치가 제대로 설치됐는지 확인이 필요합니다. 윈도우에서는 그림 2.16과 같이 장치 관리자의 디스플레이 어댑터 항목에서 NVIDIA 그래픽카드 장치가 있는지 확인할 수 있습니다.

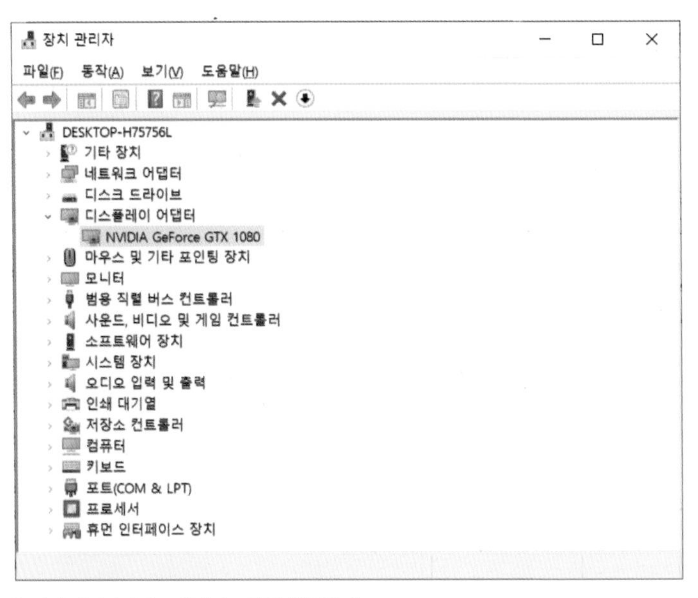

그림 2.16 윈도우 장치 관리자에서 그래픽카드 장치 확인하기

리눅스에서는 `nvidia-smi` 명령어를 통해 그래픽카드 장치 작동을 확인할 수 있습니다.

2.2.3 git 설치하기

다음 절에서 솔루션 코드를 깃허브 저장소에서 받으려면 git 프로그램이 설치돼 있어야 합니다. https://git-scm.com 웹페이지에서 자신의 OS에 맞는 버전을 설치합니다.

2.2.4 주피터 노트북 실행하기

주피터 노트북은 웹 브라우저에서 코드를 작성하고 실행할 수 있는 오픈소스 웹 애플리케이션으로, 코드를 단계별로 실행하고 그 결과를 즉시 확인할 수 있어 데이터 전처리나 분석에 많이 사용됩니다. 아나콘다에 주피터 노트북이 기본으로 포함돼 있으므로 아래 명령어로 주피터를 실행합니다.

```
(base) c:\Users\limerobot\workspace>jupyter notebook ./
```

주피터 노트북이 실행되며 자동으로 웹 브라우저에서 노트북 홈페이지에 접속됩니다. 웹 브라우저에서 직접 노트북 웹페이지에 접속하려면 하단의 URL을 이용하면 됩니다(그림 2.17).

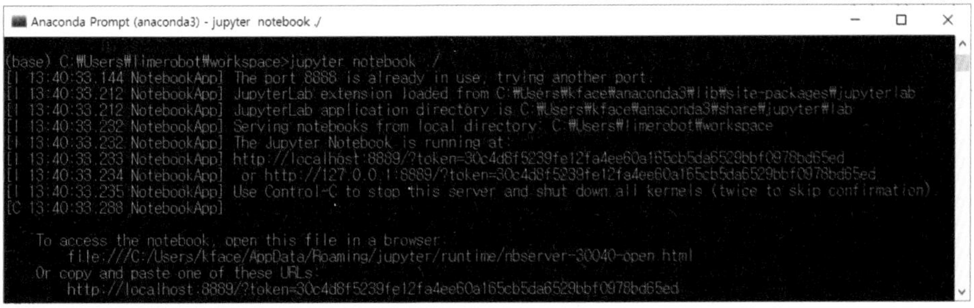

```
Anaconda Prompt (anaconda3) - jupyter  notebook ./
(base) C:\Users\limerobot\workspace>jupyter notebook ./
[I 13:40:33.144 NotebookApp] The port 8888 is already in use, trying another port.
[I 13:40:33.212 NotebookApp] JupyterLab extension loaded from C:\Users\kface\anaconda3\lib\site-packages\jupyterlab
[I 13:40:33.212 NotebookApp] JupyterLab application directory is C:\Users\kface\anaconda3\share\jupyter\lab
[I 13:40:33.232 NotebookApp] Serving notebooks from local directory: C:\Users\limerobot\workspace
[I 13:40:33.232 NotebookApp] The Jupyter Notebook is running at:
[I 13:40:33.233 NotebookApp] http://localhost:8889/?token=30c4d8f5239fe12fa4ee60a165cb5da6529bbf0978bd65ed
[I 13:40:33.234 NotebookApp]  or http://127.0.0.1:8889/?token=30c4d8f5239fe12fa4ee60a165cb5da6529bbf0978bd65ed
[I 13:40:33.235 NotebookApp] Use Control-C to stop this server and shut down all kernels (twice to skip confirmation).
[C 13:40:33.288 NotebookApp]

    To access the notebook, open this file in a browser:
        file:///C:/Users/kface/AppData/Roaming/jupyter/runtime/nbserver-30040-open.html
    Or copy and paste one of these URLs:
        http://localhost:8889/?token=30c4d8f5239fe12fa4ee60a165cb5da6529bbf0978bd65ed
```

그림 2.17 주피터 노트북 실행

2.3 솔루션 코드 실행

이번 절에서는 솔루션의 자세한 설명보다는 솔루션의 실행 방법을 다룹니다. 딥러닝 모델을 학습시켜 대회에서 요구하는 제출물을 만들고 이를 대회의 리더보드에 제출하기까지의 과정을 빠르게 살펴봅니다. 대부분 실습 위주로 진행되며 솔루션의 각 단계는 2.4절에서 설명합니다.

2.3.1 실행 준비

솔루션을 실행하려면 솔루션 코드와 대회 데이터를 다운로드받아야 합니다. 솔루션 실행에 필요한 별도의 파이썬 패키지도 설치할 것입니다. 솔루션 코드 실행에 문제가 발생한다면 2.2절의 실행 환경 구축에서 놓친 부분이 없는지 확인해봅니다.

솔루션 코드 다운로드

솔루션 코드는 깃허브 저장소 https://github.com/lime-robot/categories-prediction/에서 다운로드받을 수 있습니다. 웹 브라우저에서 직접 코드를 다운로드받아도 되고, 아래 명령어로 코드를 다운로드할 수도 있습니다.

```
c:\Users\limerobot\workspace>git clone https://github.com/lime-robot/categories-prediction
```

다운로드가 완료되면 디렉터리와 파일이 아래처럼 구성돼야 합니다.

```
categories-prediction
├── README.md
├── code
│   ├── cate_dataset.py
│   ├── cate_model.py
│   ├── preprocess.ipynb
│   ├── preprocess.py
│   ├── inference.py
│   ├── train.bat
│   ├── train.py
│   └── train.sh
├── doc
│   ├── embedding.png
│   └── model_block.png
├── input
│   └── README.md
└── requirements.txt
```

code 디렉터리에 포함된 파일에 대한 설명은 다음과 같습니다.

표 2.4 code 디렉터리의 파일

파일명	설명
cate_dataset.py	대회 데이터의 상품정보와 레이블을 모델의 입력에 적합한 형태로 변환
cate_model.py	상품정보를 입력으로 받아 대 · 중 · 소 · 세 카테고리를 예측하는 딥러닝 모델
preprocess.ipynb	대회 데이터를 읽어서 전처리한 후 파일로 저장(주피터 노트북 버전)
preprocess.py	대회 데이터를 읽어서 전처리한 후 파일로 저장(파이썬 스크립트 버전)
inference.py	추론 코드. 리더보드에 제출할 파일을 생성하여 저장함
train.py	학습 코드. 모델을 학습하고 학습된 모델을 파일로 저장함
train.bat	윈도우용 배치 파일. 5개 모델을 순차적으로 학습시킴
train.sh	리눅스용 스크립트 파일. 5개 모델을 순차적으로 학습시킴

대회 데이터 다운로드

다음 과정으로 쇼핑몰 상품 카테고리 대회의 데이터를 다운로드하겠습니다. https://arena.kakao.com/c/5/data에 접속하면 그림 2.18과 같이 파일 목록을 볼 수 있습니다. 파일 이름 우측의 다운로드 아이콘을 클릭해 다운로드합니다. 다운로드 아이콘이 보이지 않으면 대회 홈페이지에서 로그인을 해야 합니다.

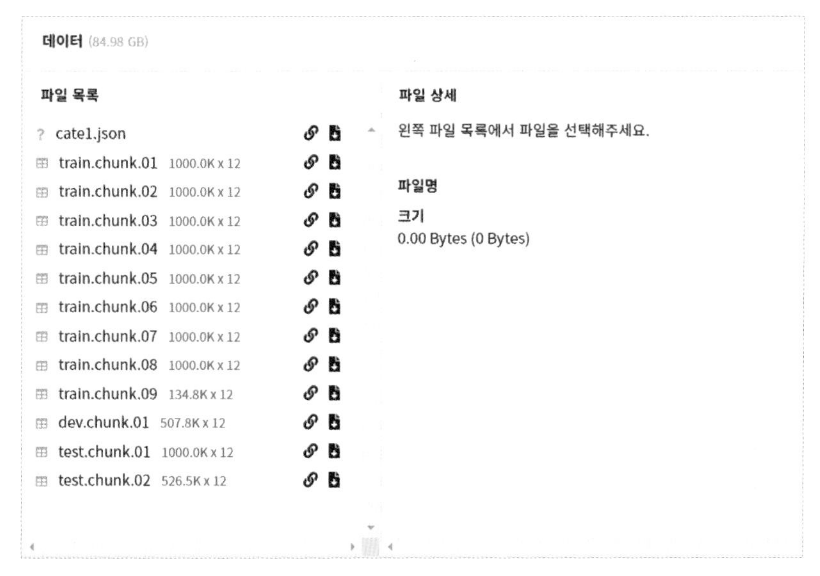

그림 2.18 상품 카테고리 대회의 데이터

다운로드한 파일은 `input/raw_data` 디렉터리에 아래처럼 위치해야 합니다.

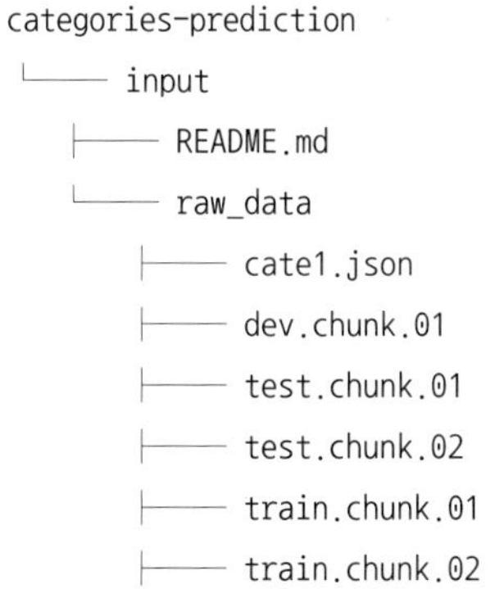

```
categories-prediction
└── input
    ├── README.md
    └── raw_data
        ├── cate1.json
        ├── dev.chunk.01
        ├── test.chunk.01
        ├── test.chunk.02
        ├── train.chunk.01
        ├── train.chunk.02
```

```
├── train.chunk.03
├── train.chunk.04
├── train.chunk.05
├── train.chunk.06
├── train.chunk.07
├── train.chunk.08
└── train.chunk.09
```

train 접두어가 붙은 파일은 학습(training)에 사용될 데이터입니다. train의 샘플은 정답 카테고리가 제공됩니다. dev 접두어가 붙은 파일은 공개 리더보드에서 순위를 결정할 때 사용될 데이터입니다. test 접두어가 붙은 파일은 파이널 리더보드에서 최종 순위를 결정할 때 사용될 데이터입니다. 평가를 위한 dev, test 데이터는 정답 카테고리 칼럼이 제공되지 않으므로 카테고리 칼럼 값이 −1로 설정돼 있습니다.

필요한 패키지 설치

솔루션을 실행하기 위해 필요한 별도의 파이썬 패키지를 설치합니다. 아래의 명령어로 한 번에 설치 가능합니다.

```
(base) c:\Users\limerobot\workspace\categories-prediction>pip install -r requirements.txt
```

위의 예제에서 c:\Users\limerobot\workspace\categories-prediction>은 현재 디렉터리의 경로를 나타냅니다. 디렉터리가 너무 길므로 …\categories-prediction>으로 축약하겠습니다. 이제 위의 예제가 아래 예제처럼 표시됩니다.

```
…\categories-prediction>pip install -r requirements.txt
```

설치할 주요 패키지는 표 2.5와 같습니다.

표 2.5 설치할 패키지

패키지	설명
torch	파이썬 언어로 딥러닝 모델을 구현하는 것을 도와주는 파이썬 기반의 오픈소스 프레임워크입니다.

패키지	설명
transformers	최신 언어 모델(Language model)인 BERT, GPT-2, RoBERTa, XLNet 등을 파이토치와 텐서플로에서 쉽게 사용할 수 있게 허깅페이스에서 제작한 오픈 소스 패키지입니다.
sentencepiece	최신 신경망 기반의 기계번역이나 언어 모델에서 흔히 사용되는 텍스트 분절 방법을 지원하는 패키지입니다.

2.3.2 데이터 전처리

다운로드받은 대회 데이터를 딥러닝 모델의 입력으로 사용할 수 있게 전처리합니다. 전처리 과정을 구현한 코드인 preprocess.py를 실행시킵니다. 컴퓨터 사양에 따라서 10~30분 정도의 시간이 소요됩니다.

```
…\categories-prediction\code>python preprocess.py
```

전처리가 완료되면 processed 디렉터리에 아래처럼 파일이 구성됩니다.

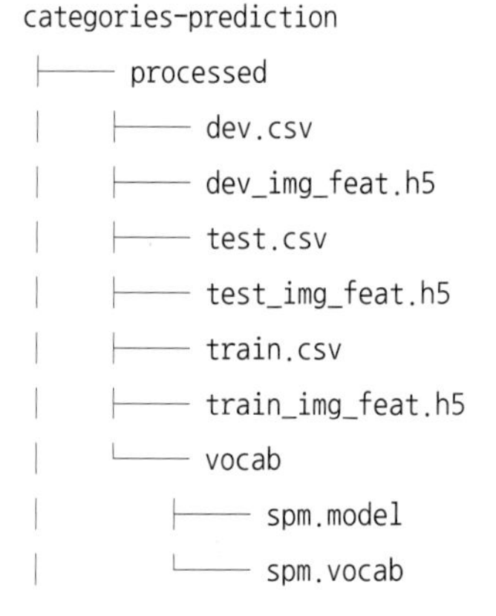

```
categories-prediction
├── processed
│   ├── dev.csv
│   ├── dev_img_feat.h5
│   ├── test.csv
│   ├── test_img_feat.h5
│   ├── train.csv
│   ├── train_img_feat.h5
│   └── vocab
│       ├── spm.model
│       └── spm.vocab
```

각 파일에 대해 표 2.6에 설명했습니다.

표 2.6 processed 디렉터리의 파일

파일명	설명
dev.csv	dev 데이터에서 전처리된 상품명과 레이블을 csv 포맷으로 저장
dev_img_feat.h5	dev 데이터에서 `img_feat` 칼럼만 h5 포맷으로 저장
test.csv	test 데이터에서 전처리된 상품명과 레이블을 csv 포맷으로 저장
test_img_feat.h5	test 데이터에서 `img_feat` 칼럼만 h5 포맷으로 저장
train.csv	train 데이터에서 전처리된 상품명과 레이블을 csv 포맷으로 저장
train_img_feat.h5	train 데이터에서 `img_feat` 칼럼만 h5 포맷으로 저장
vocab/spm.model	센텐스피스 모델 파일
vocab/spm.vocab	센텐스피스의 사전 파일. 서브단어를 인덱스로 치환할 때 사용

2.3.3 학습

이번 항에서는 대회 데이터 중 학습셋으로 솔루션의 딥러닝 모델을 학습시키고 학습이 완료된 모델을 파일로 저장하는 과정을 다룹니다. 저장된 모델 파일은 다음 추론 과정에서 사용됩니다.

아래의 명령어를 실행하여 학습을 시작할 수 있습니다. GPU 장비가 있어야만 학습이 가능합니다. 총 10번의 에폭이 수행되며 학습 완료까지 GTX 1080 기준 약 7시간이 소요됩니다. 1 에폭은 학습 데이터 전체로 모델을 1회 학습시키는 단위입니다.

```
…\categories-prediction\code>python train.py --fold 0
```

학습이 완료되면 그림 2.19처럼 에폭마다 예측 성능이 기록된 최종 로그가 출력됩니다.

EPOCH	LR	TRAIN_LOSS	TRAIN_OACC	TRAIN_BACC	TRAIN_MACC	TRAIN_SACC	TRAIN_DACC	VALID_LOSS	VALID_OACC	VALID_BACC	VALID_MACC	VALID_SACC	VALID_DACC
0	0.000903	0.988165	0.974571	0.843723	0.778515	0.739611	0.827748	0.626945	1.067485	0.900209	0.850661	0.833756	0.903611
1	0.000802	0.614281	1.063225	0.899184	0.845861	0.829376	0.900354	0.577403	1.080373	0.906823	0.860989	0.849820	0.911941
2	0.000702	0.541262	1.078235	0.906554	0.856146	0.845619	0.914077	0.549296	1.084264	0.910362	0.864528	0.854338	0.913299
3	0.000602	0.489117	1.092053	0.912459	0.864487	0.857232	0.931406	0.538663	1.089837	0.913727	0.868879	0.859959	0.917872
4	0.000501	0.447322	1.101959	0.917018	0.872903	0.870024	0.937358	0.531476	1.092549	0.915003	0.871606	0.863244	0.919320
5	0.000401	0.410828	1.111590	0.922848	0.879586	0.876624	0.948857	0.531128	1.093030	0.917846	0.874913	0.864437	0.914720
6	0.000301	0.379151	1.118195	0.923297	0.882261	0.882733	0.959441	0.532630	1.097441	0.919239	0.875319	0.867343	0.923284
7	0.000200	0.350873	1.125930	0.929246	0.887464	0.889931	0.966149	0.538075	1.097703	0.919529	0.876770	0.871905	0.918345
8	0.000100	0.326055	1.136694	0.933043	0.892621	0.899555	0.980833	0.544210	1.100354	0.919819	0.878626	0.872199	0.923849
9	0.000000	0.305809	1.139467	0.936183	0.896777	0.904503	0.978355	0.548511	1.101771	0.920109	0.879961	0.873575	0.925266

그림 2.19 최종 로그 출력

로그의 칼럼별 설명은 표 2.7을 참고하세요.

표 2.7 로그의 칼럼

칼럼명	설명
LR	해당 에폭의 학습률
TRAIN_LOSS	학습셋의 손실의 평균
TRAIN_OACC	학습셋의 대 · 중 · 소 · 세 카테고리 전체(overall) 예측 정확도의 평균
TRAIN_[B/M/S/D]ACC	학습셋의 대 · 중 · 소 · 세 카테고리 개별 예측 정확도의 평균
VALID_LOSS	검증셋의 손실의 평균
VALID_OACC	검증셋의 대 · 중 · 소 · 세 카테고리 전체 예측 정확도의 평균
VALID_[B/M/S/D]ACC	검증셋의 대 · 중 · 소 · 세 카테고리 개별 예측 정확도의 평균

학습이 완료되면 아래처럼 models/ 디렉터리에 모델 파일이 생성됩니다.

```
categories-prediction
├──── models
│     └──── b2048_h512_d0.2_l2_hd8_ep9_s7_fold0.pt
```

배치 사이즈(batch size), 워커(worker) 개수 등의 변경

명령행에서 --batch_size, --hidden_size와 같은 옵션을 통해 특정 키워드 인자를 설정할 수 있습니다. 만약 배치 사이즈와 워커의 개수를 변경하고 싶다면 아래의 명령어를 참조합니다.

```
…\categories-prediction\code>python train.py --batch_size 1024 --nworkers 4
```

배치 사이즈가 클수록 한 번에 병렬 처리하는 양이 많아지므로 GPU를 효율적으로 사용할 수 있습니다. 배치 사이즈는 GPU의 메모리가 허용하는 한 크게 설정하면 좋습니다. 그러나 배치 사이즈가 커질수록 배치 생성에 필요한 시간이 증가하므로 병목 현상이 발생할 수 있습니다. 이런 경우 워커 개수를 늘리면 병목 현상이 완화됩니다. 한편 워커 개수는 CPU와 메모리 자원을 사용하므로 무한정 늘릴 수 없기 때문에 본인 컴퓨터에 적합한 배치 사이즈와 워커 개수를 찾아야 합니다. 본인 PC의 CPU 코어 개수의 80% 정도를 워커의 초깃값으로 사용하면 좋습니다.

기본 검증 방법

일반적으로 모델의 성능 평가를 위해 대회에서 제공된 학습 데이터를 로컬(local) 학습셋과 검증셋으로 나눕니다. 예를 들어 학습용으로 제공된 약 800만 개의 대회 데이터가 있다면 이 중 640만 개의 샘플은 로컬 학습셋으로 나머지 160만 개 샘플은 로컬 검증셋으로 사용하는 것입니다. 보통 80:20 비율로 많이 나눕니다.

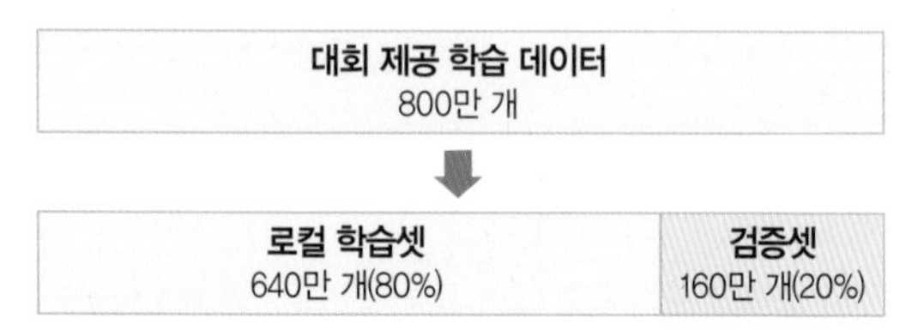

그림 2.20 대회 학습 데이터를 로컬 학습셋과 검증셋으로 나눠서 데이터 그룹을 만듦

데이터 그룹 내의 로컬 학습셋은 모델을 학습시키는 데 사용되고 로컬 검증셋은 모델 평가에 사용됩니다. 그런데 로컬 학습셋과 검증셋은 랜덤하게 선택되므로 어떻게 데이터가 나뉘었는지에 따라 평가 점수에 편차가 발생합니다. 그리고 한번 만들어진 데이터 그룹으로만 모델을 학습시키고 검증셋의 평가 점수로 모델을 튜닝하는 작업을 반복하게 되면 특정 검증셋에 과적합되는 문제가 발생할 수 있습니다. 이러한 기본 검증 방법의 한계를 보완하는 방법으로 k-폴드 교차검증이 있습니다.

참고로 기본 검증 방법은 k-폴드 교차검증에서 k개의 데이터 그룹 중 1개의 데이터 그룹만 사용하여 검증하는 것과 동일합니다.

k-폴드 교차검증

하나의 데이터 그룹이 아닌 k개의 데이터 그룹으로 모델을 검증하는 방법으로 **k-폴드 교차검증(k-fold cross validation)**이 있습니다. k-폴드에서 k는 데이터 그룹의 개수를 의미하며 교차검증은 여러 데이터 그룹의 평가 점수를 사용하겠다는 것입니다. 일반적으로 k 값은 5를 많이 사용합니다. 그림 2.21는 5-폴드일 때의 5개 데이터 그룹에 대한 예시입니다. 각 데이터 그룹의 검증셋은 서로 겹치지 않게 선택됩니다.

5개의 데이터 그룹의 검증셋으로 모델을 평가하므로 이들의 평가 점수를 평균 내면 특정 데이터 그룹에 대한 과적합을 완화할 수 있습니다.

그림 2.21 5-폴드 교차검증에 사용될 5개의 데이터 그룹

최근에는 k-폴드의 개선된 방법인 **계층적 k-폴드**(stratified k-fold) 방식을 주로 사용합니다. k-폴드는 검증셋에는 속하지만 학습셋에는 속하지 않은 클래스(class)가 존재하도록 데이터 그룹을 나누는 문제가 있습니다. 그에 비해 계층적 k-폴드는 클래스를 고려해 데이터 그룹을 나누므로 이 문제가 해결됩니다.

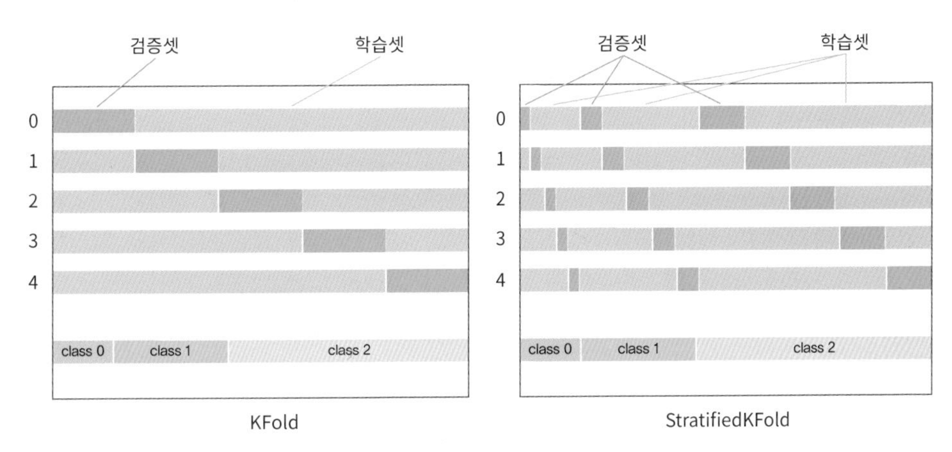

그림 2.22 k-폴드(왼쪽)와 계층적 k-폴드(오른쪽)로 데이터 그룹을 구성했을 때의 비교

아래 코드처럼 `--stratified` 옵션을 사용하여 계층적 k-폴드 방식으로 데이터 그룹을 구성해서 학습시킬 수 있습니다.

```
…\categories-prediction\code>python train.py --stratified --fold 0
```

5-폴드의 각 데이터 그룹 학습시키기

아래 코드처럼 --fold 옵션을 사용해 학습시킬 데이터 그룹을 선택할 수 있습니다.

```
…\categories-prediction\code>python train.py --stratified --fold 0
                                                        # 1번째 데이터 그룹 학습
…\categories-prediction\code>python train.py --stratified --fold 1
                                                        # 2번째 데이터 그룹 학습
                                    …
…\categories-prediction\code>python train.py --stratified --fold 4
                                                        # 5번째 데이터 그룹 학습
```

윈도우의 명령 프롬프트에서 train.bat 파일을 실행해 5개의 데이터 그룹별 모델을 순차적으로 일괄 학습시킬 수 있습니다.

```
…\categories-prediction\code>train.bat
```

리눅스의 명령 프롬프트에서는 train.bat 대신에 train.sh를 아래처럼 실행하면 됩니다.

```
…/categories-prediction/code$ bash train.sh
```

학습이 완료되면 아래처럼 5개의 모델 파일이 생성됩니다.

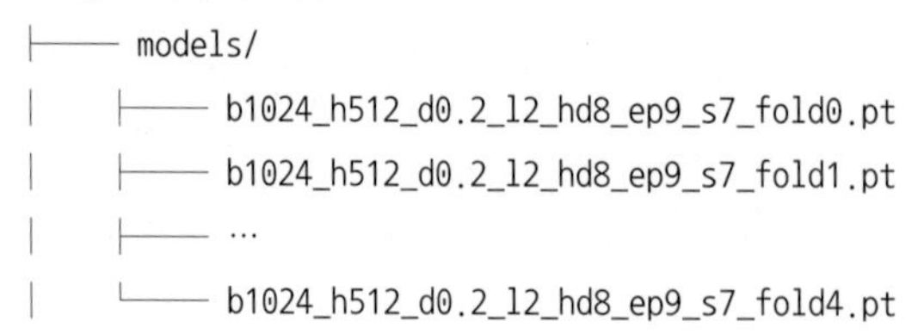

```
categories-prediction
├─── models/
│    ├─── b1024_h512_d0.2_l2_hd8_ep9_s7_fold0.pt
│    ├─── b1024_h512_d0.2_l2_hd8_ep9_s7_fold1.pt
│    ├─── …
│    └─── b1024_h512_d0.2_l2_hd8_ep9_s7_fold4.pt
```

2.3.4 추론

이번 항에서는 학습이 완료된 모델로 데브셋의 정답을 예측하여 대회에서 요구하는 조건에 맞는 제출물을 만드는 과정을 다루겠습니다. 추론 코드는 inference.py로 구현돼 있습니다. 다음 명령어를 실행하여 추론을 수행합니다. --model_dir 옵션의 인자로 모델 파일이 위치하는 디렉터리를 직접 입력할 수도 있습니다.

```
…\categories-prediction\code>python inference.py
```

약간의 시간이 소요된 뒤 submission 디렉터리 아래에 dev.tsv 파일이 생성됩니다. 제출 파일 dev.tsv의 양식은 대회 홈페이지의 개요>채점 탭에서 확인할 수 있습니다. 그림 2.23은 제출 파일 양식 부분만 잘라온 것입니다.

제출 파일 양식

리더보드용 제출

dev 로 주어진 데이터에 대해 카테고리를 예측한 결과를 아래와 같은 포맷의 tsv 파일로 만든 후에 zip 파일로 압축하여 제출합니다.

```
T1878268281\t2\t1\t2\t2
L3203227501\t3\t1\t2\t9
```

각 라인은 하나의 상품에 대한 예측 결과이며 탭으로 구별하여 총 4개의 카테고리ID를 기록하면 됩니다.

최종 평가용 제출

test 로 주어진 데이터에 대해 위와 동일한 양식으로 제출합니다. 최종 평가용으로 제출한 결과는 대회 최종 순위 평가에 사용됩니다.

그림 2.23 대회의 제출 파일 양식에 대한 설명

dev.tsv 파일을 열어서 확인해 보면 아래처럼 구성돼 있습니다. 가장 왼쪽 칼럼이 상품명이고 나머지 4개의 칼럼은 모델이 예측한 대・중・소・세 카테고리입니다. 각 칼럼끼리는 탭(\t)으로 구분돼 있습니다.

```
H2829766805    39    210    1421    106
H4269948000    5     33     36      17
H4692120833    34    62     116     104
O3630173399    6     6      33      4
…
```

생성된 dev.tsv 파일을 대회에 제출하는 방법은 다음 리더보드 제출 과정에서 설명하겠습니다. 참고로 대회가 종료된 후 플레이그라운드 형태로 진행 중인 대회는 데브셋 리더보드만 이용 가능하고 최종 평가용 테스트셋 리더보드는 이용이 불가능합니다.

k-폴드 평균 앙상블(k-fold average ensemble)

여러 모델의 예측 결과를 섞어서 예측 성능을 향상시킬 수 있습니다. 이 기법을 앙상블(ensemble)이라 합니다. k-폴드 평균 앙상블은 k개의 데이터 그룹에서 학습된 k개의 모델의 출력을 단순 평균(averaging)하는 것입니다. 이 앙상블 방법은 구현하기 쉬우면서도 성능 향상이 크기 때문에 매우 자주 사용되는 방법입니다.

앞서 추론에서 사용된 명령어와 동일한 명령어로 추론을 수행하면 됩니다.

```
…\categories-prediction\code>python inference.py
```

아래처럼 models 디렉터리에 여러 개의 모델 파일이 있으면 이들을 앙상블한 결과를 반환합니다.

```
categories-prediction
├── models/
│   ├── b1024_h512_d0.2_l2_hd8_ep9_s7_fold0.pt
│   ├── b1024_h512_d0.2_l2_hd8_ep9_s7_fold1.pt
│   ├── …
│   └── b1024_h512_d0.2_l2_hd8_ep9_s7_fold4.pt
```

앞의 학습 과정에서 5-폴드로 5개의 모델을 학습시켰으므로 5-폴드 평균 앙상블 결과를 얻을 수 있습니다. 앙상블 결과는 submission\dev.tsv로 저장됩니다.

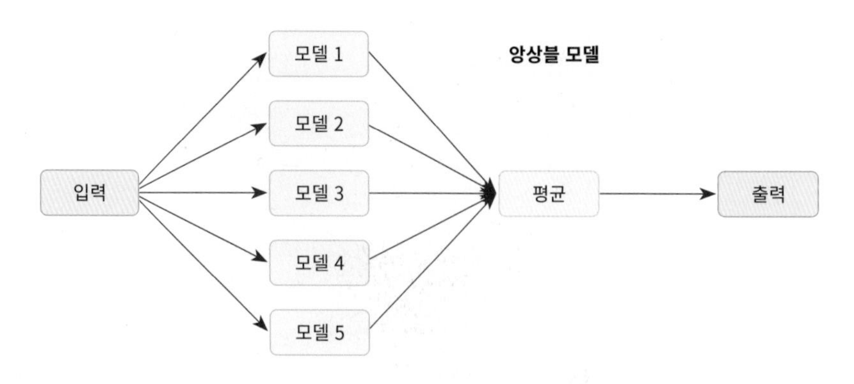

그림 2.24 5-폴드 평균 앙상블

2.3.5 리더보드에 제출

생성된 `submission\dev.tsv` 파일을 대회의 리더보드에 제출하는 과정을 다루겠습니다. 대회 홈페이지에서 리더보드 메뉴(https://arena.kakao.com/c/5/leaderboard)로 들어갑니다. 리더보드 페이지에서 우측 위의 제출하기 버튼을 클릭합니다. 제출하기 버튼이 보이지 않으면 회원가입과 팀 생성을 먼저 수행해야 합니다(그림 2.25).

그림 2.25 대회 리더보드 메뉴 화면

결과 제출 화면에서 `dev.tsv` 파일을 제출할 수 있습니다. 그런데 zip 포맷만 업로드가 가능하기에 먼저 `dev.tsv`를 zip 포맷으로 압축하여 `dev.zip`으로 만듭니다. 만들어진 `dev.zip` 파일을 끌어서 왼쪽의 결과 파일 업로드 박스 안에 끌어서 놓으면 업로드가 됩니다. 오른쪽의 소스 코드 업로드 박스에는 아무 zip 포맷의 파일을 올리면 되므로 마찬가지로 `dev.zip`으로 업로드하겠습니다. 현재 업로드에 대해 간단한 메모를 작성한 뒤 제출하기 버튼을 클릭합니다(그림 2.26).

그림 2.26 대회 결과제출 화면

제출이 완료되면 제출 목록 화면에서 방금 전에 제출한 dev.zip 파일을 확인할 수 있습니다(그림 2.27).

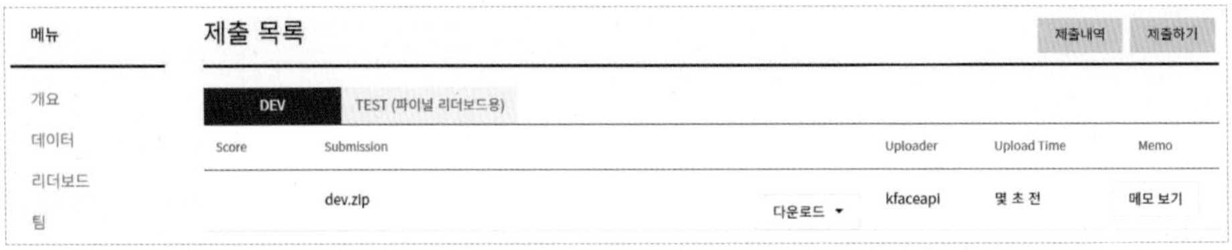

제출 목록 (제출내역 / 제출하기)

DEV | TEST (파이널 리더보드용)

Score	Submission		Uploader	Upload Time	Memo
	dev.zip	다운로드	kfaceapi	몇 초 전	메모 보기

그림 2.27 제출 목록 화면

다시 리더보드 메뉴로 돌아가면 자신이 속한 팀명, 멤버, 스코어, 제출 횟수 등이 리더보드에 표시됩니다(그림 2.28).

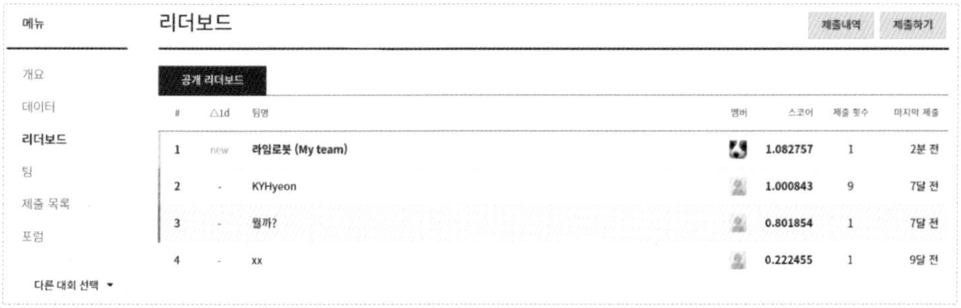

메뉴 | 리더보드 | 제출내역 | 제출하기

개요
데이터
리더보드
팀
제출 목록
포럼
다른 대회 선택 ▾

공개 리더보드

#	△1d	팀명	멤버	스코어	제출 횟수	마지막 제출
1	new	라임로봇 (My team)		1.082757	1	2분 전
2	-	KYHyeon		1.000843	9	7달 전
3	-	뭘까?		0.801854	1	7달 전
4	-	xx		0.222455	1	9달 전

그림 2.28 리더보드 화면에서 본인이 제출한 결과를 확인

여기까지 머신러닝 파이프라인을 구체화한 솔루션으로 데이터 전처리에서 리더보드에 제출까지 실습을 수행했습니다.

2.4 솔루션 코드 분석

이전 2.3절은 머신러닝 파이프라인의 각 과정에 해당하는 솔루션 코드를 실제로 실행시켜 보는 것에 초점을 맞췄습니다. 이번 절에서는 파이프라인의 각 과정별 코드를 자세히 살펴보려고 합니다.

2.4.1 데이터 전처리

데이터 전처리는 다운로드받은 대회 데이터를 학습에 적합한 형태로 변환하여 파일로 저장하는 과정입니다. 이 과정에는 모델의 성능을 높이기 위한 목적으로 피처(Feature)를 가공하거나 선별하는 피처 엔지니어링(Feature Engineering) 과정도 포함됩니다. 그럼 1) 데이터프레임으로 변환, 2) 피처 엔지니어링, 3) 전처리된 데이터를 저장 순서로 각 세부 과정을 설명하겠습니다.

데이터 전처리 과정을 구현한 솔루션 코드는 `preprocess.py`입니다. 그러나 코드의 자세한 분석을 위해 따로 준비한 `preprocess.ipynb` 주피터 노트북 코드를 사용하겠습니다. 두 코드의 실행 결과는 같지만 후자는 주피터 노트북에서 실행하여 단계별 실행 결과를 바로 확인할 수 있다는 장점이 있습니다. 주피터 노트북이 실행돼 있지 않다면 2.2.4 주피터 노트북 실행하기를 참고하세요. `preprocess.ipynb` 코드는 다음의 URL로도 바로 접근할 수 있습니다.

https://github.com/lime-robot/categories-prediction/blob/master/code/preprocess.ipynb

데이터프레임으로 변환

다운로드 받은 HDF5 포맷의 대회 파일로부터 데이터를 읽어서 판다스(Pandas)의 데이터프레임(DataFrame)으로 변환할 것입니다.

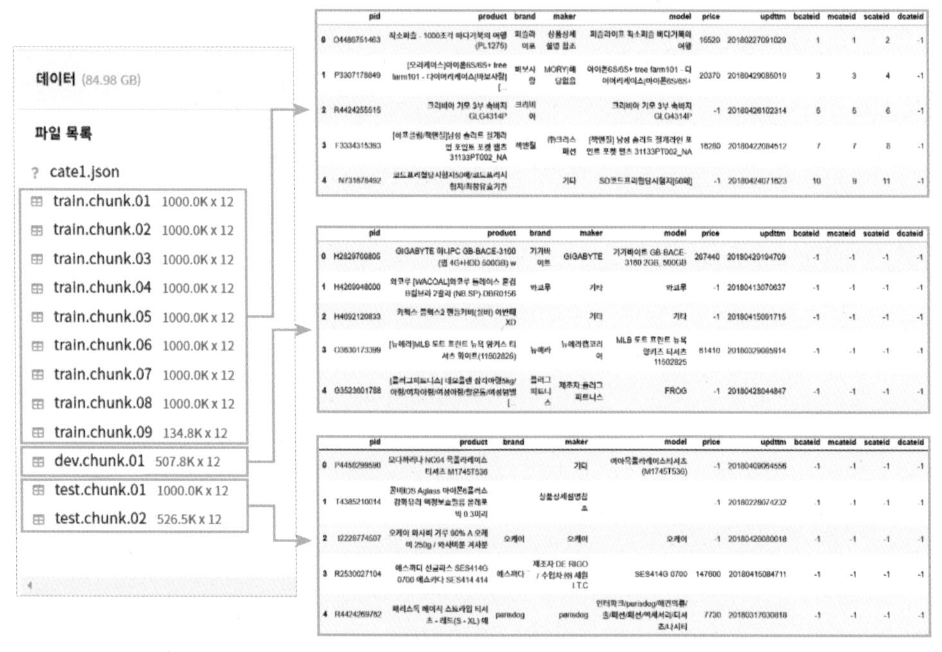

그림 2.29 왼쪽 파일 목록의 접두어 train, dev, test가 붙은 대회 데이터 파일을 읽어서 데이터프레임 train_df, dev_df, test_df를 만들 것입니다.

 데이터프레임(DataFrame)

이미지, 텍스트, 음성 등의 비정형 데이터(Unstructured Data)를 제외한 테이블 형태의 데이터(Tabular Data)를 정형 데이터(Structured Data)라고 합니다. 정형 데이터는 행과 열로 구성된 2차원 데이터이기도 합니다. 이러한 정형 데이터를 다루기 위해 가장 많이 사용되는 파이썬 라이브러리가 판다스입니다. 그리고 판다스에서 2차원의 정형 데이터를 저장하는 자료형이 바로 데이터프레임입니다.

주피터 노트북은 셀 단위(코드 블록 단위)로 코드 실행이 가능합니다. 여기서는 전처리 과정이 구현된 preprocess.ipynb 노트북의 코드를 셀 단위로 가져와서 설명하겠습니다.

노트북의 처음 코드 셀에서는 앞으로 필요한 모듈과 변수를 설정합니다. 이번 코드 셀의 마지막 라인에서는 전처리된 데이터가 저장될 디렉터리를 미리 생성했습니다.

```
import os
import json
import h5py
import numpy as np
import pandas as pd
from tqdm.notebook import tqdm

RAW_DATA_DIR = "../input/raw_data" # 카카오에서 다운로드 받은 데이터의 디렉터리
PROCESSED_DATA_DIR = '../input/processed' # 전처리된 데이터가 저장될 디렉터리
VOCAB_DIR = os.path.join(PROCESSED_DATA_DIR, 'vocab') # 전처리에 사용될 사전 파일이 저장될
                                                       # 디렉터리

# 학습에 사용될 파일 리스트
train_file_list = [
    "train.chunk.01",
    "train.chunk.02",
    "train.chunk.03",
    "train.chunk.04",
    "train.chunk.05",
    "train.chunk.06",
    "train.chunk.07",
    "train.chunk.08",
    "train.chunk.09"
]

# 개발에 사용될 파일 리스트. 공개 리더보드 점수를 내는 데 사용된다.
dev_file_list = [
    "dev.chunk.01"
]
```

```
# 테스트에 사용될 파일 리스트. 파이널 리더보드 점수를 내는 데 사용된다.
test_file_list = [
    "test.chunk.01",
    "test.chunk.02",
]

# 파일명과 실제 파일이 위치한 디렉터리를 결합한다.
train_path_list = [os.path.join(RAW_DATA_DIR, fn) for fn in train_file_list]
dev_path_list = [os.path.join(RAW_DATA_DIR, fn) for fn in dev_file_list]
test_path_list = [os.path.join(RAW_DATA_DIR, fn) for fn in test_file_list]

# PROCESSED_DATA_DIR과 VOCAB_DIR를 생성한다.
os.makedirs(PROCESSED_DATA_DIR, exist_ok=True)
os.makedirs(VOCAB_DIR, exist_ok=True)
```

다음 코드 셀은 파이썬 리스트로 받은 대회 파일명 리스트에서 HDF5 포맷의 데이터를 읽어 데이터프레임 자료형으로 변환하는 get_dataframe() 함수를 구현한 것입니다.

```
# path_list의 파일에서 col 변수에 해당하는 칼럼 값들을 가져옴
def get_column_data(path_list, div, col):
    col_data = []
    for path in path_list:
        h = h5py.File(path, 'r')
        col_data.append(h[div][col][:])
        h.close()
    return np.concatenate(col_data)

# path_list의 파일에서 학습에 필요한 칼럼들을 DataFrame 포맷으로 반환한다.
def get_dataframe(path_list, div):
    pids = get_column_data(path_list, div, col='pid')
    products = get_column_data(path_list, div, col='product')
    brands = get_column_data(path_list, div, col='brand')
    makers = get_column_data(path_list, div, col='maker')
    # 실제 소스코드에서는 RAM이 16GB 이하인 PC에서 실행 가능하도록 아래 model 칼럼과
    # 관련된 부분이 주석 처리돼 있음
    models = get_column_data(path_list, div, col='model')
```

```
    prices = get_column_data(path_list, div, col='price')
    updttms = get_column_data(path_list, div, col='updttm')
    bcates = get_column_data(path_list, div, col='bcateid')
    mcates = get_column_data(path_list, div, col='mcateid')
    scates = get_column_data(path_list, div, col='scateid')
    dcates = get_column_data(path_list, div, col='dcateid')

    df = pd.DataFrame({'pid': pids, 'product':products, 'brand':brands,
                       'maker':makers, 'model':models, 'price':prices,
                       'updttm':updttms, 'bcateid':bcates, 'mcateid':mcates,
                       'scateid':scates, 'dcateid':dcates} )

    # 바이트 열로 인코딩 상품제목과 상품ID를 유니코드 변환한다.
    df['pid'] = df['pid'].map(lambda x: x.decode('utf-8'))
    df['product'] = df['product'].map(lambda x: x.decode('utf-8'))
    df['brand'] = df['brand'].map(lambda x: x.decode('utf-8'))
    df['maker'] = df['maker'].map(lambda x: x.decode('utf-8'))
    df['model'] = df['model'].map(lambda x: x.decode('utf-8'))
    df['updttm'] = df['updttm'].map(lambda x: x.decode('utf-8'))

    return df
```

이번 코드 셀은 앞의 셀에서 구현한 get_dataframe() 함수를 사용합니다. 대회 데이터는 학습(Training), 개발(Development), 테스트(Test) 용도로 데이터셋이 나눠져 있습니다. 각 데이터셋별로 get_dataframe() 함수를 호출하여 train_df, dev_df, test_df 3개의 데이터프레임 자료형 변수를 생성합니다.

```
train_df = get_dataframe(train_path_list, 'train')
dev_df = get_dataframe(dev_path_list, 'dev')
test_df = get_dataframe(test_path_list, 'test')
```

다음 셀의 코드로 train_df, dev_df, test_df의 shape을 출력해 정상적으로 변수가 생성됐는지 확인할 수 있습니다.

```
train_df.shape # train_df의 shape을 출력
```

Out: (8134818, 11)

```
dev_df.shape # dev_df의 shape을 출력
```

Out: (507783, 11)

```
test_df.shape # test_df의 shape을 출력
```

Out: (1526523, 11)

train_df의 데이터 일부를 head() 함수를 사용해 살펴볼 수 있습니다. 상단 5개의 행을 테이블 형태로 출력하는 코드 셀입니다.

```
train_df.head() # train_df.head(5)와 동일
```

Out:

	pid	product	brand	maker	model	price	updttm	bcateid	mcateid	scateid	dcateid
0	O4486751463	직소퍼즐 - 1000조각 바다거북의 여행 (PL1275)	퍼즐라이프	상품상세설명 참조	퍼즐라이프 직소퍼즐 바다거북의 여행	16520	20180227091029	1	1	2	-1
1	P3307178849	[모리케이스]아이폰6S/6S+ tree farm101 - 다이어리케이스[바보사랑][...	바보사랑	MORY|해당없음	아이폰6S/6S+ tree farm101 - 다이어리케이스|아이폰6S/6S+	20370	20180429085019	3	3	4	-1
2	R4424255515	크리비아 기모 3부 속바지 GLG4314P	크리비아		크리비아 기모 3부 속바지 GLG4314P	-1	20180426102314	5	5	6	-1
3	F3334315393	[하프클럽/잭앤질]남성 솔리드 절개라인 포인트 포켓 팬츠 31133PT002_NA	잭앤질	㈜크리스패션	[잭앤질] 남성 솔리드 절개라인 포인트 포켓 팬츠 31133PT002_NA	16280	20180422084512	7	7	8	-1
4	N731678492	코드프리혈당시험지50매/코드프리시험지/최장유효기간		기타	SD코드프리혈당시험지[50매]	-1	20180424071623	10	9	11	-1

위의 결과 테이블에서 판다스의 데이터프레임으로 데이터를 다룰 때의 장점을 확인할 수 있습니다. head() 함수를 사용하면 ('pid', 'product', 'brand', 'maker', 'model', 'price', 'updttm', 'bcateid', 'mcateid', 'scateid', 'dcateid') 11개의 칼럼으로 구성된 대회 데이터를 일목요연하게 살펴볼 수 있습니다. 참고로 head() 함수의 괄호 안의 인자 값을 넣어 출력 행의 개수를 조절할 수 있습니다. 예를 들어 train_df.head(10)은 10개의 행을 출력합니다.

11개 각 칼럼의 설명을 표 2.8에 정리했습니다. https://arena.kakao.com/c/5/data의 링크에서도 대회 데이터의 설명을 찾아볼 수 있습니다.

표 2.8 대회 데이터의 칼럼 설명

칼럼명	설명
pid	상품의 ID. 각 상품은 자신의 고유한 ID를 가짐
product	상품명
brand	상품의 브랜드명
maker	상품의 메이커
model	상품명을 정제 알고리즘으로 정제한 결과
price	상품의 가격
updttm	상품정보가 업데이트된 시간
bcateid	대 카테고리 ID
mcateid	중 카테고리 ID
scateid	소 카테고리 ID
dcateid	상세 카테고리 ID
img_feat	ResNet50 모델의 출력 결과. 이 칼럼은 용량이 커서 데이터프레임의 칼럼으로 추가하지 않고 별도의 HDF5 포맷의 파일로 저장함

이번에는 dev_df의 상단 5개 행만 출력해 보겠습니다.

```
dev_df.head() # train_df.head(5)와 동일
```

Out:

	pid	product	brand	maker	model	price	updttm	bcateid	mcateid	scateid	dcateid
0	H2829766805	GIGABYTE 미니PC GB-BACE-3160 (램 4G+HDD 500GB) w	기가바이트	GIGABYTE	기가바이트 GB-BACE-3160 2GB, 500GB	267440	20180429194709	-1	-1	-1	-1
1	H4269948000	와코루 [WACOAL]와코루 들레이스 홑겹 B킴브라 2칼라 (NB.SP) DBR0156	와코루	기타	와코루	-1	20180413070637	-1	-1	-1	-1
2	H4692120833	카렉스 블렉스2 핸들커버(실버) 아반떼 XD		기타	기타	-1	20180415091715	-1	-1	-1	-1
3	O3630173399	[뉴에라]MLB 도트 프린트 뉴욕 양키스 티셔츠 화이트(11502825)	뉴에라	뉴에라캡코리아	MLB 도트 프린트 뉴욕 양키즈 티셔츠 11502825	61410	20180329085914	-1	-1	-1	-1
4	G3523601788	[플러그피트니스] 네오플렌 삼각아령5kg/아령/여자아령/여성아령/땅운동/여성덤벨 [...	플러그피트니스	제조자:플러그피트니스	FROG	-1	20180428044847	-1	-1	-1	-1

마찬가지로 test_df의 상단 5개 행만 출력해 보겠습니다.

```
test_df.head()
```

Out:

	pid	product	brand	maker	model	price	updttm	bcateid	mcateid	scateid	dcateid
0	P4458299590	모다까리나 NC04 목폴라레이스 티셔츠 M1745T536		기타	여아목폴라레이스티셔츠 (M1745T536)	-1	20180409064556	-1	-1	-1	-1
1	T4385210014	꽃비IDS Aglass 아이폰6플러스 강화유리 액정보호필름 울레푸빅 0.3미리		상품상세설명참조		-1	20180228074232	-1	-1	-1	-1
2	I2228774507	오케이 와사비 가루 90% A 오케이 250g / 와사비분 겨자분	오케이	오케이	오케이	-1	20180426080018	-1	-1	-1	-1
3	R2530027104	에스까다 선글라스 SES414G 0700 에스카다 SES414 414	에스까다	제조자:DE RIGO / 수입자:(주) 세원 I.T.C	SES414G 0700	147600	20180415084711	-1	-1	-1	-1
4	R4424269762	패리스독 베이직 스트라입 티셔츠 - 레드(S - XL) 애	parisdog	parisdog	인터파크/parisdog/애견의류/줌/패션/패션/액세서리/디셔츠/나시티	7730	20180317030818	-1	-1	-1	-1

위의 출력된 결과를 보면 train_df와 달리 dev_df와 test_df의 우측 마지막 4개의 카테고리 칼럼(bcateid, mcateid, scateid, dcateid)의 값은 모두 −1로 돼 있습니다. train_df는 학습에 사용될 데이터이므로 예측해야 할 타깃(target)인 4개 칼럼의 값은 주어졌습니다. 반면에 dev_df와 test_df는 리더보드의 점수를 산정할 때 사용될 데이터이므로 4개 칼럼의 값은 대회 참가자에게 공개되지 않습니다. 따라서 4개 칼럼은 모두 −1 값으로 설정돼 있습니다.

피처 엔지니어링

모델의 성능 향상을 위한 목적으로 대회 데이터로부터 생성된 데이터프레임을 가공할 것입니다. 여러 개 칼럼 중에 정답을 예측하는 데 도움이 될 칼럼만 선택할 것이며 기존 칼럼을 가공해 새로운 칼럼을 추가할 것입니다.

정답을 예측하는 데 도움이 될 칼럼 선택하기

이미 다른 칼럼에서 충분히 정보를 보유하고 있는 중복된 피처나 노이즈가 많이 섞인 피처를 입력으로 사용하면 모델의 예측 성능이 떨어질 수 있습니다. 노이즈나 불필요한 정보가 모델이 최적의 파라미터를 찾지 못하게끔 방해하기 때문입니다. 따라서 데이터 분석을 통해 예측에 불필요하거나 노이즈가 많이 섞인 칼럼을 제외한 데이터프레임을 만들 것입니다. 결론적으로 그림 2.30처럼 pid, product와 bcateid, mcateid, scateid, dcateid 칼럼만 가져온 새로운 데이터프레임을 만들 것입니다.

	pid	product	brand	maker	model	price	updttm	bcateid	mcateid	scateid	dcateid
0	O4486751463	직소퍼즐 - 1000조각 바다거북의 여행 (PL1275)	퍼즐라이프	상품상세설명 참조	퍼즐라이프 직소퍼즐 바다거북의 여행	16520	20180227091029	1	1	2	-1
1	P3307178849	[모리케이스]아이폰6S/6S+ tree farm101 - 다이어리케이스[바보사랑][...	바보사랑	MORY|해당없음	아이폰6S/6S+ tree farm101 - 다이어리케이스|아이폰6S/6S+	20370	20180429085019	3	3	4	-1
2	R4424255515	크리비아 기모 3부 속바지 GLG4314P	크리비아		크리비아 기모 3부 속바지 GLG4314P	-1	20180426102314	5	5	6	-1
3	F3334315393	[하프클럽/잭앤질]남성 솔리드 절개라인 포인트 포켓 팬츠 31133PT002_NA	잭앤질	㈜크리스패션	[잭앤질] 남성 솔리드 절개라인 포인트 포켓 팬츠 31133PT002_NA	16280	20180422084512	7	7	8	-1
4	N731678492	코드프리혈당시험지50매/코드프리시험지/최장유효기간		기타	SD코드프리혈당시험지[50매]	-1	20180424071623	10	9	11	-1

	pid	product	bcateid	mcateid	scateid	dcateid
0	O4486751463	직소퍼즐 - 1000조각 바다거북의 여행 (PL1275)	1	1	2	-1
1	P3307178849	[모리케이스]아이폰6S/6S+ tree farm101 - 다이어리케이스[바보사랑][...	3	3	4	-1
2	R4424255515	크리비아 기모 3부 속바지 GLG4314P	5	5	6	-1
3	F3334315393	[하프클럽/잭앤질]남성 솔리드 절개라인 포인트 포켓 팬츠 31133PT002_NA	7	7	8	-1
4	N731678492	코드프리혈당시험지50매/코드프리시험지/최장유효기간	10	9	11	-1

그림 2.30 불필요한 칼럼을 제외한 새로운 데이터프레임을 생성합니다. 이 과정은 train_df, dev_df, test_df에 동일하게 적용될 것입니다.

카테고리 이름 칼럼 추가

데이터 분석에 도움이 되도록 숫자로 기록된 카테고리 칼럼의 값을 한글 이름으로 바꿔보겠습니다. 대회에서 제공한 데이터 중 cate1.json 파일에는 카테고리의 (인덱스, 한글 이름) 매핑 정보가 기록돼 있습니다. 아래 코드 블록에서는 cate1.json을 읽어와서 대 · 중 · 소 · 세 카테고리별 매핑 사전을 만듭니다. 다음으로 매핑 사전을 활용해 한글 이름을 가진 4개의 카테고리를 추가합니다.

```
import json
# 카테고리 이름과 ID의 매핑 정보를 불러온다.
cate_json = json.load(open(os.path.join(RAW_DATA_DIR, 'cate1.json')))

# (이름, ID) 순서를 (ID, 이름)으로 바꾼 후 딕셔너리로 만든다.
bid2nm = dict([(cid, name) for name, cid in cate_json['b'].items()])
mid2nm = dict([(cid, name) for name, cid in cate_json['m'].items()])
sid2nm = dict([(cid, name) for name, cid in cate_json['s'].items()])
did2nm = dict([(cid, name) for name, cid in cate_json['d'].items()])

# dictionary를 활용해 카테고리 ID에 해당하는 카테고리 이름 칼럼을 추가한다.
```

```
train_df['bcatenm'] = train_df['bcateid'].map(bid2nm)
train_df['mcatenm'] = train_df['mcateid'].map(bid2nm)
train_df['scatenm'] = train_df['scateid'].map(bid2nm)
train_df['dcatenm'] = train_df['dcateid'].map(bid2nm)
```

이번에는 train_df의 상단 15개 행을 다시 출력해 보겠습니다. 출력의 편의성을 위해 기존 4개의 카테고리 ID 칼럼과 시간 칼럼인 updttm은 제외하고 출력했습니다. 아래 코드 블록의 결과 테이블에서 숫자로 표기됐던 카테고리 ID가 카테고리 이름으로 표기되었습니다.

```
# 대괄호 [ ] 안의 리스트에 해당하는 칼럼 대상으로 상단 15개의 행만 출력한다.
train_df [['pid', 'product', 'brand', 'maker', 'model', 'price', 'updttm',
'bcatenm', 'mcatenm', 'scatenm', 'dcatenm']].head(15)
```

Out:

	pid	product	brand	maker	model	price	bcatenm	mcatenm	scatenm	dcatenm
0	O4486751463	직소퍼즐 - 1000조각 바다거북의 여행 (PL1275)	퍼즐라이프	상품상세설명 참조	퍼즐라이프 직소퍼즐 바다거북의 여행	16520	악기/취미/만들기	보드게임/퍼즐	직소/퍼즐	
1	P3307178849	[모리케이스]아이폰6S/6S+ tree farm101 - 다이어리케이스[바보사랑][...	바보사랑	MORY|해당없음	아이폰6S/6S+ tree farm101 - 다이어리케이스|아이폰6S/6S+	20370	휴대폰/액세서리	휴대폰액세서리	아이폰액세서리	
2	R4424255515	크리비아 기모 3부 속바지 GLG4314P	크리비아		크리비아 기모 3부 속바지 GLG4314P	-1	언더웨어	보정언더웨어	속바지/속치마	
3	F3334315393	[하프클럽/잭앤질]남성 솔리드 절개라인 포인트 포켓 팬츠 31133PT002_NA	잭앤질	㈜크리스패션	[잭앤질] 남성 솔리드 절개라인 포인트 포켓 팬츠 31133PT002_NA	16280	남성의류	바지	일자면바지	
4	N731678492	코드프리혈당시험지50매/코드프리시험지/최장유효기간		기타	SD코드프리혈당시험지[50매]	-1	건강관리/실버용품	건강측정용품	혈당지	
5	J4094617432	아트박스 POOM/낭만창고 idk385-시원한 맥주 캬하~			아트박스 POOM/낭만창고 idk385-시원한 맥주 캬하~	-1	홈/인테리어/가드닝	벽지/시트지/스티커	포인트스티커	
6	V4742097320	데버스 뉴 캠핑 BBQ 글러브 DVC E1209N 캠핑 등산		기타	기타	-1	등산/캠핑/낚시	취사용품	기타취사용품	
7	Z4154445264	엘르스포츠 여성 비키니2PCS ETFLB06NVY	엘르스포츠	기타	ETFLB06NVY	-1	구기/헬스/수영/스키	수영복	스포츠 비키니	
8	L2121928457	[패션플러스][GEOX][GEOX] 제옥스 GH-405 블랙펄 클러치백	제옥스	제옥스		30750	가방/지갑/잡화	여성가방	여성 클러치백	
9	J2944368118	[아트박스 POOM/꾸밈] iz099-우럭아왜우럭	꾸밈	꾸밈	인테리어액자-iz099-우럭아왜우럭	25200	홈/인테리어/가드닝	액자	액자세트	
10	N4698218021	S329 저소음 벽시계 인테리어시계 벽걸이시계 생활소	제스코	상품상세설명 참조	상품상세설명 참조	24890	홈/인테리어/가드닝	인테리어시계	벽시계	
11	T3156402458	[브라스파티]리얼가죽 브리짓 BC2V3F2B77R	브라스파티 (BRHAS PATI)	(주)파코인터내셔날		-1	가방/지갑/잡화	지갑	명함/카드지갑	
12	I2915540327	S아람/한일/전기 미니온풍기 HEF-600 히터/난방 난로	한일	한일	한일 HEF-600 7㎡(2평형) 온풍기	45300	계절가전/에어컨/온열기기	난방기기	온풍기	전기온풍기
13	O4109219298	[한일] 엘린(ELIN) 올파이브 통오중 (5PLY)냄비5종(10PCS)		한일스테인레스		187800	주방/식기/용기	냄비/솥	냄비세트	
14	T3677023494	[롯데아이몰] QR인증/매니아온 비비아나 스니커즈 1EQ156 Z32		기타	기타	-1	신발/수제화	여성플랫슈즈/로퍼	플랫	

칼럼별 중요성 따져 보기

칼럼별 중요성 판단은 이 칼럼이 대회의 타깃을 예측하는 데 필요한 데이터임을 따져보는 것입니다. 여기서 대회의 타깃은 대 · 중 · 소 · 세 카테고리 칼럼(bcatenm, mcatenm, scatenm, dcatenm)을 의미합니다. train_df의 각 칼럼이 타깃을 예측함에 있어서 얼마나 필요한지를 살펴보겠습니다. 여기서 판단한 칼럼별 중요성은 불필요한 칼럼을 제거할 때 근거로 사용됩니다.

pid 칼럼은 개별 상품의 고유한 ID입니다. pid는 상품에 임의로 부여된 코드입니다. 상품의 특징과 무관하게 부여된 값에는 타깃을 예측하는 데 필요한 정보가 포함돼 있지 않습니다.

product 칼럼은 상품명으로서 상품이 무엇인지를 설명합니다. 앞 페이지 테이블의 첫 번째 행을 살펴보겠습니다. 직소퍼즐 - 1000조각 바다거북의 여행 (PL1275) 상품명의 경우 타깃 중 하나인 scatenm 직소/퍼즐의 직접적인 단어가 포함돼 있습니다. 두 번째 행의 [모리케이스]아이폰6S/6S+ tree farm101 - 다이어리케이스[바보사랑][...이라는 상품명은 타깃을 판단하는 데 필요한 아이폰, 6S/6S, 케이스 등의 단어가 포함돼 있습니다. 그 외의 행들의 상품명도 마찬가지로 타깃을 예측하는 데 직접적으로 필요한 정보가 포함돼 있습니다.

brand 칼럼은 상품의 브랜드명입니다. 브랜드는 특정 상품군이나 회사를 대표하는 단어입니다. 상품의 브랜드를 통해 상품이 어떤 카테고리에 속할지 유추해 볼 수 있습니다. 이는 타깃을 예측하는 데 도움이 되는 정보입니다. 그런데 train_df 테이블에서 볼 수 있듯이 브랜드명이 비어 있는 행이 많습니다. 그래서 brand 칼럼에서 가장 빈번한 값이 무엇인지 살펴보겠습니다.

아래 함수는 인자로 넘겨진 데이터프레임의 특정 칼럼에서 고윳값별로 등장 빈도수를 기록한 테이블을 반환합니다. 이 테이블은 빈도수의 내림차순으로 기본 정렬돼 있습니다.

```
def get_vc_df(df, col):
    vc_df = df[col].value_counts().reset_index()
    vc_df.columns = [col, 'count']
    vc_df['percentage'] = (vc_df['count'] / vc_df['count'].sum())*100
    return vc_df
```

get_vc_df() 함수로 train_df의 brand 칼럼의 빈도수 테이블을 가져와서 상단 10개의 행만 출력해 보겠습니다.

```
vc_df = get_vc_df(train_df, 'brand')
vc_df.head(10)
```

Out:

	brand	count	percentage
0		3930113	48.312243
1	상품상세설명 참조	153156	1.882722
2	바보사랑	66645	0.819256
3	기타	64144	0.788512
4	상세설명참조	35795	0.440022
5	없음	33603	0.413076
6	아디다스	32292	0.396960
7	나이키	30785	0.378435
8	아트박스	28518	0.350567
9	알수없음	26768	0.329055

위의 결과 테이블에서 첫 행은 공백 문자이며 개수가 3,930,113입니다. 이는 학습셋의 전체 상품 8,134,818개 중 약 48%를 차지합니다. 이것은 brand 칼럼은 거의 절반에 가까운 데이터가 비어 있다는 의미입니다. 더군다나 아랫부분에서 '상품상세설명 참조', '기타', '상세설명 참조', '없음', '알수없음' 등 타깃 예측에 도움이 되지 않는 브랜드명이 빈번함을 볼 수 있습니다.

maker 칼럼은 상품의 제조사입니다. 바로 고윳값별로 빈도수를 살펴보겠습니다.

```
vc_df = get_vc_df(train_df, 'maker')
vc_df.head(10)
```

Out:

	maker	count	percentage
0		2196846	27.005472
1	기타	2009828	24.706490
2	상품상세설명 참조	442299	5.437110
3	상세페이지 참조	63792	0.784185
4	상세설명참조	37899	0.465886
5	상품상세설명참조	36389	0.447324
6	아디다스	25472	0.313123
7	상세설명참조 / 상세설명참조	21873	0.268881
8	[불명]	20836	0.256134
9	상품상세정보 참조	19786	0.243226

앞의 결과 테이블을 보면 maker 칼럼은 비어 있거나 '상품상세설명 참조' 등으로 타깃 예측에 도움이 안 되는 데이터가 절반 이상을 차지함을 알 수 있습니다.

model 칼럼은 상품명을 정제 알고리즘으로 정제한 결과입니다. 카카오의 자체 알고리즘을 사용해 추출된 데이터로 보입니다.

```
vc_df = get_vc_df(train_df, 'model')
vc_df.head(10)
```

Out:

	model	count	percentage
0		2063425	25.365349
1	기타	1606243	19.745285
2	상품상세설명 참조	295674	3.634673
3	없음	86475	1.063023
4	상세페이지 참조	35049	0.430852
5	근조화환	19642	0.241456
6	상품상세정보 참조	18727	0.230208
7	상세설명참조 / 상세설명참조	11387	0.139979
8	아트박스	10067	0.123752
9	상품 상세설명 참조	9723	0.119523

model 칼럼의 데이터도 앞서 살펴봤던 brand, maker 칼럼의 데이터와 크게 다르지 않습니다. 마지막으로 price 칼럼을 살펴보겠습니다.

price 칼럼은 상품의 가격 정보입니다. 상품의 종류, 가치, 브랜드 등에 따라 가격이 매겨지기에 가격 정보는 타깃 예측에 도움이 될 수 있습니다. 그러나 train_df의 결과 테이블에서도 봤듯이 −1 값(가격 정보 없음)이 상당수 포함돼 있습니다. −1이 전체 데이터에서 차지하는 비율을 따져 보기 위해 고윳값의 빈도수를 살펴보겠습니다.

```
vc_df = get_vc_df(train_df, 'price')
vc_df.head(10)
```

Out:

	price	count	percentage
0	-1	5270821	64.793349
1	85500	8872	0.109062
2	10800	6522	0.080174
3	9000	6505	0.079965
4	13500	5885	0.072343

price 칼럼의 약 65% 정도는 가격 정보가 없는 -1로 돼 있습니다.

불필요한 칼럼을 제외한 새로운 데이터프레임 만들기

앞에서 product, brand, maker, model, price 칼럼의 중요성을 살펴보았습니다. brand, maker, model 칼럼은 절반 정도의 데이터에는 타깃 예측을 위해 필요한 정보가 담겨있지 않았습니다. 더군다나 brand, maker, model 칼럼은 product인 상품명에 이미 포함된 정보인 경우가 많습니다. 따라서 이 3개 칼럼은 제외하겠습니다.

price 칼럼 또한 위의 3개 칼럼처럼 가격 정보가 없는 비중이 큽니다. 그렇지만 price는 product 칼럼에는 없는 정보이므로 타깃 예측에 도움이 될 수도 있습니다. 이런 경우 price 칼럼을 포함했을 때의 예측 결과와 미포함했을 때의 예측 결과를 비교해 최종 포함 여부를 결정할 수도 있습니다. 그러나 본 솔루션에서는 상품 가격에는 노이즈가 많다고 판단해 price 칼럼은 제외했습니다. 온라인 쇼핑몰에서는 동일한 상품(예: 마스크, 손 소독제 등)일지라도 판매자의 목적에 따라 다양한 가격이 붙여진다고 보기 때문입니다.

아래 코드에서 불필요한 칼럼을 제거한 train_df, dev_df, test_df를 만들었습니다.

```
# 불필요한 칼럼을 제거한 데이터프레임 만들기
train_df = train_df[['pid', 'product', 'bcateid', 'mcateid', 'scateid', 'dcateid']]
dev_df = dev_df[['pid', 'product', 'bcateid', 'mcateid', 'scateid', 'dcateid']]
test_df = test_df[['pid', 'product', 'bcateid', 'mcateid', 'scateid', 'dcateid']]

# 상단 5개의 행만 출력
train_df.head()
```

Out:

	pid	product	bcateid	mcateid	scateid	dcateid
0	O4486751463	직소퍼즐 - 1000조각 바다거북의 여행 (PL1275)	1	1	2	-1
1	P3307178849	[모리케이스]아이폰6S/6S+ tree farm101 - 다이어리케이스[바보사랑][...	3	3	4	-1
2	R4424255515	크리비아 기모 3부 속바지 GLG4314P	5	5	6	-1
3	F3334315393	[하프클럽/잭앤질]남성 솔리드 절개라인 포인트 포켓 팬츠 31133PT002_NA	7	7	8	-1
4	N731678492	코드프리혈당시험지50매/코드프리시험지/최장유효기간	10	9	11	-1

기존 칼럼을 가공해 새로운 칼럼 추가하기

앞에서 모델의 성능 향상을 위해 불필요한 칼럼을 제외했다면 이번에는 기존 칼럼을 가공해 새로운 칼럼을 추가해보겠습니다.

product(상품명) 칼럼 전처리

`product` 칼럼의 상품명은 한 문장(sentence)으로 취급할 수 있습니다. 문장은 의미를 가지는 최소 단위인 단어(word)로 조직되고 결합됩니다. 영어의 경우는 띄어쓰기로 문장을 나누면 쉽게 단어들을 얻을 수 있습니다. 그런데 한국어는 띄어쓰기를 기준으로 문장을 나누면 단어가 아닌 어절을 얻기도 합니다. 하나의 예로 표 2.9의 바다거북의는 어절로서 바다거북 단어와 -의 단어(또는 조사) 2개가 결합된 어절입니다. 그렇지만 앞으로 표현의 편의를 위해서 문장을 띄어쓰기로 분절해 얻은 조각은 모두 단어로 취급하겠습니다.

표 2.9 한국어 상품명과 영어 상품명

언어	상품명
한국어	직소퍼즐 – 1000조각 바다거북의 여행 (PL1275)
영어	Jigsaw Puzzle – 1000 Piece Sea Turtle Travel (PL1275)

상품명은 일반적인 문장과 다른 특성이 있습니다. 첫째, `product` 칼럼의 상품명을 보면 브랜드명, 제품명, 제품코드 등을 포함해 대부분 명사의 나열입니다. 둘째, 여러 단어를 띄어쓰기 없이 붙이거나 특수기호로 여러 단어를 붙이는 경우가 많다는 것입니다. 예시로 `product` 칼럼의 5번째 행의 상품명인 `코드프리혈당시험지50매/코드프리시험지/최장유효기간`이 있습니다. 셋째, 특수기호를 특정 단어를 강조하기 위해 반복해서 쓴다는 것입니다. 예시로 `[--초특가--][2015년 기획]*****[엡손]EPSON:::프로젝터…` 상품명이 있습니다.

이제부터 이런 특성을 고려해 상품명을 전처리 하겠습니다. 다음 코드로 딥러닝 모델 입력에 불필요한 특수기호를 제거하겠습니다. 띄어쓰기는 공백문자로 취급합니다. 특수기호는 공백문자로 치환합니다. 연속된 특수기호는 하나의 공백문자로 치환됩니다.

```
import re

# 특수기호를 나열한 패턴 문자열을 컴파일하여 패턴 객체를 얻는다.
```

```
p = re.compile('[\!@#$%\^&\*\(\)\-\=\[\]\{\}\.,/\?~\+\'"¦_:;><` | ]')

# 위의 패턴 문자열의 매칭되는 문자는 아래 코드를 통해서 빈공백으로 치환할 것이다.

# 문장의 특수기호 제거 함수
def remove_special_characters(sentence, lower=True):
    sentence = p.sub(' ', sentence) # 패턴 객체로 sentence 내의 특수기호를 공백문자로 치환한다.
    sentence = ' '.join(sentence.split()) # sentence 내의 두 개 이상 연속된 공백들을
                                          # 하나의 공백으로 만든다.
    if lower:
        sentence = sentence.lower()
    return sentence

# product 칼럼에 특수기호를 제거하는 함수를 적용한 결과를 반환한다.
train_df['product'] = train_df['product'].map(remove_special_characters)

train_df.head() # 특수기호가 제거된 train_df의 상단 5행만 출력
```

Out:

	pid	product	bcateid	mcateid	scateid	dcateid
0	O4486751463	직소퍼즐 1000조각 바다거북의 여행 pl1275	1	1	2	-1
1	P3307178849	모리케이스 아이폰6s 6s tree farm101 다이어리케이스 바보사랑 무료배송	3	3	4	-1
2	R4424255515	크리비아 기모 3부 속바지 glg4314p	5	5	6	-1
3	F3334315393	하프클럽 잭앤질 남성 솔리드 절개라인 포인트 포켓 팬츠 31133pt002 na	7	7	8	-1
4	N731678492	코드프리혈당시험지50매 코드프리시험지 최장유효기간	10	9	11	-1

다음 과정으로 product 칼럼의 문장의 단어를 분절하겠습니다. 참고로 일반 문장과 다른 상품명의 특성 때문에 konlp(https://konlpy.org)에서 이용 가능한 한국어 형태소 분석기의 사용은 추천하지 않습니다.

최근 딥러닝 기반 자연어처리 분야에서 자주 사용되는 학습 기반의 문장 분절기(tokenizer)가 있습니다. 학습을 하므로 상품명의 특성을 반영한 문장 분절이 가능합니다. 문장 분절기에 학습 데이터로 product 칼럼의 100만 문장을 사용합니다. 이후 학습된 분절기로 product 칼럼의 모든 문장을 분절합니다.

분절기는 직접 구현하지 않고 구글에서 오픈소스(https://github.com/google/sentencepiece)로 공개한 센텐스피스(sentencepiece) 라이브러리를 사용할 것입니다. 아래 코드는 센텐스피스 모델을 학습시키는 코드입니다. 컴퓨터 사양에 따라서 2~10분 사이의 시간이 소요될 수 있습니다.

```
import sentencepiece as spm # sentencepiece 모듈을 가져온다.

# product 칼럼의 상품명을 product.txt 파일명으로 저장한다.
with open(os.path.join(VOCAB_DIR, 'product.txt'), 'w') as f:
    f.write(train_df['product'].str.cat(sep='\n'))

# sentencepiece 모델을 학습시키는 함수다.
def train_spm(txt_path, spm_path,
              vocab_size=32000, input_sentence_size=1000000):
    # input_sentence_size: 개수만큼만 학습데이터로 사용된다.
    # vocab_size: 사전 크기
    spm.SentencePieceTrainer.Train(
        f' --input={txt_path} --model_type=bpe'
        f' --model_prefix={spm_path} --vocab_size={vocab_size}'
        f' --input_sentence_size={input_sentence_size}'
        f' --shuffle_input_sentence=true'
    )

# product.txt 파일로 sentencepiece 모델을 학습시킨다.
# 학습이 완료되면 spm.model, spm.vocab 파일이 생성된다.
train_spm(txt_path=os.path.join(VOCAB_DIR, 'product.txt'),
          spm_path=os.path.join(VOCAB_DIR, 'spm'))

# 센텐스피스 모델 학습이 완료되면 product.txt는 삭제
os.remove(os.path.join(VOCAB_DIR, 'product.txt'))

# 필요한 파일이 제대로 생성됐는지 확인
for dirname, _, filenames in os.walk(VOCAB_DIR):
    for filename in filenames:
        print(os.path.join(dirname, filename))
```

```
Out: ../input/processed/vocab/spm.vocab
     ../input/processed/vocab/spm.model
```

학습된 모델은 파일로 저장됩니다. 위의 실행 결과에서 어떤 파일이 만들어졌는지 볼 수 있습니다. spm.vocab, spm.model이 생성되었습니다.

이제 학습된 센텐스피스 모델을 활용해 product 칼럼을 분절해보겠습니다.

```
# 센텐스피스 모델을 로드한다.
sp = spm.SentencePieceProcessor()
sp.Load(os.path.join(VOCAB_DIR, 'spm.model'))

# product 칼럼의 상품명을 분절한 결과를 tokens 칼럼에 저장한다.
train_df['tokens'] = train_df['product'].map(sp.EncodeAsPieces)
train_df[['product', 'tokens']].head()
```

Out:

	product	tokens
0	직소퍼즐 1000조각 바다거북의 여행 pl1275	__직소퍼즐 __1000 조각 __바다 거북 의 __여행 __pl 12 75
1	모리케이스 아이폰6s 6s tree farm101 다이어리케이스 바보사랑 무료배송	__모리케이스 __아이폰 6 s __6 s __tree __farm 101 __다이어리케이스 ...
2	크리비아 기모 3부 속바지 glg4314p	__크리비아 __기모 __3 부 __속바지 __gl g 43 14 p
3	하프클럽 잭앤질 남성 솔리드 절개라인 포인트 포켓 팬츠 31133pt002 na	__하프클럽 __잭앤질 __남성 __솔리드 __절개라인 __포인트 __포켓 __팬츠 __311 33...
4	코드프리혈당시험지50매 코드프리시험지 최장유효기간	__코드 프리 혈 당 시험 지 50 매 __코드 프리 시험 지 __최 장 유 효 기간

product 칼럼이 분절된 결과가 tokens 칼럼에 저장되었습니다. 우선 주목할 점이 있습니다. 바로 tokens 칼럼에 _ 기호가 추가된 것입니다. _ 기호는 단어의 가장 앞 글자에 붙습니다. _ 기호가 붙은 이유는 단어의 첫 글자임을 표시하기 위함입니다. 왜 이것이 필요한지 예를 들어 보겠습니다. 위의 3번째 행의 3부의 뒷글자 부와 부사장의 앞 글자 부는 같은 글자지만 의미가 서로 다릅니다. 이들 글자를 구분하기 위해 _ 기호를 붙이는 것입니다. 위 결과 테이블의 마지막 행을 보면 코드프리혈당시험지50매의 한 단어가 _코드 프리 혈 당 시험 지 50 매의 여러 단어로 분절되었습니다.

train_df의 전처리를 끝냈습니다. 다음으로 dev_df, test_df를 전처리 하겠습니다. train_df의 product 칼럼으로 학습된 분절기를 그대로 사용할 것입니다.

```
# 특수기호를 공백문자로 치환
dev_df['product'] = dev_df['product'].map(remove_special_characters)
# product 칼럼을 분절한 뒤 token_id로 치환
dev_df['tokens'] = dev_df['product'].map(
    lambda x: " ".join([str(token_id) for token_id in sp.EncodeAsPieces(x)]))

# 특수기호를 공백문자로 치환
test_df['product'] = test_df['product'].map(remove_special_characters)
# product 칼럼을 분절한 뒤 token_id로 치환
test_df['tokens'] = test_df['product'].map(
    lambda x: " ".join([str(token_id) for token_id in sp.EncodeAsPieces(x)]))
```

train_df에 이어서 dev_df, test_df에 대해서도 전처리가 완료되었습니다.

전처리된 데이터를 저장

전처리가 적용된 데이터프레임을 CSV 포맷의 파일로 저장합니다.

```
# product, tokens 칼럼을 제외한 칼럼만을 남긴다.
columns = ['pid', 'tokens', 'bcateid', 'mcateid', 'scateid', 'dcateid']
train_df = train_df[columns]
dev_df = dev_df[columns]
test_df = test_df[columns]

# csv 포맷으로 저장한다.
train_df.to_csv(os.path.join(PROCESSED_DATA_DIR, 'train.csv'), index=False)
dev_df.to_csv(os.path.join(PROCESSED_DATA_DIR, 'dev.csv'), index=False)
test_df.to_csv(os.path.join(PROCESSED_DATA_DIR, 'test.csv'), index=False)
```

img_feat 데이터 전처리 및 저장

대회 데이터에서 img_feat 칼럼은 크기가 크고 데이터프레임으로 처리할 수 없는 벡터이므로 별도로 처리합니다. h5 포맷의 대회 데이터에서 img_feat만 분리해 다시 h5 포맷의 파일로 저장합니다. img_feat는 상품의 이미지이므로 상품명(칼럼명: tokens)과 함께 학습에 사용할 칼럼 중 하나입니다.

```
# 용량이 큰 img_feat 칼럼은 별도의 hdf5 포맷의 파일로 저장
def save_column_data(input_path_list, div, col, n_img_rows, output_path):
    # img_feat를 저장할 h5 파일을 생성
    h_out = h5py.File(output_path, 'w')
    # 대회데이터의 상품개수 x 2048(img_feat 크기)로 dataset을 할당한다.
    h_out.create_dataset(col, (n_img_rows, 2048), dtype=np.float32)

    offset_out = 0

    # h5포맷의 대회데이터에서 img_feat 칼럼만 읽어서 h5 포맷으로 다시 저장한다.
    for in_path in tqdm(input_path_list, desc=f'{div},{col}'):
        h_in = h5py.File(in_path, 'r')
        sz = h_in[div][col].shape[0]
        h_out[col][offset_out:offset_out+sz] = h_in[div][col][:]
        offset_out += sz
        h_in.close()
    h_out.close()

save_column_data(train_path_list, div='train', col='img_feat', n_img_rows=len(train_df),
                 output_path=os.path.join(PROCESSED_DATA_DIR, 'train_img_feat.h5'))
save_column_data(dev_path_list, div='dev', col='img_feat', n_img_rows=len(dev_df),
                 output_path=os.path.join(PROCESSED_DATA_DIR, 'dev_img_feat.h5'))
save_column_data(test_path_list, div='test', col='img_feat', n_img_rows=len(test_df),
                 output_path=os.path.join(PROCESSED_DATA_DIR, 'test_img_feat.h5'))
```

최종적으로 학습에 필요한 파일이 모두 생성됐는지 확인합니다.

```
# 필요한 파일이 제대로 생성됐는지 확인
for dirname, _, filenames in os.walk(PROCESSED_DATA_DIR):
    for filename in filenames:
        print(os.path.join(dirname, filename))
```

```
Out: ../input/processed/dev_img_feat.h5
     ../input/processed/train_img_feat.h5
     ../input/processed/test_img_feat.h5
     ../input/processed/dev.csv
     ../input/processed/train.csv
```

```
../input/processed/test.csv
../input/processed/vocab/spm.vocab
../input/processed/vocab/spm.model
```

위 결과처럼 8개의 파일이 확인되면 필요한 파일이 제대로 생성된 것입니다.

2.4.2 학습

이 과정은 상품의 카테고리를 분류하는 모델을 구현하고 학습시킨 후 저장하는 과정입니다. 1) 모델 아키텍처 선정 및 구현, 2) 모델 학습, 3) 학습된 모델을 파일로 저장으로 구성됩니다. 학습 과정과 관련된 코드는 표 2.10과 같이 3개가 있습니다.

표 2.10 학습 과정의 코드

코드 파일	설명
cate_model.py	상품정보를 입력으로 받아 대 · 중 · 소 · 세 카테고리를 예측하는 딥러닝 모델
cate_dataset.py	전처리된 대회 데이터를 읽어와서 학습에 적합한 형태로 변환해 반환
train.py	cate_model.py와 cate_dataset.py를 사용해 모델을 학습시키는 코드. 학습된 모델은 파일로 저장됩니다.

학습 과정을 순차적으로 설명하면서 이를 구현한 코드도 함께 설명하겠습니다.

모델 아키텍처 선정 및 구현

본 대회에서 제공된 데이터는 상품 정보이며 풀고자 하는 문제는 분류입니다. 즉, 모델의 입력은 상품 정보이며 출력은 분류 정보입니다. 상품 정보 중 데이터 전처리 과정에서 최종적으로 선택된 칼럼은 두 가지입니다. 상품명(칼럼명: tokens)과 이미지(칼럼명: img_feat)입니다. 이 두 칼럼은 모델의 입력으로 사용될 것입니다. 모델의 출력은 대 · 중 · 소 · 세 카테고리가 되겠습니다. 이를 기반으로 모델을 다음처럼 설계했습니다. 참고로 이미지는 실제 상품 이미지가 아니라 대회 주최측에서 미리 인코딩해서 제공하는 2048 크기의 이미지 피처입니다.

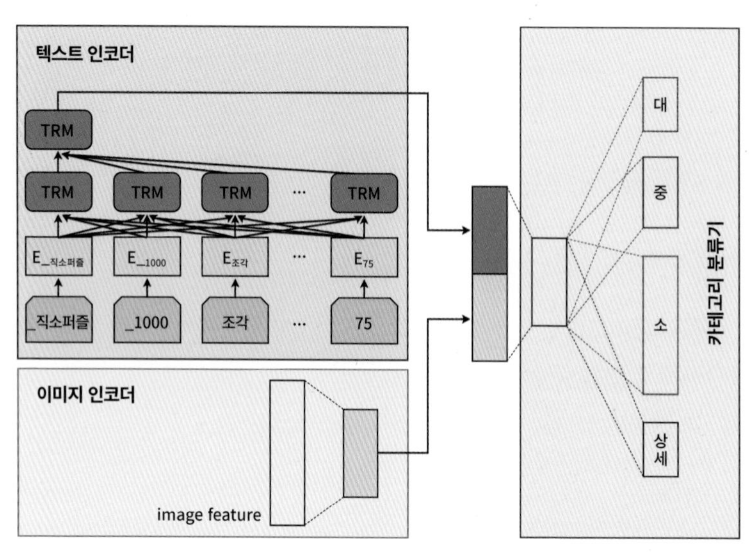

그림 2.31 솔루션 모델 전체 블록도

모델 아키텍처 선정

솔루션 모델은 크게 텍스트 인코더(Text Encoder)와 이미지 인코더(Image Encoder) 그리고 카테고리 분류기(Category Classifiers) 모듈로 구성됩니다. 텍스트 인코더 모듈은 상품명을 입력받아 상품명 정보가 담긴 텍스트 벡터를 만듭니다. 이미지 인코더 모듈은 상품 이미지 정보를 입력받아 이미지 정보가 담긴 벡터를 만듭니다. 마지막으로 카테고리 분류기 모듈은 앞서 두 모듈이 만들어 낸 [텍스트벡터; 이미지벡터]를 결합한 벡터를 입력받아 상품이 속하는 대 · 중 · 소 · 세 카테고리를 예측합니다.

참고로 텍스트, 이미지, 오디오 등의 개별 소스(Source)는 유니모달(Unimodal)이며 이들의 소스를 인코딩해 얻은 벡터를 유니모달 표현(Unimodal Representation)이라고 합니다. 이들 유니모달 표현을 결합하는 방법을 멀티모달 퓨전(Multimodal fusion)[3]이라고 하는데, 본 솔루션은 [텍스트벡터; 이미지벡터]처럼 두 벡터(또는 표현)를 직렬 연결하는 방식[4]을 사용합니다.

다음으로 텍스트 인코더, 이미지 인코더, 카테고리 분류기 모듈별로 설명을 진행하겠습니다.

---

3 Ngiam, Jiquan, et al. "Multimodal deep learning." ICML. 2011.

4 Liu, Hongyi, et al. "Towards robust human–robot collaborative manufacturing: multimodal fusion." IEEE Access 6 (2018): 74762–74771.

텍스트 인코더

텍스트 인코더는 tokens 칼럼의 상품명을 인코딩해 텍스트 벡터로 만드는 모듈입니다. 인코딩 과정은 상품명의 각 토큰을 임베딩하고 이들을 취합한 정보를 가지는 벡터를 만드는 것입니다. 예컨대 상품명 _직소퍼즐 _1000 조각 _바다 거북 의 _여행 _pl 12 75를 512차원의 벡터로 만드는 것입니다.

본 솔루션에서 **임베딩은 토큰을 룩업 테이블에서 찾아서 대응되는 벡터로 치환**하는 작업입니다. 예컨대 토큰의 나열인 [_직소퍼즐, _1000, 조각, …, 75]의 각 토큰을 그림 2.32처럼 치환하여 벡터의 나열인 [$E_{\text{\_직소퍼즐}}$, $E_{\text{\_1000}}$, $E_{\text{조각}}$, …, E_{75}]로 나타낼 수 있습니다. 여기서 $E_{\text{_직소퍼즐}}$은 룩업 테이블에서 _직소퍼즐에 대응하는 벡터 [-0.4640, -2.0727, 1.4236, …, 0.6668, -1.1076, -0.6761]을 나타냅니다. 마찬가지로 $E_{\text{_1000}}$은 벡터 [0.4493, -1.2878, 2.4058, …, 1.0659, 0.2209, -1.1023]을 나타냅니다.

임베딩은 파이토치의 nn.Embedding 모듈을 사용해 쉽게 구현할 수 있습니다. 참고로 토큰에 대응되는 벡터들은 초기 값은 임의로 결정되지만 학습 과정 중에 최적의 값으로 결정됩니다.

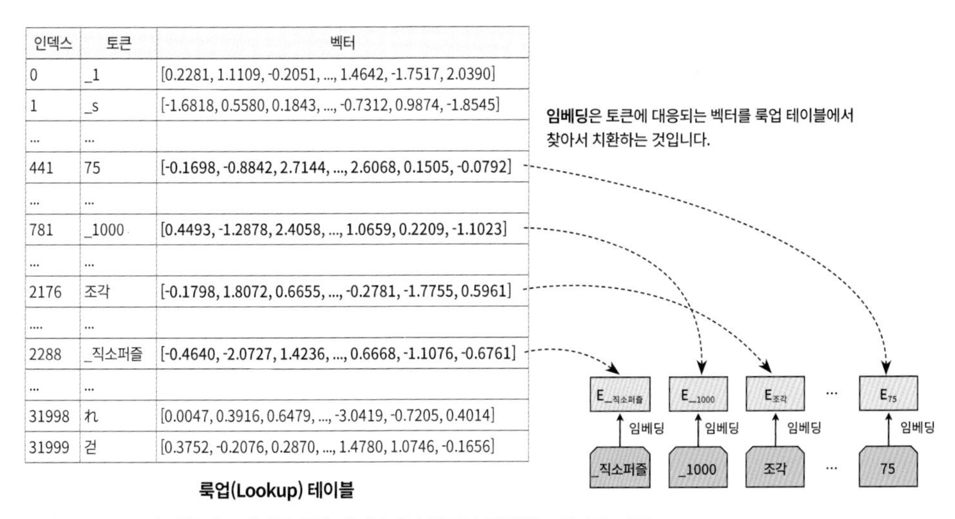

인덱스	토큰	벡터
0	_1	[0.2281, 1.1109, -0.2051, ..., 1.4642, -1.7517, 2.0390]
1	_s	[-1.6818, 0.5580, 0.1843, ..., -0.7312, 0.9874, -1.8545]
...	...	
441	75	[-0.1698, -0.8842, 2.7144, ..., 2.6068, 0.1505, -0.0792]
...	...	
781	_1000	[0.4493, -1.2878, 2.4058, ..., 1.0659, 0.2209, -1.1023]
...	...	
2176	조각	[-0.1798, 1.8072, 0.6655, ..., -0.2781, -1.7755, 0.5961]
....	...	
2288	_직소퍼즐	[-0.4640, -2.0727, 1.4236, ..., 0.6668, -1.1076, -0.6761]
...	...	
31998	れ	[0.0047, 0.3916, 0.6479, ..., -3.0419, -0.7205, 0.4014]
31999	걷	[0.3752, -0.2076, 0.2870, ..., 1.4780, 1.0746, -0.1656]

그림 2.32 토큰에 대응되는 벡터를 룩업 테이블에서 찾아서 치환하는 임베딩 과정

텍스트 인코더에서 토큰처럼 연속된 시퀀스 데이터를 다루기 위한 주요 모듈로 LSTM 대신에 최근 자연어처리 분야에서 많이 사용되는 **트랜스포머**를 사용했습니다. 그림 2.31에서 트랜스포머 모듈은 TRM으로 표기됩니다. 한편 TRM의 입력으로 사용하기 위해 _직소퍼즐과 같은

토큰을 임베딩으로 변환할 필요가 있습니다. 그런데 TRM의 정보를 취합하는 방식은 토큰의 위치를 고려하지 않습니다. 따라서 LSTM 모듈처럼 토큰의 위치를 고려해 정보를 취합하려면 별도의 임베딩 방법이 필요합니다.

구글에서 제안한 버트(BERT; Bidirectional Encoder Representations from Transformers)[5] 아키텍처에서는 **토큰 임베딩**, **세그먼트 임베딩**, **포지션 임베딩**을 더하여 최종 임베딩을 만들었습니다. 본 솔루션 모델도 동일한 임베딩 방식을 사용합니다. 그렇기에 그림 2.31의 텍스트 인코더의 구조는 버트 아키텍처와 동일합니다. 참고로 그림 2.33에서 세그먼트 임베딩에서 E의 아래 첨자 인덱스는 단어별로 부여됩니다. 예컨대 token은 _ 문자를 기준으로 서로 다른 단어에 포함되므로 _직소퍼즐은 0, `_1000` 조각은 1, _바다 거북 의는 2의 인덱스가 부여됩니다. 이들 인덱스는 세그먼트 임베딩 E의 아래 첨자에서도 볼 수 있습니다.

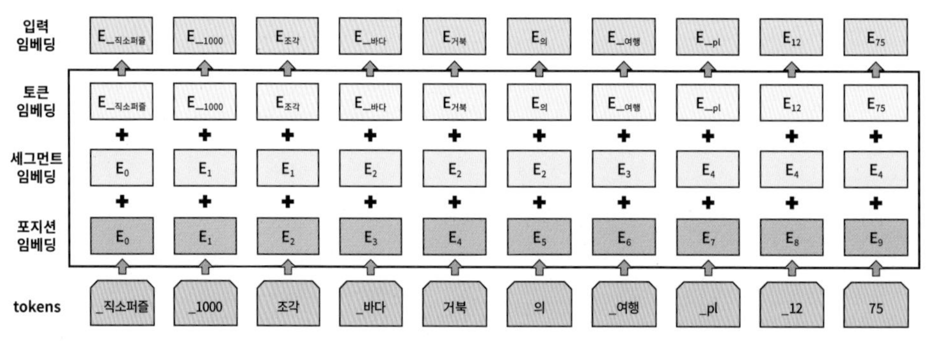

그림 2.33 입력 임베딩이 만들어지는 과정. 입력 임베딩은 토큰+세그먼트+포지션 임베딩의 합으로 만들어집니다.

그림 2.31의 텍스트 인코더 부분을 보면 상품명의 각 토큰을 E로 표기된 임베딩(Embedding)으로 변환하고(그림 2.33의 과정) 이를 TRM 블록의 입력으로 사용합니다. TRM은 셀프 어텐션(Self-Attention)으로 정보를 취합할 때 자신을 기준으로 필요한 정보를 가져오는 방식으로 작동합니다. 각 TRM은 자신의 아래 입력을 기준으로 주변의 입력에서 어떤 정보를 얼마나 가져와야 할지를 판단해 정보를 취합하고 이를 벡터로 반환합니다. TRM은 2층으로 구성돼 있는데 하단의 TRM은 임베딩의 정보를 취합한 벡터를 반환하고 상단의 TRM은 하단 TRM의 정보를 취합한 벡터를 반환합니다. 상단의 TRM이 만들어낸 벡터를 **텍스트 벡터**라 하겠습니다.

5 Devlin, Jacob, et al. "Bert: Pre-training of deep bidirectional transformers for language understanding." arXiv preprint arXiv:1810.04805 (2018).

이미지 인코더

이미지 인코더는 `img_feat` 칼럼의 상품 이미지를 인코딩해 이미지 벡터로 변환하는 모듈입니다. 다만 대회 주최측에서 원본 이미지를 공개하지는 않고 미리 이미지를 ResNet50으로 인코딩한 2,048차원의 이미지 피처(Image Feature)를 제공했습니다. 따라서 대회에서 제공된 이미지 피처를 이미지 벡터를 사용하기 위해 그림 2.31의 이미지 인코더 블록 부분처럼 단순 선형 변환했습니다.

ResNet은 Residual Network의 약어이며 CNN(Convolutional Neural Network) 계열에서 잔차 연결(Residual Connection)로 깊은 신경망을 학습할 수 있게 만든 유명한 아키텍처입니다. ResNet은 레지듀얼 블록(Residual Block)과 아이덴티티 블록(Identity Block)의 반복으로 신경망 깊이를 조정할 수 있습니다. ResNet50은 콘볼루션 레이어(Convolution layer)와 선형 레이어의(Linear layer) 개수가 50개로 만들어진 ResNet을 의미합니다[6].

참고로 파이토치와 같은 딥러닝 프레임워크에서 ResNet 아키텍처는 쉽게 사용할 수 있으며 ImageNet 데이터셋으로 미리 학습시킨 모델(Pretrained model)을 인터넷에서 다운로드받아 추론에 사용할 수도 있습니다. 사용 방법은 파이토치 튜토리얼을 참고하면 됩니다. 튜토리얼의 URL은 이와 같습니다. https://pytorch.org/tutorials/beginner/transfer_learning_tutorial.html

카테고리 분류기(CATEGORY CLASSIFIERS)

카테고리 분류기는 앞서 두 모듈이 만들어 낸 [텍스트벡터; 이미지벡터]를 결합한 벡터를 입력받아 상품이 속하는 대 · 중 · 소 · 세 카테고리를 예측하는 모듈입니다. 대 · 중 · 소 · 세 각 카테고리별 분류기를 만들었으므로 4개의 분류기가 있습니다. 각 카테고리 분류기는 상품이 어떤 카테고리 클래스에 속하는지 예측합니다. 예컨대 **대 카테고리 분류기**는 상품이 57개의 대 카테고리 클래스 중 어디에 속할지, **중 카테고리 분류기**는 상품이 552개 중 어디에 속할지, **소 카테고리 분류**는 상품이 3190개 중 어디에 속할지, **세 카테고리 분류기**는 상품이 404개 중 어디에 속할지를 예측합니다.

---

6 He, Kaiming, et al. "Deep residual learning for image recognition." *Proceedings of the IEEE conference on computer vision and pattern recognition*. 2016.

카테고리별 분류기를 만든 이유는 데이터의 불균형 문제(Imbalance problem)를 완화하기 위함입니다. 클래스 불균형 데이터(Class imbalanced data)는 특정 클래스에 샘플이 쏠려 있는 데이터를 말합니다. 학습 데이터의 대 · 중 · 소 · 세가 결합된 카테고리 클래스의 개수는 4215개이며 그림 2.34처럼 샘플들이 특정 클래스에 쏠린 불균형 데이터입니다.

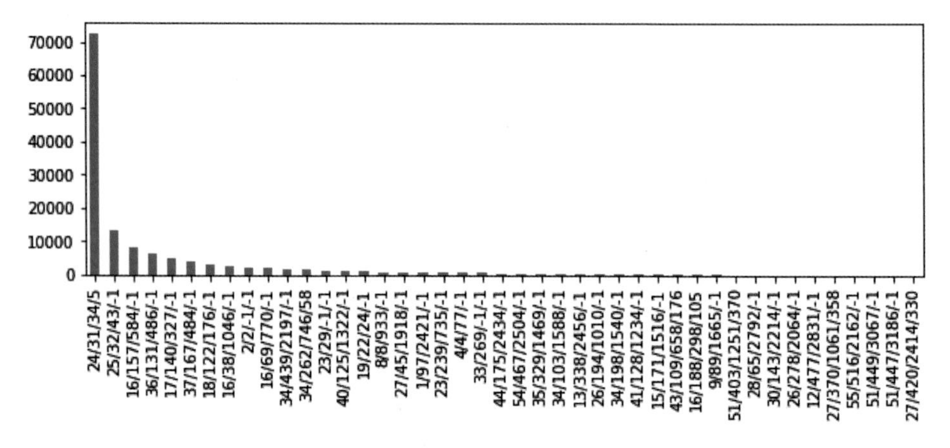

그림 2.34 대 · 중 · 소 · 세 결합된 카테고리별로 포함된 샘플 수를 표시한 도표로 특정 결합 카테고리에 샘플들이 쏠려 있음을 볼 수 있습니다. 가로축은 대 · 중 · 소 · 세 결합된 카테고리의 일부, 세로축은 결합 카테고리에 속하는 샘플의 개수입니다.

이런 경우 대 · 중 · 소 · 세 카테고리를 개별로 다루면 데이터의 불균형 문제를 완화하는 데 도움이 됩니다. 예컨대 대 카테고리 클래스는 57개이며 클래스별 샘플이 그림 2.34와는 달리 과도하게 쏠려 있지 않습니다. 이러한 대 카테고리 클래스로 학습을 시키기 위해 카테고리별로 분류기를 만든 것입니다.

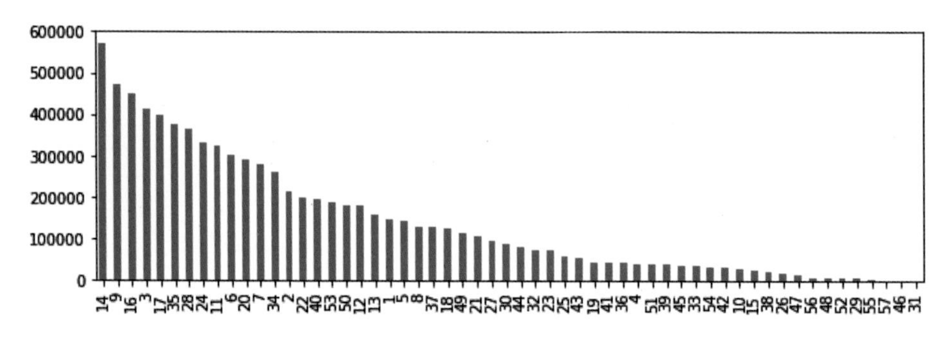

그림 2.35 대 카테고리별로 포함된 샘플 수를 표시한 도표

파이토치를 이용한 딥러닝 모델 구현

솔루션 모델의 구현은 파이토치 프레임워크를 사용했습니다. 파이토치에서는 신경망 모델을 구현하는 데 기본이 되는 신경망 모듈(nn.module)을 제공합니다. 그리고 선형(nn.Linear), 임베딩(nn.Embedding), ReLU(nn.ReLU) 등의 많이 사용되는 모듈을 모은 신경망 패키지(torch.nn)도 제공합니다. 신경망 패키지의 모듈은 모두 신경망 모듈을 상속받아 만들어졌습니다.

커스텀 딥러닝 모델은 신경망 모듈을 우선 상속받은 후 신경망 패키지에 포함된 모듈을 블록처럼 조립하여 만들 수 있습니다. 또한 파이토치의 신경망 패키지에 없는 최신 모듈은 파이썬 패키지로 설치해 사용할 수도 있습니다. 파이토치 사용 방법은 파이토치 웹사이트에서 제공하는 문서와 튜토리얼을 참조하면 도움이 됩니다. 파이토치의 영어 문서를 한글로 번역한 사이트(https://tutorials.pytorch.kr)도 있습니다.

본 솔루션의 텍스트 인코더는 허깅페이스에서 제작한 transformers 패키지의 BERTModel 모듈을 사용했습니다. BERTModel은 버트 아키텍처를 파이토치의 신경망 모듈과 호환되도록 제작된 모듈입니다.

허깅페이스(Hugging Face)의 transformers 패키지

최신 언어 모델(Language model)인 BERT, GPT-2, RoBERTa, XLNet 등을 파이토치와 텐서플로에서 쉽게 사용할 수 있게 허깅페이스에서 제작한 오픈소스가 transformers 패키지입니다. 언어 모델은 자연어 처리의 다양한 태스크에서 사용할 수 있기에 transformers는 유용한 패키지입니다. 또한 최신 언어 모델과 이에 대한 설명도 transformers의 깃허브 페이지(https://github.com/huggingface/transformers)에서 쉽게 찾아볼 수 있습니다.

cate_model.py

위에서 설명했던 모델 아키텍처를 파이썬 클래스로 구현한 코드를 살펴봅니다. 클래스 이름은 `CateClassifier`입니다. 전체 코드는 아래의 URL에 접속해서 바로 확인할 수 있습니다.
https://github.com/lime-robot/categories-prediction/blob/master/code/cate_model.py

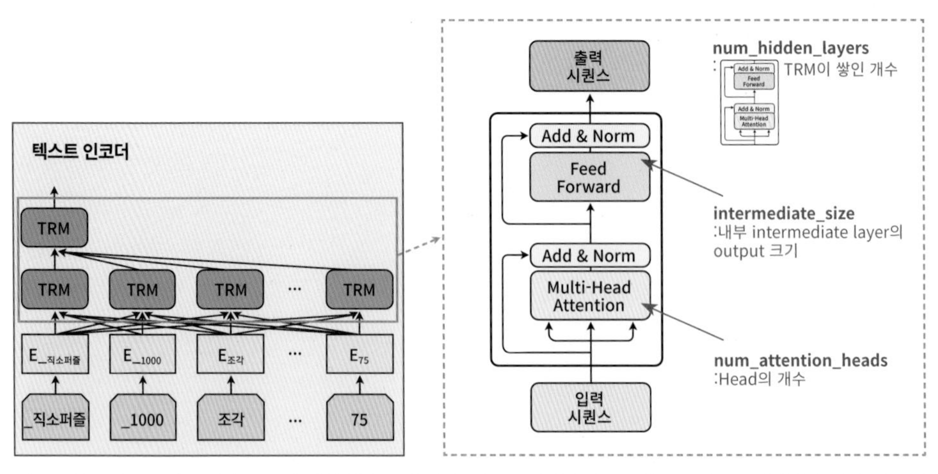

그림 2.36 트랜스포머 모듈인 TRM의 내부 블록. 크게 멀티-헤드 어텐션과 피드 포워드 모듈로 구성돼 있습니다. 각 모듈의 출력은 이전 입력과 더해지고 정규화(Normalization)를 수행하는 Add & Norm 모듈을 통과합니다.

코드 2.1 _ cate_model.py

```
1.  import torch # 파이토치 패키지 임포트
2.  import torch.nn as nn # 자주 사용하는 torch.nn패키지를 별칭 nn으로 명명
3.  # 허깅페이스의 트랜스포머 패키지에서 BertConfig, BertModel 클래스 임포트
4.  from transformers import BertConfig, BertModel
5.
6.  class CateClassifier(nn.Module):
7.      """상품정보를 받아서 대/중/소/세 카테고리를 예측하는 모델
8.      """
9.      def __init__(self, cfg):
10.         """
11.         매개변수
12.         cfg: hidden_size, nlayers 등 설정값을 가지고 있는 변수
13.         """
14.         super(CateClassifier, self).__init__()
15.         # 글로벌 설정값을 멤버 변수로 저장
16.         self.cfg = cfg
17.         # 버트모델의 설정값을 멤버 변수로 저장
18.         self.bert_cfg = BertConfig(
19.             cfg.vocab_size, # 사전 크기
20.             hidden_size=cfg.hidden_size, # 히든 크기
```

```
21.             num_hidden_layers=cfg.nlayers, # 레이어 층 수
22.             num_attention_heads=cfg.nheads, # 어텐션 헤드의 수
23.             intermediate_size=cfg.intermediate_size, # 인터미디어트 크기
24.             hidden_dropout_prob=cfg.dropout, # 히든 드롭아웃 확률 값
25.             attention_probs_dropout_prob=cfg.dropout, # 어텐션 드롭아웃 확률 값
26.             max_position_embeddings=cfg.seq_len, # 포지션 임베딩의 최대 길이
27.             type_vocab_size=cfg.type_vocab_size, # 타입 사전 크기
28.         )
29.         # 텍스트 인코더로 버트모델 사용
30.         self.text_encoder = BertModel(self.bert_cfg)
31.         # 이미지 인코더로 선형모델 사용(대회에서 이미지가 아닌 img_feat를 제공)
32.         self.img_encoder = nn.Linear(cfg.img_feat_size, cfg.hidden_size)
33.
34.         # 분류기(Classifier) 생성기
35.         def get_cls(target_size=1):
36.             return nn.Sequential(
37.                 nn.Linear(cfg.hidden_size*2, cfg.hidden_size),
38.                 nn.LayerNorm(cfg.hidden_size),
39.                 nn.Dropout(cfg.dropout),
40.                 nn.ReLU(),
41.                 nn.Linear(cfg.hidden_size, target_size),
42.             )
43.
44.         # 대 카테고리 분류기
45.         self.b_cls = get_cls(cfg.n_b_cls)
46.         # 중 카테고리 분류기
47.         self.m_cls = get_cls(cfg.n_m_cls)
48.         # 소 카테고리 분류기
49.         self.s_cls = get_cls(cfg.n_s_cls)
50.         # 세 카테고리 분류기
51.         self.d_cls = get_cls(cfg.n_d_cls)
52.
53.     def forward(self, token_ids, token_mask, token_types, img_feat, label=None):
54.         """
55.         매개변수
56.         token_ids: 전처리된 상품명을 인덱스로 변환하여 token_ids를 만들었음
```

```
57.         token_mask: 실제 token_ids의 개수만큼은 1, 나머지는 0으로 채움
58.         token_types: _ 문자를 기준으로 서로 다른 타입의 토큰임을 타입 인덱스로 저장
59.         img_feat: resnet50으로 인코딩된 이미지 피처
60.         label: 정답 대/중/소/세 카테고리
61.         """
62.
63.         # 전처리된 상품명을 하나의 텍스트벡터(text_vec)로 변환
64.         # 반환 튜플(시퀀스 아웃풋, 풀드(pooled) 아웃풋) 중 시퀀스 아웃풋만 참조
65.         text_output = self.text_encoder(token_ids, token_mask,
                                          token_type_ids=token_types)[0]
66.
67.         # 시퀀스 중 첫 타임스탭의 hidden state만 사용
68.         text_vec = text_output[:, 0]
69.
70.         # img_feat를 텍스트벡터와 결합하기 앞서 선형변환 적용
71.         img_vec = self.img_encoder(img_feat)
72.
73.         # 이미지벡터와 텍스트벡터를 직렬연결(concatenate)하여 결합벡터 생성
74.         comb_vec = torch.cat([text_vec, img_vec], 1)
75.
76.         # 결합된 벡터로 대카테고리 확률분포 예측
77.         b_pred = self.b_cls(comb_vec)
78.         # 결합된 벡터로 중카테고리 확률분포 예측
79.         m_pred = self.m_cls(comb_vec)
80.         # 결합된 벡터로 소카테고리 확률분포 예측
81.         s_pred = self.s_cls(comb_vec)
82.         # 결합된 벡터로 세카테고리 확률분포 예측
83.         d_pred = self.d_cls(comb_vec)
84.
85.         # 데이터 패럴렐 학습에서 GPU 메모리를 효율적으로 사용하기 위해
86.         # loss를 모델 내에서 계산함.
87.         if label is not None:
88.             # 손실(loss) 함수로 CrossEntropyLoss를 사용
89.             # label의 값이 -1을 가지는 샘플은 loss계산에 사용 안 함
90.             loss_func = nn.CrossEntropyLoss(ignore_index=-1)
91.             # (batch_size x 4)인 label을 (batch_size x 1) 4개로 나눔
92.             b_label, m_label, s_label, d_label = label.split(1, 1)
```

```
93.             # 대카테고리의 예측된 확률분포와 정답확률 분포의 차이를 손실로 반환
94.             b_loss = loss_func(b_pred, b_label.view(-1))
95.             # 중카테고리의 예측된 확률분포와 정답확률 분포의 차이를 손실로 반환
96.             m_loss = loss_func(m_pred, m_label.view(-1))
97.             # 소카테고리의 예측된 확률분포와 정답확률 분포의 차이를 손실로 반환
98.             s_loss = loss_func(s_pred, s_label.view(-1))
99.             # 세카테고리의 예측된 확률분포와 정답확률 분포의 차이를 손실로 반환
100.            d_loss = loss_func(d_pred, d_label.view(-1))
101.            # 대/중/소/세 손실의 평균을 낼 때 실제 대회 평가방법과 일치하도록 함
102.            loss = (b_loss + 1.2*m_loss + 1.3*s_loss + 1.4*d_loss)/4
103.        else: # label이 없으면 loss로 0을 반환
104.            loss = b_pred.new(1).fill_(0)
105.
106.        # 최종 계산된 손실과 예측된 대/중/소/세 각 확률분포를 반환
107.        return loss, [b_pred, m_pred, s_pred, d_pred]
```

모델 학습 진행

앞 단계에서 구현한 모델을 학습시키는 단계입니다. 본격적으로 학습 코드인 train.py를 설명하기 앞서서 전처리된 대회 데이터를 학습에 적합한 형태로 변환하는 코드를 소개하겠습니다.

cate_dataset.py

본 코드는 전처리된 대회 데이터에서 샘플 1개를 읽어서 학습에 적합한 형태로 변환해 반환하는 CateDataset 클래스를 구현한 것입니다. CateDataset의 인스턴스는 파이토치의 모듈인 DataLoader에 인자로 넘겨져서 배치를 만들 때 사용될 것입니다. DataLoader의 인스턴스를 생성하는 부분은 train.py 코드에서 볼 수 있습니다.

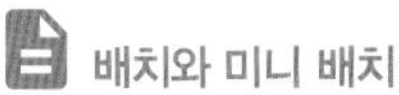

모델을 학습시키는 데 필요한 것으로 학습 데이터가 있습니다. 학습 데이터는 약 800만 개의 샘플(1개 샘플은 1개 상품에 해당)로 구성돼 있습니다. 이들 샘플을 한 번에 읽을 수는 없어서 작은 단위(예:1024개)의 샘플을 읽어와서 학습에 사용합니다. 800만 개 전체 샘플을 묶어서 배치(Batch)라고 하며 작은 단위인 1024개를 묶어서 미니 배치(Mini-Batch)라고 합니다. 최근에는 배치라고 하면 미니 배치를 보통 의미합니다. 본 솔루션도 미니 배치를 배치라고 호칭하겠습니다.

코드 2.2 _ cate_dataset.py

```
1. import torch # 파이토치 패키지 임포트
2. from torch.utils.data import Dataset # Dataset 클래스 임포트
3. import h5py # h5py 패키지 임포트
4. import re # 정규 표현식 모듈 임포트
5.
6. class CateDataset(Dataset):
7.     """데이터셋에서 학습에 필요한 형태로 변환된 샘플 하나를 반환
8.     """
9.     def __init__(self, df_data, img_h5_path, token2id, tokens_max_len=64,
                 type_vocab_size=30):
10.        """
11.        매개변수
12.        df_data: 상품타이틀, 카테고리 등의 정보를 가지는 데이터프레임
13.        img_h5_path: img_feat가 저장돼 있는 h5 파일의 경로
14.        token2id: token을 token_id로 변환하기 위한 맵핑 정보를 가진 딕셔너리
15.        tokens_max_len: tokens의 최대 길이. 상품명의 tokens가 이 이상이면 잘라서 버림
16.        type_vocab_size: 타입 사전의 크기
17.        """
18.        self.tokens = df_data['tokens'].values # 전처리된 상품명
19.        self.img_indices = df_data['img_idx'].values # h5의 이미지 인덱스
20.        self.img_h5_path = img_h5_path
21.        self.tokens_max_len = tokens_max_len
22.        self.labels = df_data[['bcateid', 'mcateid', 'scateid', 'dcateid']].values
23.        self.token2id = token2id
24.        self.p = re.compile('_[^_]+') # _기호를 기준으로 나누기 위한 컴파일된 정규식
25.        self.type_vocab_size = type_vocab_size
26.
27.    def __getitem__(self, idx):
28.        """
29.        데이터셋에서 idx에 대응되는 샘플을 변환하여 반환
30.        """
31.        if idx >= len(self):
32.            raise StopIteration
33.
34.        # idx에 해당하는 상품명 가져오기. 상품명은 문자열로 저장돼 있음
```

```
35.         tokens = self.tokens[idx]
36.         if not isinstance(tokens, str):
37.             tokens = ''
38.
39.         # 상품명을 _기호를 기준으로 분리하여 파이썬 리스트로 저장
40.         # "_직소퍼즐 _1000 조각 _바다 거북 의 _여행 _pl 12 75" =>
41.         # ["_직소퍼즐", "_1000 조각", "_바다 거북 의", "_여행", "_pl 12 75"]
42.         tokens = self.p.findall(tokens)
43.
44.         # _ 기호별 토큰타입 인덱스 부여
45.         # ["_직소퍼즐", "_1000 조각", "_바다 거북 의", "_여행", "_pl 12 75"] =>
46.         # [     0     ,      1    1  ,    2     2  2 ,     3    ,    4  4   4 ]
47.         token_types = [type_id for type_id, word in enumerate(tokens)
                           for _ in word.split()]
48.         tokens = " ".join(tokens) # _기호로 분리되기 전의 원래의 tokens로 되돌림
49.
50.         # 토큰을 토큰에 대응되는 인덱스로 변환
51.         # "_직소퍼즐 _1000 조각 _바다 거북 의 _여행 _pl 12 75" =>
52.         # [2291, 784, 2179, 3540, 17334, 30827, 1114, 282, 163, 444]
53.         # "_직소퍼즐" => 2291
54.         # "_1000" => 784
55.         # "조각" => 2179
56.         # ...
57.         token_ids = [self.token2id[tok] if tok in self.token2id else 0
                         for tok  in tokens.split()]
58.
59.         # token_ids의 길이가 max_len보다 길면 잘라서 버림
60.         if len(token_ids) > self.tokens_max_len:
61.             token_ids = token_ids[:self.tokens_max_len]
62.             token_types = token_types[:self.tokens_max_len]
63.
64.         # token_ids의 길이가 max_len보다 짧으면 짧은 만큼 PAD 값을 0 값으로 채워 넣음
65.         # token_ids 중 값이 있는 곳은 1, 그 외는 0으로 채운 token_mask 생성
66.         token_mask = [1] * len(token_ids)
67.         token_pad = [0] * (self.tokens_max_len - len(token_ids))
68.         token_ids += token_pad
```

```
69.            token_mask += token_pad
70.            token_types += token_pad # max_len보다 짧은 만큼 PAD 추가
71.
72.            # h5파일에서 이미지 인덱스에 해당하는 img_feat를 가져옴
73.            # 파이토치의 데이터 로더에 의해 h5 파일에 동시접근이 발생해도
74.            # 안정적으로 img_feat를 가져오려면 아래처럼 매번 h5py.File 호출 필요
75.            with h5py.File(self.img_h5_path, 'r') as img_feats:
76.                img_feat = img_feats['img_feat'][self.img_indices[idx]]
77.
78.            # 넘파이(numpy)나 파이썬 자료형을 파이토치의 자료형으로 변환
79.            token_ids = torch.LongTensor(token_ids)
80.            token_mask = torch.LongTensor(token_mask)
81.            token_types = torch.LongTensor(token_types)
82.
83.            # token_types의 타입 인덱스의 숫자 크기가 type_vocab_size보다 작도록 바꿈
84.            token_types[token_types >= self.type_vocab_size] = self.type_vocab_size-1
85.            img_feat = torch.FloatTensor(img_feat)
86.
87.            # 대/중/소/세 레이블 준비
88.            label = self.labels[idx]
89.            label = torch.LongTensor(label)
90.
91.            # 크게 3가지 텍스트 입력, 이미지 입력, 레이블을 반환함
92.            return token_ids, token_mask, token_types, img_feat, label
93.
94.        def __len__(self):
95.            """
96.              tokens의 개수를 반환한다. 즉, 상품명 문장의 개수를 반환한다.
97.            """
98.            return len(self.tokens)
```

앞의 코드에서 몇 가지 설명이 필요한 부분만 살펴보겠습니다.

코드 2.3 _ cate_dataset.py에서 token_types 변수 만드는 부분

```
39.            # 상품명을 _기호를 기준으로 분리하여 파이썬 리스트로 저장
40.            # "_직소퍼즐 _1000 조각 _바다 거북 의 _여행 _pl 12 75" =>
```

```
41.         # ["_직소퍼즐", "_1000 조각", "_바다 거북 의", "_여행", "_pl 12 75"]
42.         tokens = self.p.findall(tokens)
43.
44.         # _ 기호별 토큰타입 인덱스 부여
45.         # ["_직소퍼즐", "_1000 조각", "_바다 거북 의", "_여행", "_pl 12 75"] =>
46.         # [    0    ,    1    1  ,    2    2 2,    3   ,   4  4   4 ]
47.         token_types = [type_id for type_id, word in enumerate(tokens)
                          for _ in word.split()]
```

39~42행:

token_types는 토큰이 원본 상품명에서 몇 번째 단어인지를 인덱스로 표시합니다. 이전의 전처리 과정에서 상품명의 각 단어는 띄어쓰기로 구분되고 띄어쓰기는 _ 문자로 치환되었습니다. 따라서 _ 문자를 기준으로 단어를 구분한 뒤 단어별로 인덱스를 부여하면 됩니다. 위의 코드에서 _ 문자를 기준으로 tokens을 분리해 ["_직소퍼즐", "_1000 조각", "_바다 거북 의", "_여행", "_pl 12 75"]로 5개의 단어를 가지는 리스트가 만들어지는 예시를 주석으로 확인할 수 있습니다.

44~47행:

이제 단어별로 인덱스를 부여하겠습니다. 단어의 순서에 따라서 0에서 최대 30까지 인덱스가 부여됩니다. tokens는 5개의 단어를 가지므로 0에서 4까지 인덱스가 부여될 것입니다. 동일한 단어에 속하는 여러 토큰은 동일한 인덱스를 가지도록 합니다. 참고로 token_types는 텍스트 인코더의 세그먼트 임베딩의 입력 값으로 사용됩니다.

24행:

위 코드에서 self.p는 _ 문자로 시작해서 다음 _ 문자 전까지 문자열을 단어로 선택하기 위해 아래와 같은 정규식을 컴파일하여 만들어졌습니다.

```
24.     self.p = re.compile('_[^_]+') # _기호를 기준으로 나누기 위한 컴파일된 정규식
```

코드 2.4 _ cate_dataset.py에서 token_ids 변수를 만드는 부분

```
50.         # 토큰을 토큰에 대응되는 인덱스로 변환
51.         # "_직소퍼즐 _1000 조각 _바다 거북 의 _여행 _pl 12 75" =>
52.         # [2291, 784, 2179, 3540, 17334, 30827, 1114, 282, 163, 444]
```

```
53.         # "_직소퍼즐" => 2291
54.         # "_1000" => 784
55.         # "조각" => 2179
56.         # ...
57.         token_ids = [self.token2id[tok] if tok in self.token2id else 0
                         for tok in tokens.split()]
```

50~57행:

tokens 내의 토큰을 대응되는 숫자로 된 인덱스로 치환해 token_ids에 저장합니다. 위 코드 주석의 예시처럼 토큰이 인덱스로 치환됩니다. 멤버 변수인 `self.token2id`는 토큰이 키이고 인덱스가 값인 파이썬 딕셔너리입니다.

tokens

0	1	2	3	4	5	6	7	8	9
_직소퍼즐	_1000	조각	_바다	거북	의	_여행	_pl	12	75
_미즈	앤코	_처음	소금						
_타키비즈	_젯	_레이어드	_체인	_목걸이					
_핀	바이스								

⇩

token_ids

0	1	2	3	4	5	6	7	8	9
2291	784	2179	3540	17334	30827	1114	282	163	444
3286	7951	18065	10923						
24816	22468	4402	1859	815					
2380	3920								

그림 2.37 여러 tokens 행을 token_ids로 치환한 예시

코드 2.5 _ cate_dataset.py에서 변수들의 길이를 맞추는 부분

```
64.         # token_ids의 길이가 max_len보다 짧으면 짧은 만큼 PAD 값을 0 값으로 채워넣음
65.         # token_ids 중 값이 있는 곳은 1, 그 외는 0으로 채운 token_mask 생성
66.         token_mask = [1] * len(token_ids)
67.         token_pad = [0] * (self.tokens_max_len - len(token_ids))
68.         token_ids += token_pad
69.         token_mask += token_pad
70.         token_types += token_pad # max_len보다 짧은 만큼 PAD 추가
```

64~70행:

최대 길이보다 짧은 개수만큼 PAD가 채워진 token_pad를 만든 후 token_ids, token_mask, token_types에 추가하고 있습니다. 인덱스로 변환된 token_ids는 행렬(Matrix) 텐서(Tensor)의 한 행(Row)이 됩니다. 행렬의 모든 행은 열(Column)의 길이가 동일하기 때문에 모든 token_ids의 길이도 같아야 합니다. 그러나 상품명의 길이는 가변적이고 이를 변환해서 만든 token_ids 또한 가변 길이(Variable Length)입니다. 따라서 모든 상품명의 길이를 맞추기 위해 token_ids에 PAD 값인 0을 추가해 줍니다. 짧은 token_ids에 0을 추가하여 긴 token_ids(또는 미리 설정된 최대 길이)에 맞추는 것입니다.

token_ids	0	1	2	3	4	5	6	7	8	9
	2291	784	2179	3540	17334	30827	1114	282	163	444
	3286	7951	18065	10923						
	24816	22468	4402	1859	815					
	2380	3920								

⇩

token_ids	0	1	2	3	4	5	6	7	8	9
	2291	784	2179	3540	17334	30827	1114	282	163	444
	3286	7951	18065	10923	0	0	0	0	0	0
	24816	22468	4402	1859	815	0	0	0	0	0
	2380	3920	0	0	0	0	0	0	0	0

그림 2.38 짧은 token_ids 행에 0을 추가하여 긴 token_ids와 동일한 길이로 맞추었습니다.

66행:

짧은 token_ids를 입력으로도 받는 딥러닝 모델이 0의 값을 무시하도록 token_mask도 생성합니다.

token_mask	0	1	2	3	4	5	6	7	8	9
	1	1	1	1	1	1	1	1	1	1
	1	1	1	1	0	0	0	0	0	0
	1	1	1	1	1	0	0	0	0	0
	1	1	0	0	0	0	0	0	0	0

그림 2.39 token_ids에서 PAD가 아닌 곳은 1, PAD인 곳은 0을 가지는 token_mask

train.py 코드 살펴보기

앞에서 모델을 구현한 cate_model.py와 샘플 1개를 읽어서 학습에 적합한 형태로 변환하는 cate_dataset.py를 살펴보았습니다. 이제 cate_model.py와 cate_dataset.py를 사용해 모델을 학습시키고 학습된 모델을 파일로 저장하는 기능이 구현된 train.py를 살펴보겠습니다.

train.py 코드는 그림 2.40처럼 작동하는 train(), validate() 함수와 이들이 호출되는 main() 함수로 구성돼 있습니다.

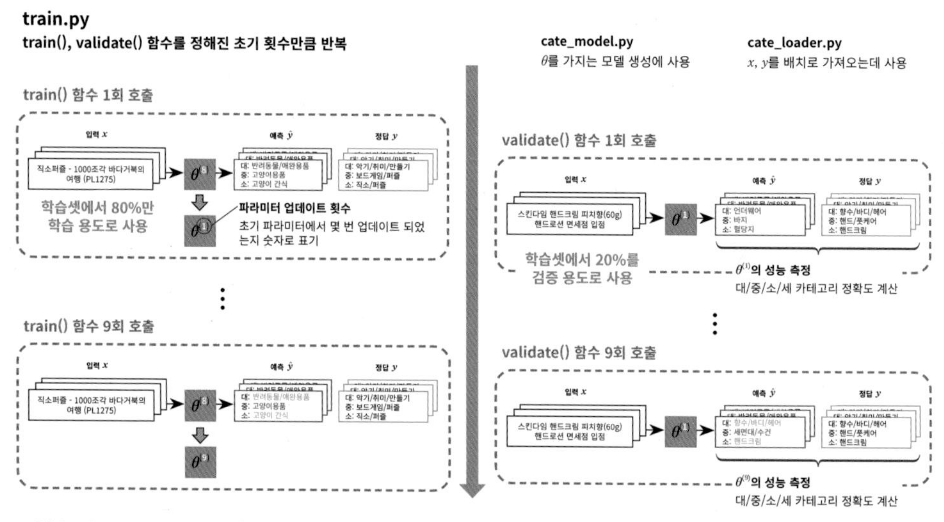

그림 2.40 train.py에는 train() 함수를 호출해 모델의 파라미터를 업데이트하고(왼쪽) validate() 함수를 호출해 파라미터가 업데이트된 모델의 성능을 검증하는 기능이 구현되었습니다.

그럼 코드를 차근차근 살펴보겠습니다. 전체 코드는 다음의 URL에서 바로 확인 가능합니다.

https://github.com/lime-robot/categories-prediction/blob/master/code/train.py

우선 코드에서 필요한 모듈을 임포트하고 전역 설정값인 CFG를 정의하는 부분을 살펴봅니다.

코드 2.6 _ train.py 코드 초기 부분

```
1. import os
2. import time
3. import math
```

```
4.  import torch
5.  import random
6.  import argparse
7.  import cate_dataset
8.  import cate_model
9.  import numpy as np
10. import pandas as pd
11. from torch.utils.data import DataLoader
12. from sklearn.model_selection import StratifiedKFold, KFold
13. from transformers import AdamW, get_linear_schedule_with_warmup
14.
15. import warnings
16. warnings.filterwarnings(action='ignore')
17.
18.
19. # 전처리된 데이터가 저장된 디렉터리
20. DB_PATH=f'../input/processed'
21.
22. # 토큰을 인덱스로 치환할 때 사용될 사전 파일이 저장된 디렉터리
23. VOCAB_DIR=os.path.join(DB_PATH, 'vocab')
24.
25. # 학습된 모델의 파라미터가 저장될 디렉터리
26. MODEL_PATH=f'../model'
27.
28.
29. # 미리 정의된 설정값
30. class CFG:
31.     learning_rate=3.0e-4 # 학습률
32.     batch_size=1024 # 배치 사이즈
33.     num_workers=4 # 워커의 개수
34.     print_freq=100 # 결과 출력 빈도
35.     start_epoch=0 # 시작 에폭
36.     num_train_epochs=10 # 학습할 에폭 수
37.     warmup_steps=100 # lr을 서서히 증가시킬 step 수
38.     max_grad_norm=10 # 그래디언트 클리핑에 사용
39.     weight_decay=0.01
```

```
40.     dropout=0.2 # 드롭아웃 확률
41.     hidden_size=512 # 은닉 크기
42.     intermediate_size=256 # TRANSFORMER셀의 intermediate 크기
43.     nlayers=2 # BERT의 층수
44.     nheads=8 # BERT의 head 개수
45.     seq_len=64 # 토큰의 최대 길이
46.     n_b_cls = 57 + 1 # 대카테고리 개수
47.     n_m_cls = 552 + 1 # 중카테고리 개수
48.     n_s_cls = 3190 + 1 # 소카테고리 개수
49.     n_d_cls = 404 + 1 # 세카테고리 개수
50.     vocab_size = 32000 # 토큰의 유니크 인덱스 개수
51.     img_feat_size = 2048 # 이미지 피처 벡터의 크기
52.     type_vocab_size = 30 # 타입의 유니크 인덱스 개수
53.     csv_path = os.path.join(DB_PATH, 'train.csv')
54.     h5_path = os.path.join(DB_PATH, 'train_img_feat.h5')
```

46~49행:

대 · 중 · 소 · 세 각 카테고리의 개수에 +1을 한 이유는 다음과 같습니다. 상품별로 붙어있는 정답 대 · 중 · 소 · 세 카테고리 ID는 0이 아닌 1부터 시작합니다. 별도의 카테고리 ID에 대한 처리를 하지 않으면 카테고리 개수에 +1을 해줘야 오류가 발생하지 않습니다. 예컨대 대 카테고리의 개수가 57이면 허용되는 인덱스는 56까지입니다. 그런데 대 카테고리의 최댓값은 57이므로 오류가 발생합니다. 따라서 대 카테고리의 개수로 57+1하여 오류를 잡을 수 있습니다.

이제 train.py의 main() 함수를 살펴봅니다.

코드 2.7 _ train.py의 main() 함수

```
57. def main():
58.     # 명령행에서 받을 키워드 인자를 설정함
59.     parser = argparse.ArgumentParser("")
60.     parser.add_argument("--model", type=str, default='')
61.     parser.add_argument("--batch_size", type=int, default=CFG.batch_size)
62.     parser.add_argument("--nepochs", type=int, default=CFG.num_train_epochs)
63.     parser.add_argument("--seq_len", type=int, default=CFG.seq_len)
```

```
64.    parser.add_argument("--nworkers", type=int, default=CFG.num_workers)
65.    parser.add_argument("--wsteps", type=int, default=CFG.warmup_steps)
66.    parser.add_argument("--seed", type=int, default=7)
67.    parser.add_argument("--nlayers", type=int, default=CFG.nlayers)
68.    parser.add_argument("--nheads", type=int, default=CFG.nheads)
69.    parser.add_argument("--hidden_size", type=int, default=CFG.hidden_size)
70.    parser.add_argument("--fold", type=int, default=0)
71.    parser.add_argument("--stratified", action='store_true')
72.    parser.add_argument("--lr", type=float, default=CFG.learning_rate)
73.    parser.add_argument("--dropout", type=float, default=CFG.dropout)
74.    args = parser.parse_args()
75.
76.    # 키워드 인자로 받은 값을 CFG로 다시 저장함
77.    CFG.batch_size=args.batch_size
78.    CFG.num_train_epochs=args.nepochs
79.    CFG.seq_len=args.seq_len
80.    CFG.num_workers=args.nworkers
81.    CFG.warmup_steps=args.wsteps
82.    CFG.learning_rate=args.lr
83.    CFG.dropout=args.dropout
84.    CFG.seed =  args.seed
85.    CFG.nlayers =  args.nlayers
86.    CFG.nheads =  args.nheads
87.    CFG.hidden_size =  args.hidden_size
88.    print(CFG.__dict__)
89.
90.    # 랜덤 시드를 설정하여 코드를 실행할 때마다 동일한 결과를 얻게 함
91.    os.environ['PYTHONHASHSEED'] = str(CFG.seed)
92.    random.seed(CFG.seed)
93.    np.random.seed(CFG.seed)
94.    torch.manual_seed(CFG.seed)
95.    torch.cuda.manual_seed(CFG.seed)
96.    torch.backends.cudnn.deterministic = True
97.
98.    # 전처리된 데이터를 읽어옴
99.    print('loading ...')
100.   train_df = pd.read_csv(CFG.csv_path, dtype={'tokens':str})
```

```
101.  train_df['img_idx'] = train_df.index # 몇 번째 행인지 img_idx 칼럼에 기록
102.
103.  # StratifiedKFold 사용
104.  if args.stratified:
105.      print('use StratifiedKFold ...')
106.      # 대/중/소/세 카테고리를 결합하여 유니크 카테고리를 만듦
107.      train_df['unique_cateid'] = (train_df['bcateid'].astype('str') +
108.                      train_df['mcateid'].astype('str') +
109.                      train_df['scateid'].astype('str') +
110.                      train_df['dcateid'].astype('str')).astype('category')
111.      train_df['unique_cateid'] = train_df['unique_cateid'].cat.codes
112.
113.      # StratifiedKFold를 사용해 데이터셋을 학습셋(train_df)과 검증셋(valid_df)으로 나눔
114.      folds = StratifiedKFold(n_splits=5, random_state=CFG.seed, shuffle=True)
115.      train_idx, valid_idx = list(folds.split(train_df.values,
                                   train_df['unique_cateid']))[args.fold]
116.  else:
117.      # KFold를 사용해 데이터셋을 학습셋(train_df)과 검증셋(valid_df)으로 나눔
118.      folds = KFold(n_splits=5, random_state=CFG.seed, shuffle=True)
119.      train_idx, valid_idx = list(folds.split(train_df.values))[args.fold]
120.  valid_df = train_df.iloc[valid_idx]
121.  train_df = train_df.iloc[train_idx]
122.
123.  # 토큰을 대응되는 인덱스로 치환할 때 사용될 딕셔너리를 로딩
124.  vocab = [line.split('\t')[0] for line in open(os.path.join(VOCAB_DIR,
                              'spm.vocab'), encoding='utf-8').readlines()]
125.  token2id = dict([(w, i) for i, w in enumerate(vocab)])
126.  print('loading ... done')
127.
128.  # 학습에 적합한 형태의 샘플을 가져오는 CateDataset의 인스턴스를 만듦
129.  train_db = cate_dataset.CateDataset(train_df, CFG.h5_path, token2id,
130.                                     CFG.seq_len, CFG.type_vocab_size)
131.  valid_db = cate_dataset.CateDataset(valid_df, CFG.h5_path, token2id,
132.                                     CFG.seq_len, CFG.type_vocab_size)
133.
134.  # 여러 개의 워커로 빠르게 배치(미니배치)를 생성하도록 DataLoader로
```

```
135.    # CateDataset 인스턴스를 감싸 줌
136.    train_loader = DataLoader(
137.        train_db, batch_size=CFG.batch_size, shuffle=True, drop_last=True,
138.        num_workers=CFG.num_workers, pin_memory=True)
139.
140.    valid_loader = DataLoader(
141.        valid_db, batch_size=CFG.batch_size, shuffle=False,
142.        num_workers=CFG.num_workers, pin_memory=False)
143.
144.    # 카테고리 분류기 모델을 생성함
145.    model = cate_model.CateClassifier(CFG)
146.
147.    # 모델의 파라미터를 GPU 메모리로 옮김
148.    model.cuda()
149.
150.    # 모델의 파라미터 수를 출력
151.    def count_parameters(model):
152.        return sum(p.numel() for p in model.parameters() if p.requires_grad)
153.    print('parameters: ', count_parameters(model))
154.
155.    # GPU가 2개 이상이면 데이터패럴렐로 학습 가능하게 만듦
156.    n_gpu = torch.cuda.device_count()
157.    if n_gpu > 1:
158.        model = torch.nn.DataParallel(model)
159.
160.    # 학습 동안 수행될 총 스텝 수
161.    # 데이터셋을 배치 크기로 나눈 것이 1에폭 동안의 스텝 수
162.    # 총 스텝 수 = 1에폭 스텝 수 * 총 에폭 수
163.    num_train_optimization_steps = int(
164.        len(train_db) / CFG.batch_size) * (CFG.num_train_epochs)
165.    print('num_train_optimization_steps', num_train_optimization_steps)
166.
167.    # 파라미터 그루핑 정보 생성
168.    # 가중치 감쇠(weight decay) 미적용 파라미터 그룹과 적용 파라미터로 나눔
169.    param_optimizer = list(model.named_parameters())
170.    no_decay = ['bias', 'LayerNorm.bias', 'LayerNorm.weight']
```

```
171.    optimizer_grouped_parameters = [
172.        {'params':[p for n, p in param_optimizer if not any(nd in n for nd
173.          in no_decay)], 'weight_decay': 0.01},
174.        {'params': [p for n, p in param_optimizer if any(nd in n for nd
175.          in no_decay)], 'weight_decay': 0.0}
176.    ]
177.
178.    # AdamW 옵티마이저 생성
179.    optimizer = AdamW(optimizer_grouped_parameters,
180.                      lr=CFG.learning_rate,
181.                      weight_decay=CFG.weight_decay,
182.                      )
183.
184.    # learning_rate가 선형적으로 감소하는 스케줄러 생성
185.    scheduler = get_linear_schedule_with_warmup(optimizer,
186.                          num_warmup_steps=CFG.warmup_steps,
187.                          num_training_steps=num_train_optimization_steps)
188.    print('use WarmupLinearSchedule ...')
189.
190.    def get_lr():
191.        return scheduler.get_lr()[0]
192.
193.    log_df = pd.DataFrame() # 에폭별 실험결과 로그를 저장할 데이터프레임
194.    curr_lr = get_lr()
195.    print(f'initial learning rate:{curr_lr}')
196.
197.    # (num_train_epochs - start_epoch) 횟수만큼 학습을 진행
198.    for epoch in range(CFG.start_epoch, CFG.num_train_epochs):
199.
200.        # 한 에폭의 결과가 집계된 한 행을 반환
201.        def get_log_row_df(epoch, lr, train_res, valid_res):
202.            log_row = {'EPOCH':epoch, 'LR':lr,
203.                       'TRAIN_LOSS':train_res[0], 'TRAIN_OACC':train_res[1],
204.                       'TRAIN_BACC':train_res[2], 'TRAIN_MACC':train_res[3],
205.                       'TRAIN_SACC':train_res[4], 'TRAIN_DACC':train_res[5],
206.                       'VALID_LOSS':valid_res[0], 'VALID_OACC':valid_res[1],
```

```
207.                      'VALID_BACC':valid_res[2], 'VALID_MACC':valid_res[3],
208.                      'VALID_SACC':valid_res[4], 'VALID_DACC':valid_res[5],
209.                      }
210.              return pd.DataFrame(log_row, index=[0])
211.
212.          # 학습을 진행하고 loss나 accuracy와 같은 결과를 반환
213.          train_res = train(train_loader, model, optimizer, epoch, scheduler)
214.          # 검증을 진행하고 loss나 accuracy와 같은 결과를 반환
215.          valid_res = validate(valid_loader, model)
216.          curr_lr = get_lr()
217.          print(f'set the learning_rate: {curr_lr}')
218.
219.          log_row_df = get_log_row_df(epoch, curr_lr, train_res, valid_res)
220.          # log_df에 결과가 집계된 한 행을 추가함
221.          log_df = log_df.append(log_row_df, sort=False)
222.          print(log_df.tail(10)) # log_df의 최신 10개 행만 출력함
223.
224.          # 모델의 파라미터가 저장될 파일의 이름을 정함
225.          curr_model_name = (f'b{CFG.batch_size}_h{CFG.hidden_size}_'
226.                             f'd{CFG.dropout}_l{CFG.nlayers}_hd{CFG.nheads}_'
227.                             f'ep{epoch}_s{CFG.seed}_fold{args.fold}.pt')
228.          # torch.nn.DataParallel로 감싸인 경우 원래의 model을 가져옴
229.          model_to_save = model.module if hasattr(model, 'module') else model
230.
231.      print('training done')
232.
233.      # 모델의 파라미터를 저장함
234.      save_checkpoint({
235.          'epoch': epoch + 1,
236.          'arch': 'transformer',
237.          'state_dict': model_to_save.state_dict(),
238.          'log': log_df,
239.          },
240.          MODEL_PATH, curr_model_name,
241.      )
```

57~88행:

명령행에서 넘겨 받은 키워드 인자로 초기 설정값 중 일부를 변경 가능하게 만든 부분입니다.

90~96행:

난수의 시드(Seed) 값을 특정 값으로 고정합니다. 시드 설정을 하지 않으면 매번 모델의 학습 결과가 달라지게 됩니다. 이는 난수에 영향을 받는 태스크들이 있기 때문이고 난수는 시드를 고정하지 않으면 매번 다르게 생성되기 때문입니다.

98~142행:

학습을 위해 데이터를 준비하는 부분입니다. 눈여겨볼 부분은 2.3.4항에서 언급한 **계층적 5-폴드**(Stratified k-Fold)로 만든 5개의 데이터 그룹 중 하나를 `args.fold`로 선택하는 코드입니다. 참고로 데이터 그룹을 만들 때 학습셋과 검증셋을 나누는 기준으로 `unique_cateid` 칼럼을 사용했습니다.

144~191행:

모델 및 모델을 학습시키는 데 필요한 **옵티마이저**와 **스케줄러**를 생성합니다. 옵티마이저는 모델의 파라미터를 빠르고 안정적으로 업데이트하기 위한 역할을 합니다. 손실이 최소화되는 방향으로 모델의 어떤 파라미터를 얼마나 업데이트할 것인지를 결정하는 것입니다. 옵티마이저로 AdamW를 사용했는데 이는 BERT를 학습할 때 사용된 것입니다. AdamW의 자세한 내용은 다음의 링크 문서를 참고합니다. https://arxiv.org/abs/1711.05101

스케줄러는 학습 과정 중에 학습률을 조절하는 역할을 합니다. 코드에서는 스케줄러 생성에 `get_linear_schedule_with_warmup` 함수를 사용했는데 중요한 키워드는 선형 스케줄과 웜업입니다. 선형 스케줄은 학습하는 동안 학습률을 0으로 서서히 줄여 나가겠다는 것입니다. 웜업은 학습 초기의 잠깐 동안은 0에서 원래의 학습률까지 서서히 올리겠다는 것입니다. 더 다양한 옵티마이저와 스케줄러는 다음 링크에서 참고할 수 있습니다. https://huggingface.co/transformers/main_classes/optimizer_schedules.html

167행의 가중치 감쇠는 모델의 가중치 값의 크기에 제약을 걸어 과적합을 완화하는 데 도움을 줍니다. 참고로 모델의 파라미터를 가중치라고 부르기도 합니다.

193~241행:

그림 2.40에서처럼 CFG에 설정된 학습 에폭 수만큼 반복해서 train() 함수로 모델을 학습시키고 학습된 모델을 validate() 함수로 평가하는 부분입니다. 평가된 결과는 log_df 데이터프레임에 기록되며 콘솔 창에도 출력됩니다. 학습이 완료되면 모델의 파라미터를 파일로 저장합니다.

다음은 모델의 파라미터를 실제로 학습시키는 train() 함수를 살펴봅니다. 그림 2.11처럼 모델의 예측 $\hat{y}$와 정답 y 사이의 손실이 적은 최적 파라미터 θ^*를 찾는 학습 목적으로 main() 함수에서 호출되는 함수입니다.

코드 2.8 _ train.py의 train() 함수

```
244. def train(train_loader, model, optimizer, epoch, scheduler):
245.     """
246.     한 에폭 단위로 학습을 시킵니다.
247.
248.     매개변수
249.     train_loader: 학습 데이터셋에서 배치(미니배치) 불러옴
250.     model: 학습될 파라미터를 가진 딥러닝 모델
251.     optimizer: 파라미터를 업데이트 시키는 역할
252.     scheduler: learning_rate를 감소시키는 역할
253.     """
254.     # AverageMeter는 지금까지 입력 받은 전체 수의 평균 값 반환 용도
255.     batch_time = AverageMeter()      # 한 배치 처리 시간 집계
256.     data_time = AverageMeter()       # 데이터 로딩 시간 집계
257.     losses = AverageMeter()          # 손실 값 집계
258.     o_accuracies = AverageMeter()    # 대회 평가 방법으로 집계
259.     b_accuracies = AverageMeter()    # 대카테고리 정확도 집계
260.     m_accuracies = AverageMeter()    # 중카테고리 정확도 집계
261.     s_accuracies = AverageMeter()    # 소카테고리 정확도 집계
262.     d_accuracies = AverageMeter()    # 세카테고리 정확도 집계
263.
264.     sent_count = AverageMeter()      # 문장 처리 개수 집계
265.
266.     # 학습 모드로 교체
```

```
267.     model.train()
268.
269.     start = end = time.time()
270.
271.     # train_loader에서 반복해서 학습용 배치 데이터를 받음
272.     # CateDataset의 __getitem__() 함수의 반환 값과 동일한 변수 반환
273.     for step, (token_ids, token_mask, token_types, img_feat, label)
                 in enumerate (train_loader):
274.         # 데이터 로딩 시간 기록
275.         data_time.update(time.time() - end)
276.
277.         # 배치 데이터의 위치를 CPU 메모리에서 GPU 메모리로 이동
278.         token_ids, token_mask, token_types, img_feat, label = (
279.             token_ids.cuda(), token_mask.cuda(), token_types.cuda(),
280.             img_feat.cuda(), label.cuda())
281.
282.         batch_size = token_ids.size(0)
283.
284.         # model은 배치 데이터를 입력받아서 예측 결과 및 loss 반환
285.         # model은 인스턴스이나 __call__함수가 추가돼 함수처럼 호출이 가능
286.         # CateClassifier의 __call__ 함수 내에서 forward 함수가 호출됨
287.         loss, pred = model(token_ids, token_mask, token_types, img_feat, label)
288.         loss = loss.mean() # Multi-GPU 학습의 경우 mean() 호출 필요
289.
290.         # loss 값을 기록
291.         losses.update(loss.item(), batch_size)
292.
293.         # 역전파 수행
294.         loss.backward()
295.
296.         # CFG.max_grad_norm 이상의 값을 가지는 그래디언트 값 클리핑
297.         grad_norm = torch.nn.utils.clip_grad_norm_(model.parameters(), CFG.max_grad_norm)
298.
299.         scheduler.step()    # 스케줄러로 학습률 조절
300.         optimizer.step()    # 옵티마이저로 파라미터 업데이트
301.         optimizer.zero_grad() # 옵티마이저의 그래디언트 초기화
```

```
302.
303.         # 소요시간 측정
304.         batch_time.update(time.time() - end)
305.         end = time.time()
306.
307.         sent_count.update(batch_size)
308.
309.         # CFG.print_freq 주기대로 결과 로그를 출력
310.         if step % CFG.print_freq == 0 or step == (len(train_loader)-1):
311.             # 대/중/소/세가 예측된 pred와 정답 label로 정확도 계산 및 집계
312.             o_acc, b_acc, m_acc, s_acc, d_acc = calc_cate_acc(pred, label)
313.             o_accuracies.update(o_acc, batch_size)
314.             b_accuracies.update(b_acc, batch_size)
315.             m_accuracies.update(m_acc, batch_size)
316.             s_accuracies.update(s_acc, batch_size)
317.             d_accuracies.update(d_acc, batch_size)
318.
319.             print('Epoch: [{0}][{1}/{2}] '
320.                   'Data {data_time.val:.3f} ({data_time.avg:.3f}) '
321.                   'Elapsed {remain:s} '
322.                   'Loss: {loss.val:.3f}({loss.avg:.3f}) '
323.                   'OAcc: {o_acc.val:.3f}({o_acc.avg:.3f}) '
324.                   'BAcc: {b_acc.val:.3f}({b_acc.avg:.3f}) '
325.                   'MAcc: {m_acc.val:.4f}({m_acc.avg:.3f}) '
326.                   'SAcc: {s_acc.val:.3f}({s_acc.avg:.3f}) '
327.                   'DAcc: {d_acc.val:.3f}({d_acc.avg:.3f}) '
328.                   'Grad: {grad_norm:.4f}  '
329.                   'LR: {lr:.6f}  '
330.                   'sent/s {sent_s:.0f} '
331.                   .format(
332.                    epoch, step+1, len(train_loader),
333.                    data_time=data_time, loss=losses,
334.                    o_acc=o_accuracies, b_acc=b_accuracies, m_acc=m_accuracies,
335.                    s_acc=s_accuracies, d_acc=d_accuracies,
336.                    remain=timeSince(start, float(step+1)/len(train_loader)),
337.                    grad_norm=grad_norm,
```

```
338.                    lr=scheduler.get_lr()[0],
339.                    sent_s=sent_count.avg/batch_time.avg
340.                    ))
341.     # 학습 동안 집계된 결과 반환
342.     return (losses.avg, o_accuracies.avg, b_accuracies.avg, m_accuracies.avg,
343.             s_accuracies.avg, d_accuracies.avg)
```

288행:

배치 데이터를 입력받아 실제로는 CateClassifier의 forward() 함수에서 손실 loss가 계산됩니다. loss 계산은 코드 2.1 cate_model.py의 88~103행에서 참고할 수 있습니다.

294행:

손실 loss의 값을 가지고 파라미터 θ를 업데이트하기 위한 변화분인 그래디언트(gradient)를 계산할 수 있습니다. 이를 위해 역전파 함수인 backward()를 호출합니다.

다음은 train() 함수로 학습된 모델로 검증셋에 대해 평가하는 validate() 함수입니다.

코드 2.9 _ train.py의 validate() 함수

```
346. def validate(valid_loader, model):
347.     """
348.     한 에폭 단위로 검증합니다.
349.
350.     매개변수
351.     valid_loader: 검증 데이터셋에서 배치(미니배치)를 불러옵니다.
352.     model: train 함수에서 학습된 딥러닝 모델
353.     """
354.     batch_time = AverageMeter()      # 한 배치 처리 시간 집계
355.     data_time = AverageMeter()       # 데이터 로딩 시간 집계
356.     losses = AverageMeter()          # 손실 값 집계
357.     o_accuracies = AverageMeter()    # 대회 평가 방법으로 집계
358.     b_accuracies = AverageMeter()    # 대카테고리 정확도 집계
359.     m_accuracies = AverageMeter()    # 중카테고리 정확도 집계
360.     s_accuracies = AverageMeter()    # 소카테고리 정확도 집계
361.     d_accuracies = AverageMeter()    # 세카테고리 정확도 집계
362.
```

```
363.    sent_count = AverageMeter()    # 문장 처리 개수 집계
364.
365.    # 평가(evaluation) 모드로 교체
366.    # 드롭아웃이나 배치정규화가 일관된 값을 내도록 함
367.    model.eval()
368.
369.    start = end = time.time()
370.
371.    for step, (token_ids, token_mask, token_types, img_feat, label)
          in enumerate(valid_loader):
372.        # 데이터 로딩 시간 기록
373.        data_time.update(time.time() - end)
374.
375.        # 배치 데이터의 위치를 CPU 메모리에서 GPU 메모리로 이동
376.        token_ids, token_mask, token_types, img_feat, label = (
377.            token_ids.cuda(), token_mask.cuda(), token_types.cuda(),
378.            img_feat.cuda(), label.cuda())
379.
380.        batch_size = token_ids.size(0)
381.
382.        # with문 내에서는 그래디언트 계산을 하지 않도록 함
383.        with torch.no_grad():
384.            # model은 배치 데이터를 입력받아서 예측 결과 및 loss 반환
385.            loss, pred = model(token_ids, token_mask, token_types, img_feat, label)
386.            loss = loss.mean()
387.
388.        # loss 값을 기록
389.        losses.update(loss.item(), batch_size)
390.
391.        # 소요시간 측정
392.        batch_time.update(time.time() - end)
393.        end = time.time()
394.
395.        sent_count.update(batch_size)
396.
397.        # CFG.print_freq 주기대로 결과 로그를 출력
```

```
398.        if step % CFG.print_freq == 0 or step == (len(valid_loader)-1):
399.            o_acc, b_acc, m_acc, s_acc, d_acc = calc_cate_acc(pred, label)
400.            o_accuracies.update(o_acc, batch_size)
401.            b_accuracies.update(b_acc, batch_size)
402.            m_accuracies.update(m_acc, batch_size)
403.            s_accuracies.update(s_acc, batch_size)
404.            d_accuracies.update(d_acc, batch_size)
405.
406.            print('TEST: {0}/{1}] '
407.                  'Data {data_time.val:.3f} ({data_time.avg:.3f}) '
408.                  'Elapsed {remain:s} '
409.                  'Loss: {loss.val:.4f}({loss.avg:.4f}) '
410.                  'OAcc: {o_acc.val:.3f}({o_acc.avg:.3f}) '
411.                  'BAcc: {b_acc.val:.3f}({b_acc.avg:.3f}) '
412.                  'MAcc: {m_acc.val:.4f}({m_acc.avg:.3f}) '
413.                  'SAcc: {s_acc.val:.3f}({s_acc.avg:.3f}) '
414.                  'DAcc: {d_acc.val:.3f}({d_acc.avg:.3f}) '
415.                  'sent/s {sent_s:.0f} '
416.                  .format(
417.                   step+1, len(valid_loader),
418.                   data_time=data_time, loss=losses,
419.                   o_acc=o_accuracies, b_acc=b_accuracies, m_acc=m_accuracies,
420.                   s_acc=s_accuracies, d_acc=d_accuracies,
421.                   remain=timeSince(start, float(step+1)/len(valid_loader)),
422.                   sent_s=sent_count.avg/batch_time.avg
423.                   ))
424.    # 검증 동안 집계된 결과 반환
425.    return (losses.avg, o_accuracies.avg, b_accuracies.avg, m_accuracies.avg,
426.            s_accuracies.avg, d_accuracies.avg)
```

여기까지 학습 과정의 코드를 살펴봤습니다. 학습 과정의 코드를 실행하는 방법은 2.3.3항을 참고하세요.

2.4.3 추론

여기서는 학습된 모델을 불러와서 대회에서 제공한 데브(Dev) 데이터셋에 대해서 대 · 중 · 소 · 세 카테고리를 예측하는 inference.py 코드를 살펴봅니다. 기본적으로 train.py 코드와 비슷합니다. 차이가 있다면 사용하는 데이터셋이 데브셋이라는 것, 저장된 모델을 불러오는 것, 학습 과정이 없기에 train() 함수가 없다는 것입니다. 코드는 아래 URL에서 직접 볼 수 있습니다.

https://github.com/lime-robot/categories-prediction/blob/master/code/inference.py

inference.py

코드의 초기 부분은 앞으로 사용될 모듈과 패키지를 임포트합니다. 전역 변수로 데이터셋의 위치나 솔루션 모델의 하이퍼파라미터와 관련된 설정값을 CFG 클래스의 멤버 변수로 정의합니다.

코드 2.10 _ inference.py의 초기 부분

```
1. import os
2. os.environ['OMP_NUM_THREADS'] = '24'
3. os.environ['NUMEXPR_MAX_THREADS'] = '24'
4. import math
5. import glob
6. import json
7. import torch
8. import cate_dataset
9. import cate_model
10. import time
11. import random
12. import numpy as np
13. import pandas as pd
14. from torch.utils.data import DataLoader
15. import warnings
16. warnings.filterwarnings(action='ignore')
17. import argparse
18.
```

```
19.
20. # 전처리된 데이터가 저장된 디렉터리
21. DB_DIR = '../input/processed'
22.
23. # 토큰을 인덱스로 치환할 때 사용될 사전 파일이 저장된 디렉터리
24. VOCAB_DIR = os.path.join(DB_DIR, 'vocab')
25.
26. # 학습된 모델의 파라미터가 저장될 디렉터리
27. MODEL_DIR = '../model'
28.
29. # 제출할 예측결과가 저장될 디렉터리
30. SUBMISSION_DIR = '../submission'
31.
32.
33. # 미리 정의된 설정값
34. class CFG:
35.     batch_size=1024 # 배치 사이즈
36.     num_workers=4 # 워커의 개수
37.     print_freq=100 # 결과 출력 빈도
38.     warmup_steps=100 # lr을 서서히 증가시킬 step 수
39.     hidden_size=512 # 은닉 크기
40.     dropout=0.2 # dropout 확률
41.     intermediate_size=256 # TRANSFORMER셀의 intermediate 크기
42.     nlayers=2 # BERT의 층수
43.     nheads=8 # BERT의 head 개수
44.     seq_len=64 # 토큰의 최대 길이
45.     n_b_cls = 57 + 1 # 대카테고리 개수
46.     n_m_cls = 552 + 1 # 중카테고리 개수
47.     n_s_cls = 3190 + 1 # 소카테고리 개수
48.     n_d_cls = 404 + 1 # 세카테고리 개수
49.     vocab_size = 32000 # 토큰의 유니크 인덱스 개수
50.     img_feat_size = 2048 # 이미지 피처 벡터의 크기
51.     type_vocab_size = 30 # 타입의 유니크 인덱스 개수
52.     csv_path = os.path.join(DB_DIR, 'dev.csv') # 전처리돼 저장된 dev 데이터셋
53.     h5_path = os.path.join(DB_DIR, 'dev_img_feat.h5')
```

main() 함수는 데브 데이터셋의 상품별 대 · 중 · 소 · 세 카테고리를 학습된 솔루션 모델로 추론해 이를 제출 파일로 저장합니다. 실제 추론은 inference() 함수에서 수행되고 그 외의 데브 데이터셋과 학습된 모델을 불러오거나 생성된 제출 파일을 저장하는 것은 main() 함수에 구현했습니다.

코드 2.11 _ inference.py의 main() 함수

```
57. def main():
58.     # 명령행에서 받을 키워드 인자를 설정합니다.
59.     parser = argparse.ArgumentParser("")
60.     parser.add_argument("--model_dir", type=str, default=MODEL_DIR)
61.     parser.add_argument("--batch_size", type=int, default=CFG.batch_size)
62.     parser.add_argument("--seq_len", type=int, default=CFG.seq_len)
63.     parser.add_argument("--nworkers", type=int, default=CFG.num_workers)
64.     parser.add_argument("--seed", type=int, default=7)
65.     parser.add_argument("--nlayers", type=int, default=CFG.nlayers)
66.     parser.add_argument("--nheads", type=int, default=CFG.nheads)
67.     parser.add_argument("--hidden_size", type=int, default=CFG.hidden_size)
68.     parser.add_argument("--k", type=int, default=0)
69.     args = parser.parse_args()
70.     print(args)
71. 
72.     CFG.batch_size=args.batch_size
73.     CFG.seed =  args.seed
74.     CFG.nlayers =  args.nlayers
75.     CFG.nheads =  args.nheads
76.     CFG.hidden_size =  args.hidden_size
77.     CFG.seq_len =  args.seq_len
78.     CFG.num_workers=args.nworkers
79.     CFG.res_dir=f'res_dir_{args.k}'
80.     print(CFG.__dict__)
81. 
82.     # 랜덤 시드를 설정하여 코드를 실행할 때마다 동일한 결과를 얻게 함
83.     os.environ['PYTHONHASHSEED'] = str(CFG.seed)
84.     random.seed(CFG.seed)
85.     np.random.seed(CFG.seed)
```

```
86.     torch.manual_seed(CFG.seed)
87.     torch.cuda.manual_seed(CFG.seed)
88.     torch.backends.cudnn.deterministic = True
89.
90.     # 전처리된 데이터를 읽어옵니다.
91.     print('loading ...')
92.     dev_df = pd.read_csv(CFG.csv_path, dtype={'tokens':str})
93.     dev_df['img_idx'] = dev_df.index
94.     img_h5_path = CFG.h5_path
95.
96.     vocab = [line.split('\t')[0] for line in open(os.path.join(VOCAB_DIR,'spm.vocab'),
                encoding='utf-8').readlines()]
97.     token2id = dict([(w, i) for i, w in enumerate(vocab)])
98.     print('loading ... done')
99.
100.        # 찾은 모델 파일의 개수만큼 모델을 만들어서 파이썬 리스트에 추가함
101.    model_list = []
102.        # args.model_dir에 있는 확장자 .pt를 가지는 모든 모델 파일의 경로를 읽음
103.    model_path_list = glob.glob(os.path.join(args.model_dir, '*.pt'))
104.        # 모델 경로 개수만큼 모델을 생성하여 파이썬 리스트에 추가함
105.    for model_path in model_path_list:
106.        model = cate_model.CateClassifier(CFG)
107.        if model_path != "":
108.            print("=> loading checkpoint '{}'".format(model_path))
109.            checkpoint = torch.load(model_path)
110.            state_dict = checkpoint['state_dict']
111.            model.load_state_dict(state_dict, strict=True)
112.            print("=> loaded checkpoint '{}' (epoch {})"
113.                  .format(model_path, checkpoint['epoch']))
114.        model.cuda()
115.        n_gpu = torch.cuda.device_count()
116.        if n_gpu > 1:
117.            model = torch.nn.DataParallel(model)
118.        model_list.append(model)
119.    if len(model_list) == 0:
120.        print('Please check the model directory.')
```

```
121.         return
122.
123.     # 모델의 파라미터 수를 출력함
124.     def count_parameters(model):
125.         return sum(p.numel() for p in model.parameters() if p.requires_grad)
126.     print('parameters: ', count_parameters(model_list[0]))
127.
128.     # 모델의 입력에 적합한 형태의 샘플을 가져오는 CateDataset의 인스턴스를 만듦
129.     dev_db = cate_dataset.CateDataset(dev_df, img_h5_path, token2id, CFG.seq_len,
130.                                       CFG.type_vocab_size)
131.
132.     # 여러 개의 워커로 빠르게 배치(미니배치)를 생성하도록 DataLoader로
133.     # CateDataset 인스턴스를 감싸 줌
134.     dev_loader = DataLoader(
135.         dev_db, batch_size=CFG.batch_size, shuffle=False,
136.         num_workers=CFG.num_workers, pin_memory=True)
137.
138.     # dev 데이터셋의 모든 상품명에 대해 예측된 카테고리 인덱스를 반환
139.     pred_idx = inference(dev_loader, model_list)
140.
141.     # dev 데이터셋의 상품ID별 예측된 카테고리를 붙여서 제출 파일을 생성하여 저장
142.     cate_cols = ['bcateid', 'mcateid', 'scateid', 'dcateid']
143.     dev_df[cate_cols] = pred_idx
144.     os.makedirs(SUBMISSION_DIR, exist_ok=True)
145.     submission_path = os.path.join(SUBMISSION_DIR, 'dev.tsv')
146.     dev_df[['pid'] + cate_cols].to_csv(submission_path, sep='\t', header=False,
             index=False)
147.
148.     print('done')
```

데브 데이터셋의 상품별 대 · 중 · 소 · 세 각 카테고리의 인덱스를 솔루션 모델로 예측하고 그 결과를 반환하는 코드입니다. 눈여겨볼 점은 함수의 매개변수로 하나의 모델이 아닌 여러 개 모델을 받는다는 것입니다. 여러 모델을 앙상블하여 향상된 예측 결과를 반환합니다.

코드 2.12 _ inference.py의 inference() 함수

```
151.def inference(dev_loader, model_list):
152.    """
153.    dev 데이터셋의 모든 상품명에 대해 여러 모델들의 예측한 결과를 앙상블하여 정확도가 개선된
154.    카테고리 인덱스를 반환
155.
156.    매개변수
157.    dev_loader: dev 데이터셋에서 배치(미니배치) 불러옴
158.    model_list: args.model_dir에서 불러온 모델 리스트
159.    """
160.    batch_time = AverageMeter()
161.    data_time = AverageMeter()
162.    sent_count = AverageMeter()
163.
164.    # 모델 리스트의 모든 모델을 평가(evaluation) 모드로 작동하게 함
165.    for model in model_list:
166.        model.eval()
167.
168.    start = end = time.time()
169.
170.    # 배치별 예측한 대/중/소/세 카테고리의 인덱스를 리스트로 가짐
171.    pred_idx_list = []
172.
173.    # dev_loader에서 반복해서 배치 데이터를 받음
174.    # CateDataset의 __getitem__() 함수의 반환 값과 동일한 변수 반환
175.    for step, (token_ids, token_mask, token_types, img_feat, _) in enumerate(dev_loader):
176.        # 데이터 로딩 시간 기록
177.        data_time.update(time.time() - end)
178.
179.        # 배치 데이터의 위치를 CPU 메모리에서 GPU 메모리로 이동
180.        token_ids, token_mask, token_types, img_feat = (
181.            token_ids.cuda(), token_mask.cuda(), token_types.cuda(), img_feat.cuda())
182.
183.        batch_size = token_ids.size(0)
184.
185.        # with 문 내에서는 그래디언트 계산을 하지 않도록 함
```

```
186.        with torch.no_grad():
187.            pred_list = []
188.            # model별 예측치를 pred_list에 추가함
189.            for model in model_list:
190.                _, pred = model(token_ids, token_mask, token_types, img_feat)
191.                pred_list.append(pred)
192.
193.            # 예측치 리스트를 앙상블하여 하나의 예측치로 만듦
194.            pred = ensemble(pred_list)
195.            # 예측치에서 카테고리별 인덱스를 가져옴
196.            pred_idx = get_pred_idx(pred)
197.            # 현재 배치(미니배치)에서 얻어진 카테고리별 인덱스를 pred_idx_list에 추가
198.            pred_idx_list.append(pred_idx.cpu())
199.
200.        # 소요시간 측정
201.        batch_time.update(time.time() - end)
202.        end = time.time()
203.
204.        sent_count.update(batch_size)
205.
206.        if step % CFG.print_freq == 0 or step == (len(dev_loader)-1):
207.            print('TEST: {0}/{1}] '
208.                  'Data {data_time.val:.3f} ({data_time.avg:.3f}) '
209.                  'Elapsed {remain:s} '
210.                  'sent/s {sent_s:.0f} '
211.                  .format(
212.                   step+1, len(dev_loader), batch_time=batch_time,
213.                   data_time=data_time,
214.                   remain=timeSince(start, float(step+1)/len(dev_loader)),
215.                   sent_s=sent_count.avg/batch_time.avg
216.                   ))
217.
218.    # 배치별로 얻어진 카테고리 인덱스 리스트를 직렬연결하여 하나의 카테고리 인덱스로 변환
219.    pred_idx = torch.cat(pred_idx_list).numpy()
220.    return pred_idx
221.
```

```
222. # 예측치의 각 카테고리별로 가장 큰 값을 가지는 인덱스를 반환함
223. def get_pred_idx(pred):
224.     b_pred, m_pred, s_pred, d_pred = pred # 대/중/소/세 예측치로 분리
225.     _, b_idx = b_pred.max(1) # 대카테고리 중 가장 큰 값을 가지는 인덱스를 변수에 할당
226.     _, m_idx = m_pred.max(1) # 중카테고리 중 가장 큰 값을 가지는 인덱스를 변수에 할당
227.     _, s_idx = s_pred.max(1) # 소카테고리 중 가장 큰 값을 가지는 인덱스를 변수에 할당
228.     _, d_idx = d_pred.max(1) # 세카테고리 중 가장 큰 값을 가지는 인덱스를 변수에 할당
229.
230.     # 대/중/소/세 인덱스 반환
231.     pred_idx = torch.stack([b_idx, m_idx, s_idx, d_idx], 1)
232.     return pred_idx
233.
234.
235. # 예측된 대/중/소/세 결과들을 앙상블함
236. # 앙상블 방법으로 간단히 산술 평균을 사용
237. def ensemble(pred_list):
238.     b_pred, m_pred, s_pred, d_pred = 0, 0, 0, 0
239.     for pred in pred_list:
240.         # softmax를 적용해 대/중/소/세 각 카테고리별 모든 클래스의 합이 1이 되도록 정규화
241.         # 참고로 정규화된 pred[0]은 대카테고리의 클래스별 확률값을 가지는 확률분포 함수라
              볼 수 있음
242.         b_pred += torch.softmax(pred[0], 1)
243.         m_pred += torch.softmax(pred[1], 1)
244.         s_pred += torch.softmax(pred[2], 1)
245.         d_pred += torch.softmax(pred[3], 1)
246.     b_pred /= len(pred_list)  # 모델별 '대카테고리의 정규화된 예측값'들의 평균 계산
247.     m_pred /= len(pred_list)  # 모델별 '중카테고리의 정규화된 예측값'들의 평균 계산
248.     s_pred /= len(pred_list)  # 모델별 '소카테고리의 정규화된 예측값'들의 평균 계산
249.     d_pred /= len(pred_list)  # 모델별 '세카테고리의 정규화된 예측값'들의 평균 계산
250.
251.     # 앙상블 결과 반환
252.     pred = [b_pred, m_pred, s_pred, d_pred]
253.     return pred
```

03장

2회 대회 살펴보기

3.1 대회 설명

3.2 대회 평가 척도

3.3 데이터셋 훑어보기

3.4 베이스라인 추천 모델 실행

3.1 대회 설명

브런치는 '글이 작품이 되는 공간'이라는 철학으로 2015년 12월 카카오에서 서비스를 시작했고, 2016년 11월부터는 좋은 글이 많은 사용자들을 만날 수 있게 추천 시스템을 통해 앱의 첫 화면에 나를 위한 맞춤 추천 글(https://brunch.co.kr/@brunch/70)과 사용자의 소비 맥락에 맞는 글 추천을 위해 유사 글 추천 기능을 제공해 왔습니다.

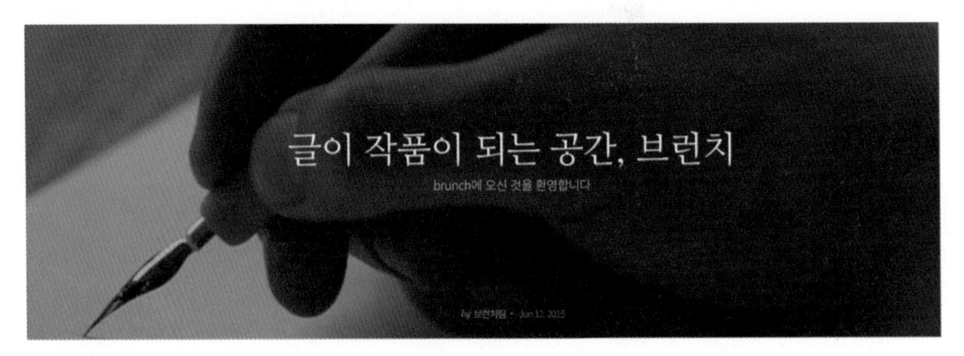

그림 3.1 브런치 서비스 철학(https://brunch.co.kr/@brunch/1)

브런치 추천 시스템의 목적은 작가들이 쓴 좋은 글과 다양한 사용자를 연결하는 것입니다. 이런 추천 시스템의 목적을 데이터 기반의 머신러닝을 통해 함께 공유하고 풀어 보고자 카카오 아레나 2회 대회 "브런치 사용자를 위한 글 추천 대회"를 진행하게 됐습니다.

그림 3.2 추천 시스템의 역할

좋은 글의 콘텐츠 데이터 분석을 위해 글의 제목, 부제목, 태그, 본문 등 콘텐츠 데이터가 제공되고 사용자의 취향 분석을 위해 읽은 글, 구독한 작가 등 브런치 이용 행태 데이터가 공개되었습니다. 이러한 글의 콘텐츠 데이터와 이용 행태 데이터를 잘 해석해 사용자가 원하는 글을 추천하는 것이 아레나 2회 대회의 목표입니다.

대회에 대한 상세한 설명은 3.1.2 '대회 내용 설명'에서 더 자세히 이어가겠습니다.

3.1.1 브런치의 글 추천은 어떻게 이루어지는가?

브런치는 대표적으로 '지금 읽고 있는 글과 유사한 글을 추천하는 유사글 추천'과 '앱 첫 화면에 맞춤 추천을 하는 개인화 추천'을 제공합니다.

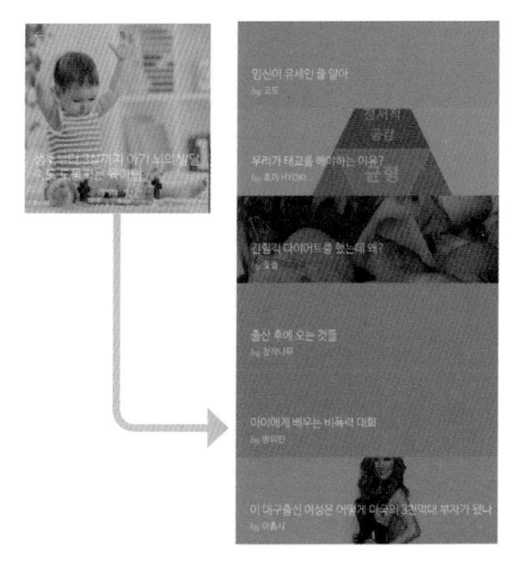

그림 3.3 브런치 글 추천 화면

각 추천 방식을 알아보겠습니다.

유사글 추천 모델

추천 시스템에서 유사글(또는 연관) 추천은 추천 시스템을 활용한 대표 솔루션이자 추천 시스템 도입 시 성과가 좋은 솔루션입니다. 브런치에서도 그림 3.4처럼 사용자가 현재 글을 모두 읽고 난 후 연속적인 소비와 다양한 글을 발견할 수 있게 좋은 글을 추천함으로써 사용자당 평균 소비 글 수와 소비되는 글의 다양성을 크게 개선했습니다. 브런치에 적용된 유사글 추천 솔루션의 추천 모델에 대해 자세히 알아보겠습니다.

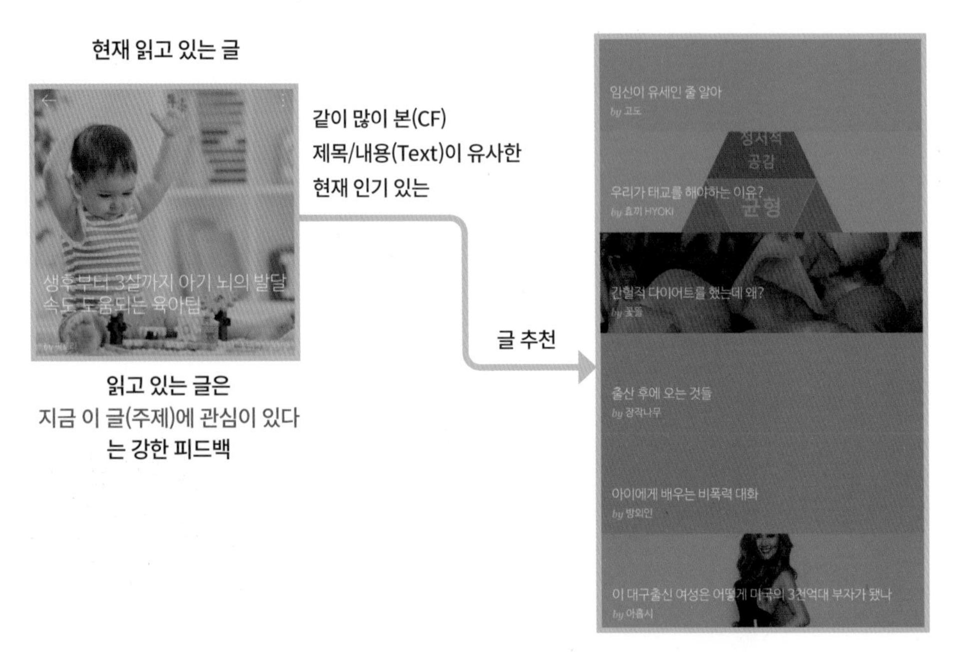

그림 3.4 유사글 추천 화면

유사글 추천은 2단계로 이루어져 있습니다. 지금 읽은 글과 유사한 글을 찾는 타기팅 단계, 타기팅된 글 중에서 사용자에게 반응이 좋은 글을 찾는 랭킹 단계가 그것입니다.

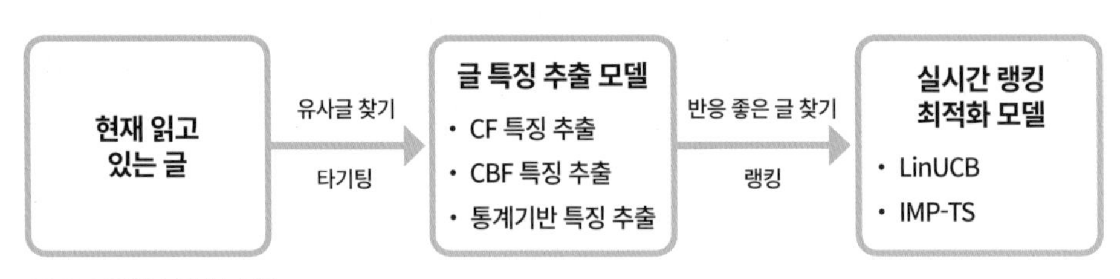

그림 3.5 유사글 추천 흐름도

현재 읽고 있는 글과 유사한 글을 찾기 위한 글 특징 추출에는 글의 제목, 설명 등과 같은 글의 설명 정보로부터 모델링하는 CBF(Contents-Based Filtering)[1] 방식과 사용자의 행태

1 콘텐츠 기반 필터링 : https://bit.ly/344eJRJ

정보인 피드백 데이터로부터 모델링하는 CF(Collaboration Filtering)[2] 방식을 사용합니다. 이때 다음과 같은 다양한 특징 벡터를 추출합니다.

표 3.1 글 특징 추천 비교표

구분	데이터	특징	비고
CBF 모델 1	콘텐츠 정보	자연어 처리 모델을 기반으로 글의 주제어 등이 잘 모델링됨.	주제가 유사한 글을 잘 찾음. 추천 모델의 다양성을 증가시켜줌. 롱테일에 강함.
CF 모델 1	사용자의 피드백 정보	연속적으로 소비하는 글의 성향이 잘 모델링됨.	소비 패턴이 유사한 글을 잘 찾아줌.
CF 모델 2	사용자의 피드백 정보	사용자들이 소비하는 글의 유사성이 잘 모델링됨.	소비 패턴이 유사한 글을 잘 찾아줌. 대중적이고 인기가 높은 글을 찾는 경향이 있음.

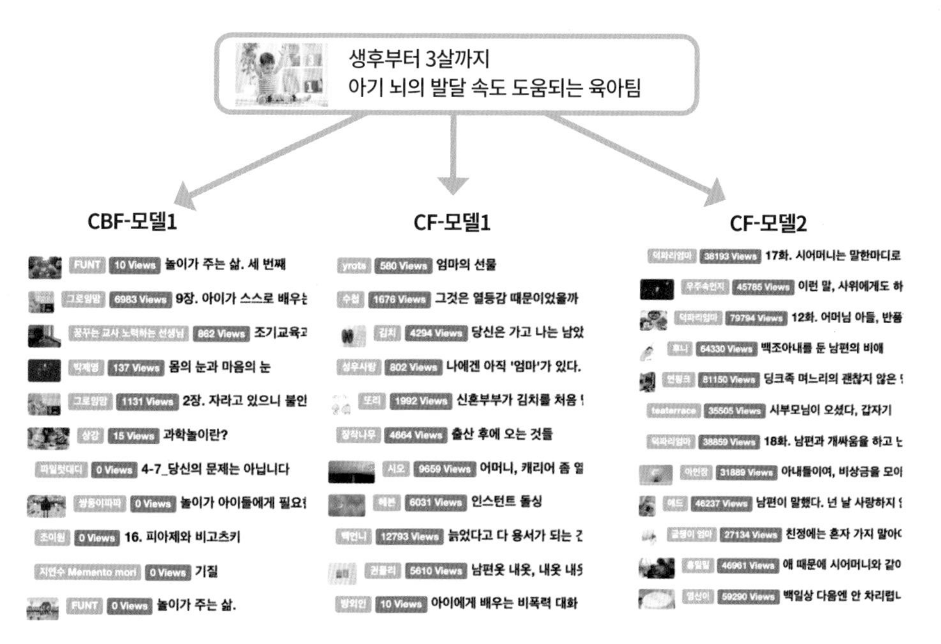

그림 3.6 글 특징 추천 모델별 유사글 추천 결과

2 협업 필터링 : https://bit.ly/2S4tz4T

그림처럼 CBF-모델1은 글의 설명에 해당하는 '아이, 놀이' 등의 주제어가 잘 매핑된 글이 유사글로 선택됩니다. 이때 선택된 글의 View(읽은) 수가 0건인 읽히지 않는 글도 다수 포함돼 있음을 볼 수 있습니다(CBF 방식의 대표적인 특징). CF 방식은 인기도 있으면서 유사한 글이 잘 선택된 것을 볼 수 있습니다.

선택된 유사글은 실시간 랭킹 최적화(MAB)[3]의 탐색(Exploration) 과정을 통해 CTR을 측정하고, CTR이 높을 글을 선택하는 활용(Exploitation) 과정을 통해 사용자가 볼만한 글을 추천합니다. 실시간 랭킹 최적화에 대한 자세한 설명은 토로스 추천 시스템에 대한 설명 글(https://brunch.co.kr/@kakao-it/72)을 참고하기 바랍니다.

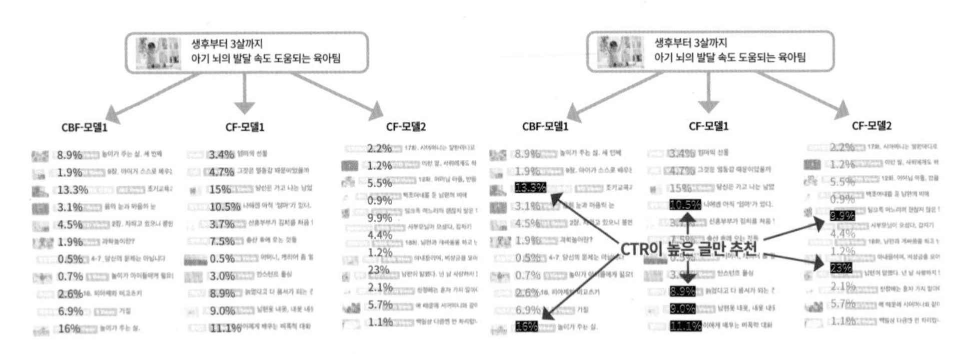

그림 3.7 유사글 추천을 위한 실시간 랭킹 최적화 설명

개인화 맞춤 추천 모델

브런치 앱의 첫 화면에는 최근 내가 읽은 글을 이용해 나를 위한 맞춤 추천을 제공합니다. 다음 결과는 '데이터 분석, 개발, 추천 기술' 글에 관심이 있는 사용자의 맞춤 추천 결과입니다.

3 MAB : https://en.wikipedia.org/wiki/Multi-armed_bandit

그림 3.8 개인화 맞춤 추천 화면

브런치의 개인화 맞춤 추천은 유사글 추천과 같이 2단계의 과정을 거쳐 이루어집니다. 추천할 만한 글을 선정하는 타기팅 단계, 사용자가 본 글을 기반으로 내가 좋아할 만한 글을 찾아내는 랭킹 단계가 그것입니다.

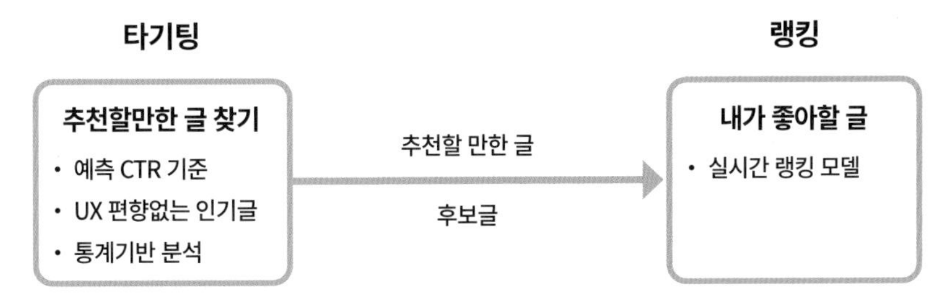

그림 3.9 개인화 맞춤 추천 과정

추천할 만한 글을 찾는 타기팅 조건

타기팅 과정에서는 다음과 같은 조건을 만족하는 글을 찾아서 추천할 만한 글을 타기팅합니다.

- 글의 정보로 예측 CTR이 높은 글
- UX 편향이 제거된 인기글
- 통계분석에 의해 추천할 만한 글

타기팅에 사용되는 CTR 예측은 글의 CBF/CF 특징값과 메타 정보(읽은 수, 공유 수, 댓글 수 등)를 입력값으로 사용해 CTR 예측 모델을 통해 pCTR(Predicted CTR)을 측정하고 pCTR이 높은 상위글을 맞춤 추천 후보 글로 선택합니다. 이 CTR 예측 모델의 학습 데이터로는 사용자의 피드백(노출/클릭) 데이터를 사용합니다.

CBF-글 특징벡터	CF-글 특징벡터	글 메타			
0x12 0x 23 0x45 0x12 0x 23	0x12 0x 23 0x45 0x12 0x 23	10	1	99	234
0x12 0x 23 0x45 0x12 0x 23	0x12 0x 23 0x45 0x12 0x 23	10	1	99	234
0x12 0x 23 0x45 0x12 0x 23	0x12 0x 23 0x45 0x12 0x 23	10	1	99	234
0x12 0x 23 0x45 0x12 0x 23	0x12 0x 23 0x45 0x12 0x 23	10	1	99	234
0x12 0x 23 0x45 0x12 0x 23	0x12 0x 23 0x45 0x12 0x 23	10	1	99	234
0x12 0x 23 0x45 0x12 0x 23	0x12 0x 23 0x45 0x12 0x 23	10	1	99	234

CTR 예측 모델

pCTR
0.0329
0.1234
0.2561
0.0001
0.0034
0.3413

그림 3.10 CTR 예측 방법

내가 좋아할 만한 글을 찾는 랭킹 과정

전통적인 CF 방식은 사용자의 피드백(User×Item) 데이터를 행렬 분해해 개인화 추천을 제공합니다. 실제로 많은 서비스의 추천 솔루션에서 행렬 분해 기법이 통계나 룰 기반이 적용된 개인화 추천보다 좋은 성능을 내는 것이 확인됐습니다.

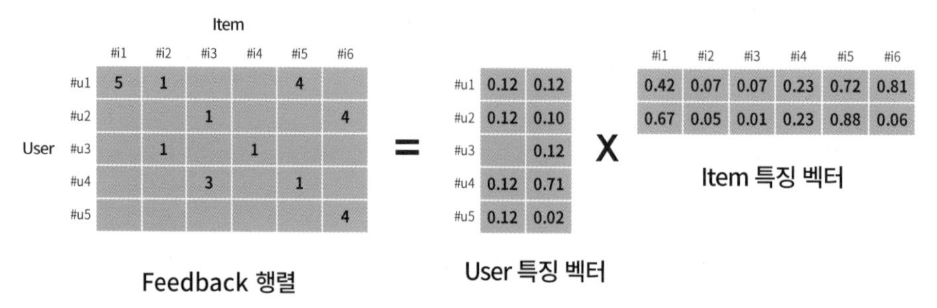

그림 3.11 일반적인 행렬 분해

이 CF 방식을 서비스에 도입하기 위해서는 수백만 명의 사용자와 아이템에 대해 추천 결과를 생성할 수 있는 확장성(scalability)과 사용자의 피드백을 추천 결과에 즉시 반영하는 최신성이 필요합니다.

카카오의 추천 시스템에서 대표적으로 사용되는 행렬 분해 기법인 ALS(Alternative Least Square)[4]나 Word2Vec[5]과 같은 행렬 분해 기법은 분산처리와 증분학습, 알고리즘 최적화를 통해 대량의 브런치 피드백 데이터를 수분 이내에 학습하고, 이를 추천 시스템에 즉시 적용합니다. 또한 개인화 추천을 요청하는 쿼리 타임에 행렬 분해 연산을 추가로 수행해 개인화된 추천 결과 제공합니다. 이렇게 쿼리 타임에 행렬 분해를 수행함으로써 최신의 사용자 피드백(취향)이 개인화 추천에 반영됩니다.

여기서 수행하는 행렬 분해 연산은 다음 그림과 같이 사전에 학습된 글(item)의 특징 벡터 값과 최신 사용자 피드백으로 최소 제곱법(least square) 연산을 하게 되는데, 이 연산에는 많은 비용이 필요합니다. 그래서 추천 시스템에서는 타기팅 과정을 통해 추천할 글의 수를 줄이고, 알고리즘이 최적화된 분산 추론(inference) 서버를 구현해 이 기능을 제공합니다.

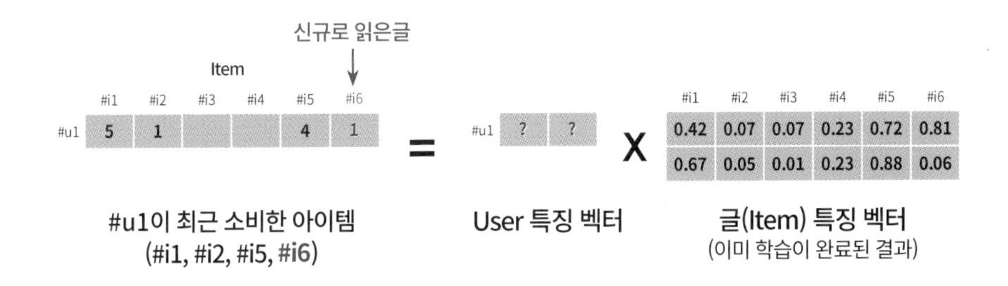

그림 3.12 브런치 추천의 행렬 분해

브런치의 개인화 추천을 위한 전체 과정은 다음 그림과 같이 이루어집니다.

4 http://yifanhu.net/PUB/cf.pdf
5 https://en.wikipedia.org/wiki/Word2vec

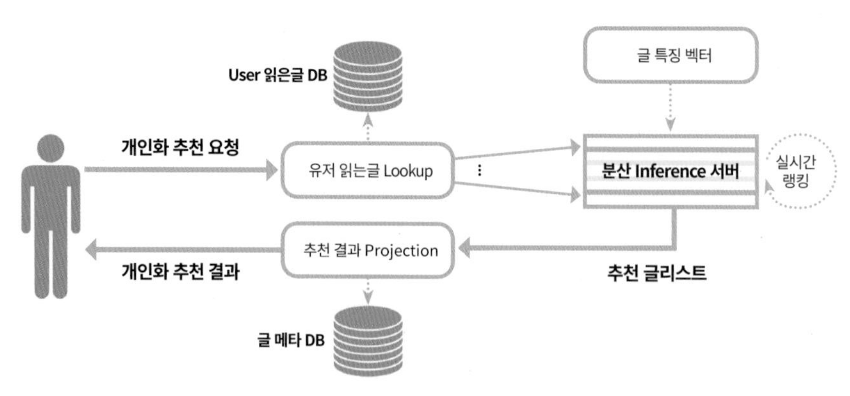

그림 3.13 브런치의 개인화 맞춤 추천 흐름도

지금까지 브런치 글 추천을 위해 대표적인 유사글 추천과 개인화 맞춤 추천에 대해 알아봤습니다. 더 자세한 내용을 알고 싶다면 '브런치 추천의 힘 6가지 기술[6]'을 참고하기 바랍니다.

이어서 2회 대회의 상세 내용을 알아보겠습니다.

3.1.2 대회 내용 설명

카카오 아레나 2회 대회는 브런치 사용자들이 과거 읽은 글[2018.10.1.~2019.3.1.)을 통해 미래[2019.2.22.~2019.3.14.) 읽을 글 100개 예측하여 실제 읽은 글을 얼마나 잘 맞추는지를 평가하는 전형적인 개인화 추천 문제입니다. 실제 브런치 데이터로 진행되는 대회인 만큼 예측 정확도뿐만 아니라 콘텐츠 노출 다양성(Diversity), 아이템/사용자 콜드스타트(Cold Start)[7] 등이 실전적인 추천 시스템의 목표에 근접하게 평가 지표와 데이터셋을 구성했습니다.

대회 평가 데이터는 학습을 위해 제공된 데이터와 겹치는 기간[2.22.~3.1.)과 미래의 기간[3.1.~3.14.)을 모두 포함하여, 과거 데이터를 잘 추천하는 방식과 미래 소비를 잘 예측하는 방식 모두 좋은 평가를 받는 솔루션을 구현하도록 문제가 설계되었습니다.

또한 브런치 서비스를 소비하면서 만들어지는 다양한 정보(사용자의 작가 구독 정보, 작가의 매거진, 글의 태그, 비식별화된 글의 본문 등)를 제공함으로써 아이디어 기반의 참신한 추천

---

6 브런치글 '브런치 추천의 힘에 대한 6가지 기술(記述)' : https://brunch.co.kr/@kakao-it/333

7 Cold start 위키백과 : https://en.wikipedia.org/wiki/Cold_start_(recommender_systems)

방식을 통해 문제를 풀 수 있게 했습니다. 실제 EDA(Exploratory Data Analysis) 기반으로 접근한 참가자들이 많았으며 좋은 결과로도 이어졌습니다.

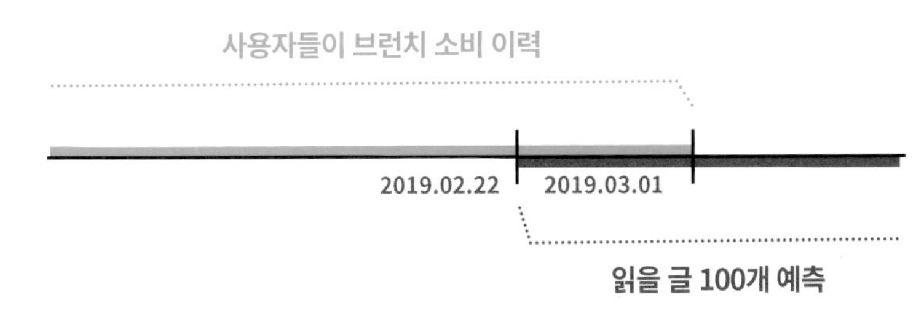

그림 3.14 2회 대회 브런치 글 추천 대회 개요

이 대회는 32일 동안 총상금 1,408만 원을 걸고 진행되어 6팀이 입상했습니다. 대회가 끝난 지금은 플레이그라운드(https://arena.kakao.com/c/6)에 오픈되어 있으므로 다시 도전해 보고 싶은 사람은 누구나 참여가 가능합니다. 또한 카카오 아레나는 대회 입상자의 결과를 깃허브에 공개하고 있으니 우승팀의 구현 방식을 재현해 보는 것도 좋은 경험이 될 것입니다.

- **총상금**: 1,408만 원
  - 1등(1팀): 512만 원
  - 2등(2팀): 256만 원
  - 3등(3팀): 128만 원
- **대회 기간**: 2019.6.23.~7.25.(32일)

대회 최종 입상 순위는 다음과 같습니다.

표 3.2 2회 대회 수상자

순위	팀명	점수[8]	깃허브
1	NAFMA	85	https://github.com/JungoKim/brunch_nafma
2	dinner	78	https://github.com/SeungHyunHan/kakao-arena-brunch-rec

8 대회 수상자의 점수는 test.users 제출 결과를 3개 지표(MAP, NDCG, Entropy diversity)로 채점 후 채점 순위로 합산 평가하는 borda count 방식으로 최종 집계된 점수입니다. 자세한 내용은 "3.2 대회 평가 척도" 항목을 참고하기 바랍니다.

순위	팀명	점수[8]	깃허브
3	datartist	77	https://github.com/jihoo-kim/BrunchRec
4	TEAM-EDA	76	https://github.com/yeonmin/team-eda-brunch-recommendation
5	rema	67	https://github.com/hyeonho1028/kakao-arena
6	GoldenPass	63	https://github.com/cyc1am3n/brunch-article-recommendation-GoldenPass

3.1.3 대회 참여 현황

32일간 진행된 2회 브런치 글 추천 대회는 364개 팀 491명이 등록해 팀당 1.35명으로 대부분 1인으로 구성된 팀(전체의 80%)이었습니다. 그런데 입상한 6개 팀은 2개 팀만 1인으로 구성됐고 나머지 4개 팀은 2명(1팀), 3명(2팀), 4명(1팀)으로 2명 이상의 인원으로 구성되어 적절한 역할(데이터 분석, 모델링, 구현 등) 분담을 통해 대회에 참가해 입상했습니다.

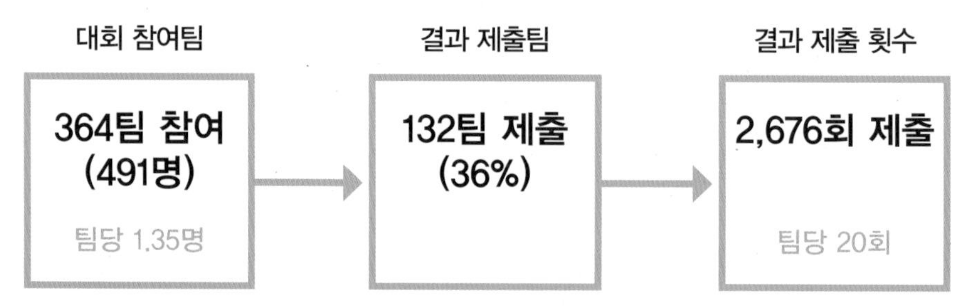

그림 3.15 2회 대회 참여 현황

1회 이상 결과를 제출한 팀은 132팀으로 전체의 36%입니다. 일간 대회 결과 제출 횟수를 보면 대회 종료를 앞둔 2주 전부터 대회 참여가 활발해지고 대회 마지막 날(7월 23일)에 가장 많은 433회를 제출하면서 대회가 마감됐습니다.

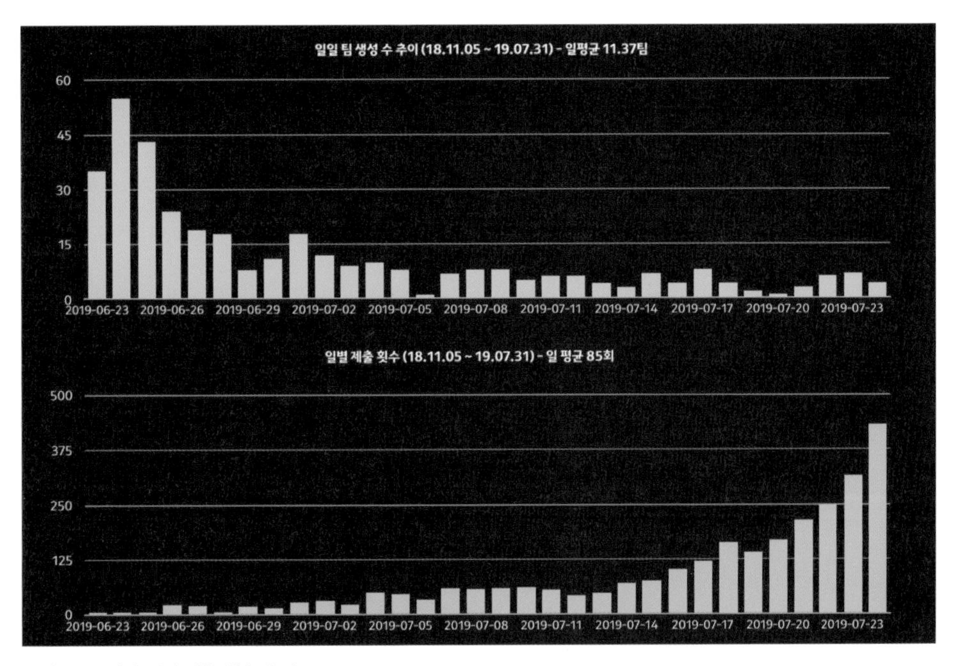

그림 3.16 일별 결과 제출 횟수 추이

대회 결과 제출 시간을 통해 대회 참가자들의 활동 시간대를 유추해봤습니다. 가장 많이 제출한 시간은 밤 12시이며 주간보다는 학업을 마친 후나 퇴근 이후인 저녁/심야 시간대에 많이 활동함을 볼 수 있습니다.

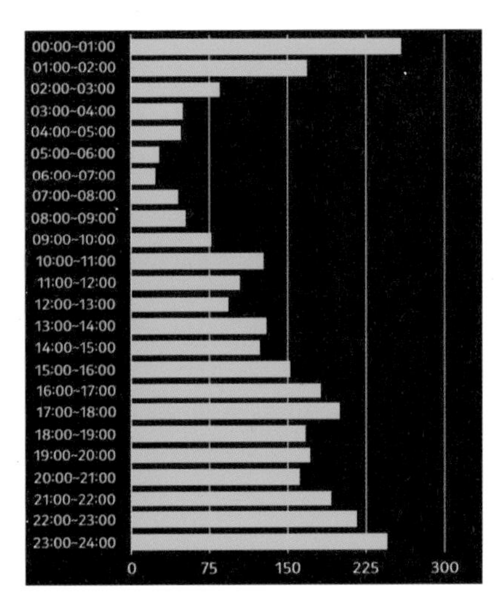

그림 3.17 시간대별 결과 제출 횟수

대회 평가 척도의 일간 평가 최고점 추이를 보면 상위권 점수는 NDCG가 0.2 이상, MAP가 0.9 이상, Entropy가 10점 이상으로 확인됩니다. NDCG와 MAP 같은 랭킹 지표는 비슷한 양상을 보이지만, 다양성을 나타내는 Entropy는 랭킹 지표와 별개로 다른 패턴을 보입니다. 각 대회 평가 척도에 대해서는 다음 절에서 자세히 알아보겠습니다.

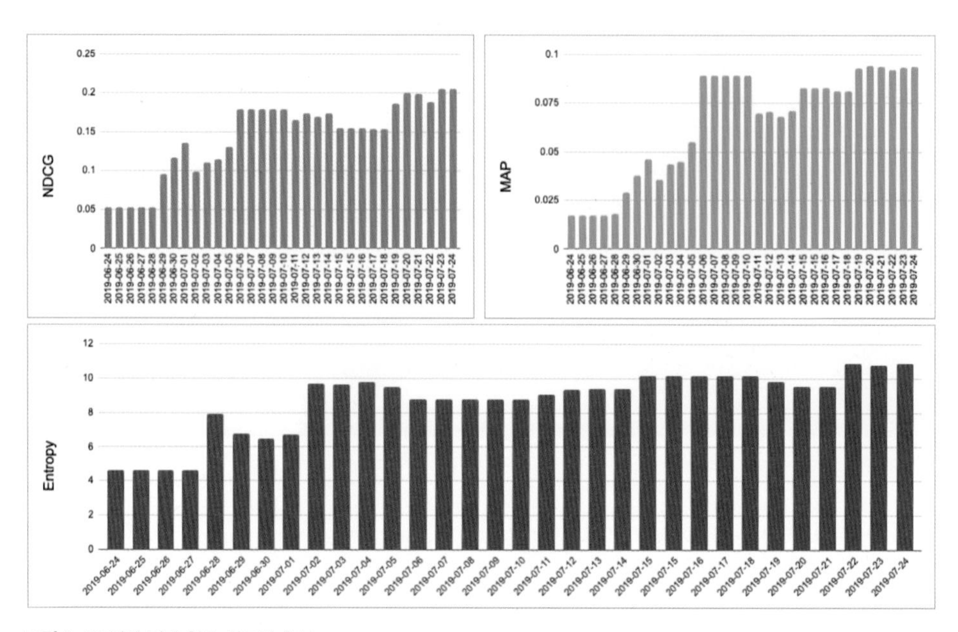

그림 3.18 일간 평가 척도 최고점 추이

3.2 대회 평가 척도

이 대회의 채점 방식은 학습에 제공되지 않은 브런치 사용자 8,000명이 2019년 2월 22일 이후로 볼 글 100개를 추천 결과로 제출하면 브런치 사용자가 실제 읽은 글을 정답 세트로 비교해 채점하는 방식입니다. 여기서 8,000명은 대회 기간 내 공개 리더보드에 결과가 오픈되는 dev.users 3,000명과 대회 종료 후 최종 순위를 평가하기 위한 test.users 5,000명으로 구성됩니다.

제출할 추천 결과는 학습 데이터와 겹치는 기간이 포함되어 있지만 최대 2주간 읽을 글을 예측하는 것이 목적입니다. 특히 최종 순위가 결정되는 test.users 5,000명의 추천 결과는 표

3.3에서 보는 바와 같이 겹치는 기간(1주)보다 미래 읽을 글을 예측하는 기간(2주)이 더 늘어납니다.

표 3.3 결과 제출 사용자의 데이터 구성

데이터 기간	2018.10.1.~ 2019.2.21.	2019.2.22.~ 2019.2.28.	2019.3.1.~ 2019.3.6.	2019.3.7.~ 2019.3.14.
제공 데이터	O	O		
dev.users		O	O	
test.users		O	O	O

결과 파일(`recommend.txt`)은 평가 데이터에 포함된 사용자 순서와 동일하게 한 줄에 한 명씩 추천 결과를 저장해야 하며, 각 추천 결과는 공백으로 구분해야 합니다. 예를 들어 평가 데이터에 고객1, 고객2 두 명의 사용자가 기록되어 있다면, `recommend.txt` 파일에는 다음과 같이 추천 결과를 기록해야 합니다. 첫 번째 칼럼은 사용자의 아이디고 그 후 100개의 글 아이디가 있어야 합니다.

```
고객1 @wo-motivator133 @wo-motivator134 …
고객2 @backcharcruz34 @artsbz23 …
```

결과 제출 시 추천 결과는 반드시 `recommend.txt`로 저장하고, 그 결과를 도출한 소스코드와 함께 zip으로 압축해 제출합니다. `recommend.txt` 파일은 압축을 풀었을 때 디렉터리 없이 상위에 있어야 합니다.

또한 추천 결과에는 다음과 같은 제약사항이 있으므로 사용자가 본 글은 추천 결과에서 제외, 사용자별 중복없이 유일한 글 추천, 사용자별 추천 결과 100개의 규칙을 숙지해 결과를 제출해야 합니다.

> 평가 데이터에는 각 사용자가 이전에 본 글이 포함되어 있지 않습니다.
> 평가 데이터에는 같은 글을 두 번 이상 보는 경우가 없습니다.

이렇게 제출된 결과는 3개의 평가 지표(MAP[9], NDCG[10], Entropy Diversity[11])로 각각의 순위를 평가한 후, 최종 순위는 보다 카운트(Borda Count)[12]로 계산합니다. 이 평가 지표에서 MAP와 NDCG는 추천 시스템에서 추천 정확도를 평가하기 위한 전통적인 랭킹 메트릭이며, Entropy Diversity는 추천의 노출 다양성을 측정하기 위한 평가 지표입니다. 이러한 3가지 지표에 대해 참가자별로 순위를 매기고 해당 순위를 합산하는 방식이기 때문에 특정 지표에서 압도적으로 이기는 것보다는 3개의 모든 지표에 대해 골고루 높은 점수를 받는 것이 유리합니다.

3.3 데이터셋 훑어보기

3.3.1 데이터셋 설명

브런치 사용자를 위한 글 추천 대회에서 제공하는 정보는 2018년 10월 1일부터 2019년 3월 14일까지 브런치 서비스에서 수집된 정보의 일부분입니다. 추천에서 주로 사용되는 2가지 방법론인 콘텐츠 기반 필터링과 협업 필터링을 활용하기 위한 데이터가 제공됩니다. 데이터셋은 콘텐츠 정보, 작가 · 사용자 정보, 행태 정보로 이루어져 있습니다.

데이터셋은 다음 표와 같이 6 종류의 데이터로 구성되며, 전체 용량은 16.85GB입니다. 각 파일은 행 단위로 정보가 기록돼 있으며, 각 행의 문자열은 JSON[13] 형식으로 기록돼 있습니다.

표 3.4 2회 대회 제공 데이터 항목

데이터	파일/디렉터리	열 수(rows)	용량
사용자가 본 글 정보	`./read.tar` ㄴ 시작일_종료일	3,507,097	418.01MB
본 글의 메타데이터	`metadata.json`	643,104	228.68MB

9 MAP(위키백과) : https://en.wikipedia.org/wiki/Evaluation_measures_(information_retrieval)#Mean_average_precision

10 Normalized DCG(위키백과) : https://en.wikipedia.org/wiki/Discounted_cumulative_gain#Normalized_DCG

11 Improving Aggregate Recommendation Diversity Using Ranking-Based Techniques 논문 : http://citeseerx.ist.psu.edu/viewdoc/download?doi=10.1.1.459.8174&rep=rep1&type=pdf

12 Borda Count(위키백과) : https://en.wikipedia.org/wiki/Borda_count

13 JSON(위키백과) : https://ko.wikipedia.org/wiki/JSON

데이터	파일/디렉터리	열 수(rows)	용량
본 글 본문 정보	./contents └ data.0~6	642,190	16.25GB
사용자 정보	users.json	310,758	82.48MB
매거진 정보	magazine.json	27,967	2.61MB
예측할 사용자 정보	./predict.tar └ dev.users └ test.users	3,000 5,000	270.00KB

사용자가 본 글 정보

- read.tar는 2018년 10월 1일부터 2019년 3월 1일까지 일부 브런치 사용자들이 본 글의 정보를 시간 단위로 구분해 총 3,624개(=151일×24시간)의 파일로 나뉘어 있습니다.
- 파일의 이름은 시작일_종료일 형태입니다. 예를 들어 2018110708_2018110709 파일은 2018년 11월 7일 오전 8시부터 2018년 11월 7일 오전 9시 전까지 본 글입니다.
- 파일은 여러 줄로 이뤄져 있으며 하나의 줄은 브런치의 사용자가 파일의 시간 동안 본 글을 시간순으로 기록한 것입니다. 한 줄의 정보는 공백으로 구분되어 있으며 첫 번째가 사용자의 암호화된 식별자고 그 뒤로는 해당 사용자가 본 글의 정보입니다.
- 예를 들어 read/2019022823_2019030100 파일에 기록된 아래 정보는 #8a706ac921a11004bab941d22323efab라는 사용자가 2019년 2월 28일 23시에서 2019년 3월 1일 0시 사이에 @bakchacruz_34, @wo-motivator_133, @wo-motivator_133을 순서대로 봤다는 뜻입니다. @wo-motivator_133 글이 두 번 나타난 것은 이 글을 보기 위해 두 번 방문했다는 뜻입니다.

```
#8a706ac921a11004bab941d22323efab @bakchacruz_34 @wo-motivator_133 @wo-motivator_133
```

- 글을 봤다는 말은 특정 글에 모바일, PC, 앱을 통해 접근했다는 뜻입니다. 머문 시간에 대한 정보가 제공되지 않기 때문에 실제로 글을 읽지 않고 이탈했을 가능성도 있습니다.
- 주어진 데이터 샘플 5개(열)입니다.

```
1 #e208be4ffea19b1ceb5cea2e3c4dc32c @kty0613_91
2 #0a3d493f3b2318be80f391eaa00bfd1c @miamiyoung_31 @banksalad_49 @rlfrjsdn_95 @readme999_140
  @jordan777_1558 @charlieoppa86_33 @supims_189 @jericho27_385 @charlieoppa86_39 @sosoceo_72
  @charlieoppa86_39 @thankyousomuch_74 @realcast_271
3 #b90d3ee7ed0d7d827aae168e159749f1 @joeunha_4 @yoonvi_3
4 #b8b9d09fe2961fd62edc94912bf75a90 @hyejinchoi_122 @hyejinchoi_86 @hyejinchoi_42 @hyejinchoi_13
  @hyejinchoi_21 @hyejinchoi_7 @hyejinchoi_75 @hyejinchoi_88 @hyejinchoi_112
5 #072f742eda9359cdac03ad080193c11d @doyeonsunim_240 @k52524_297 @bule13_33 @kwong7_70
  @oasisoffice_6 @hajunho_334
```

그림 3.19 사용자가 본 글 데이터 샘플

글의 메타데이터

- 643,104줄로 구성된 글의 메타데이터입니다. 이 메타데이터는 2018년 10월 1일부터 2019년 3월 14일까지 사용자들이 본 글에 대한 정보입니다.
- 작가가 비공개로 전환했거나 삭제 등의 이유로 학습 데이터로 제공된 2018년 10월 1일부터 2019년 3월 1일 전까지 본 글의 정보에는 이 메타데이터가 없을 수도 있습니다.
- 개발 데이터와 평가 데이터에 포함된 글의 메타데이터도 포함되어 있습니다. 즉, 평가 대상자들이 2019년 3월 1일부터 2019년 3월 14일 사이에 본 모든 글에 대한 정보가 포함돼 있습니다.
- 필드 설명
  - magazine_id: 이 글의 브런치 매거진 아이디(없다면 0)
  - reg_ts: 이 글이 등록된 시간(유닉스 시간[14], 밀리초)
  - user_id: 작가 아이디
  - article_id: 글 번호
  - id: 글 식별자
  - title: 제목
  - sub_title: 부제목
  - display_url: 웹 주소
  - keyword_list: 작가가 부여한 글의 태그 정보
- 메타데이터의 모든 정보는 작가의 비공개 여부 전환, 글 삭제, 수정 등으로 유효하지 않거나 변동될 수 있습니다.
- 주어진 데이터의 샘플 5개입니다.

14 유닉스 시간(위키백과): https://ko.wikipedia.org/wiki/유닉스_시간

```
1 {'magazine_id': 8982, 'user_id': '@bookdb', 'title': '사진으로 옮기기에도 아까운, 리치필드 국립공원',
  'keyword_list': ['여행', '호주', '국립공원'], 'display_url': 'https://brunch.co.kr/@bookdb/782',
  'sub_title': '세상 어디에도 없는 호주 Top 10', 'reg_ts': 1474944427000, 'article_id': 782, 'id':
  '@bookdb_782'}
2 {'magazine_id': 12081, 'user_id': '@kohwang56', 'title': '[시] 서러운 봄', 'keyword_list':
  ['목련꽃', '아지랑이', '동행'], 'display_url': 'https://brunch.co.kr/@kohwang56/81', 'sub_title': '',
  'reg_ts': 1463092749000, 'article_id': 81, 'id': '@kohwang56_81'}
3 {'magazine_id': 0, 'user_id': '@hannahajink', 'title': '무엇을 위해', 'keyword_list': [],
  'display_url': 'https://brunch.co.kr/@hannahajink/4', 'sub_title': '무엇 때문에', 'reg_ts':
  1447997287000, 'article_id': 4, 'id': '@hannahajink_4'}
4 {'magazine_id': 16315, 'user_id': '@bryceandjuli', 'title': '싫다', 'keyword_list': ['감정',
  '마음', '위로'], 'display_url': 'https://brunch.co.kr/@bryceandjuli/88', 'sub_title': '',
  'reg_ts': 1491055161000, 'article_id': 88, 'id': '@bryceandjuli_88'}
5 {'magazine_id': 29363, 'user_id': '@mijeongpark', 'title': 'Dubliner#7', 'keyword_list':
  ['유럽여행', '더블린', '아일랜드'], 'display_url': 'https://brunch.co.kr/@mijeongpark/34',
  'sub_title': '#7. 내 친구의 집은 어디인가', 'reg_ts': 1523292942000, 'article_id': 34, 'id':
  '@mijeongpark_34'}
```


그림 3.20 글 메타 데이터 샘플

글 본문 정보

- 저작권을 보호하고자 본문에서 형태소 분석을 통해 추출된 정보를 암호화해 제공합니다. 총 7개의 파일로 나뉘어 있습니다.
- 형태소 분석기는 카카오에서 공개한 khaiii[15]의 기본 옵션을 사용했습니다. 형태소 분석 결과의 어휘 정보는 임의의 숫자로 1:1 변환됐습니다. 동일 어휘의 경우, 품사와 관계없이 같은 숫자로 변환됩니다.
- 형태소 분석에 대한 설명과 품사의 의미에 대해서는 별도 제공하지 않습니다.
- 형태소 추출 전에 텍스트를 제외한 HTML과 같은 내용과 관계없는 정보는 제거했으나, 일부 정보가 남았을 수 있습니다.
- 필드 설명
  - id: 글 식별자
  - morphs: 형태소 분석 결과
    - 리스트의 리스트로 구성되며, 리스트의 첫 번째 요소는 첫 어절의 분석 결과입니다.
    - 어휘와 품사는 / 구분자로 구분됩니다.
    - 예를 들어 "안녕하세요 브런치입니다"라는 문장은 khaiii 형태소분석기에서 "안녕/NNG + 하/XSA + 시/EP + 어요/EF", "브런치/NNP + 이/VCP + ㅂ니다/EC"로 분석되는데, 이 결과는 morphs에서 다음처럼 나타날 수 있습니다. [["8/NNG", "13/XSA", "81/EP", "888/EF"], ["0/NNP", "12913/VCP", "29/EC"]]

15 Kakao Hangul Analyzer III 깃허브: https://github.com/kakao/khaiii

    - 여러 줄에 걸친 결과는 개행 구분 없이 리스트에 연속적으로 등장합니다. 예를 들어 "안녕하세요 브런치입니다\n안녕하세요"의 결과는 다음과 같습니다. [["8/NNG", "13/XSA", "81/EP", "888/EF"], ["0/NNP", "12913/VCP", "29/EC"], ["8/NNG", "13/XSA", "81/EP", "888/EF"]]
  - chars: 형태소 분석 결과
    - 형태소 분석 결과에서 어휘 부분을 문자 단위로 암호화한 결과입니다.
    - 한 어휘의 문자는 + 구분자로 결합합니다. 예를 들어 위 예의 "브런치입니다"는 chars 필드에서 다음처럼 나타날 수 있습니다. "0+1+2/NNP", "4/VCP", "9+29+33/EC"
- `metadata.json`과 마찬가지로 개발 데이터와 평가 데이터의 글 본문도 포함되어 있습니다.
- `contents` 정보는 본문이 없는 글의 경우 제공되지 않을 수 있습니다.

사용자 정보

- 가입한 사용자(작가 혹은 사용자)의 정보입니다.
- 필드 설명
  - keyword_list: 최근 며칠간 작가 글로 유입된 검색 키워드
  - following_list: 구독 중인 작가 리스트
  - id: 사용자 식별자
- 총 310,758명의 정보가 있습니다. 탈퇴 등의 이유로 사용자 정보가 없을 수 있습니다.
- 주어진 데이터의 샘플 5개입니다.


```
1 {"keyword_list":[],"following_list":["@perytail","@brunch"],"id":"#901985d8bc4c481805c4a4f911814c4a"}
2 {"keyword_list":[],"following_list":["@commerceguy","@sunsutu","@kakao-it","@joohoonjake","@brunch"],"id":"#1d94baaea71a831e1f33e1c6bd126ed5"}
3 {"keyword_list":[],"following_list":["@dwcha7342","@iammento","@kakao-it","@dkam","@anti-essay","@kecologist","@wlsalsdnek","@hmin0606","@genkino","@alexkang","@mjkim07","@linecard","@needleworm","@delight412","@choihs0228","@lovewant","@sunsutu","@joohoonjake","@brunch"],"id":"#65bcaff862aadff877e461f54187ab62"}
4 {"keyword_list":[],"following_list":["@jumi710","@hana8277","@katarun","@brunch3woz","@noowhy","@jolzzo","@reading15m","@aemae-human","@hum0502","@forchoon","@thumbs-up","@taekangk","@bpmb","@yurigin","@limkyung5","@woody571","@moonlover","@damjjj","@shoostory","@thinkaboutlove","@aboutcinema","@daro","@kkw119","@jongustory","@mobiinside","@masism","@enerdoheezer","@elyse","@roysday","@honeytip","@stillalive31","@ideachannel","@kam","@daisyday0305","@basenell","@songoflucia","@geniejini","@markinfo","@21jess","@cy01007","@youkhun","@yumileewyky","@hukho","@syshine7","@piux","@perfumegraphy","@homoartcus","@brunch"],"id":"#1a2b23b6332137193be79d297409befb"}
5 {"keyword_list":[],"following_list":["@rmk011","@unitasbrand","@libraryman","@thewatermelon","@bookjournalism","@noglenim","@jonnaalive","@cmk5604","@foodeditor","@roysday","@yamju","@brunchjqcb","@sunynewpaltz","@mypower95","@onthepaper","@futurewave","@cosmos-j","@thinkaboutlove","@winniethedana","@insung58","@yoonash","@windydog","@anotherdoor","@comento","@chiehwan","@moondol","@lovebrander","@boosw1999","@dreamingpd","@jumi710","@mistyfriday","@yumileewyky","@shindong","@72sec","@brunch"],"id":"#13b3009a8698e9d5e892534d9dcdac62"}
```


그림 3.21 사용자 정보 데이터 샘플

매거진 정보

- 총 27,967개의 브런치 매거진 정보입니다. 글 메타데이터의 `magazine_id`의 매거진 정보입니다.

- 필드 설명
  - id: 매거진 식별자
  - magazine_tag_list: 작가가 부여한 매거진의 태그 정보
- 주어진 데이터 샘플 5개입니다.

```
1 {'magazine_tag_list': ['브런치북', '육아일기', '대화법', '들려주고픈이야기'], 'id': '38842'}
2 {'magazine_tag_list': ['tea', 'food'], 'id': '11540'}
3 {'magazine_tag_list': ['food'], 'id': '11541'}
4 {'magazine_tag_list': ['브런치북', '일상', '시', '사람'], 'id': '11546'}
5 {'magazine_tag_list': ['감성에세이', '노래', '음악에세이'], 'id': '11544'}
```

그림 3.22 매거진 정보 데이터 샘플

예측할 사용자 정보

- dev.users: 개발 데이터입니다. 대회 기간에 예측한 성능을 평가하기 위해 제공한 사용자 3,000명의 리스트입니다.
- test.users: 평가 데이터입니다. 대회 종료 후 최종 순위를 결정하기 위해 제공한 사용자 5,000명의 리스트입니다.
- 일부 사용자는 2018년 10월 1일부터 2019년 3월 1일까지 본 글이 없을 수도 있습니다.
- 사용자 리스트 하나의 행에 한 명의 사용자가 기록됐습니다.
- 주어진 데이터 샘플 5개입니다.

```
1 #d6866a498157771069fdf15361cb012b
2 #f963fb8c5d9d14d503fc4e80bd8617b4
3 #87a6479c91e4276374378f1d28eb307c
4 #677e984e245b344f61dc5d3cc1f352c8
5 #519f45eb14e4807e8714fb7e835463eb
```

그림 3.23 예측할 사용자 데이터 샘플

3.3.2 대회 데이터 탐색

브런치에 등록된 글 현황

글의 메타데이터(metadata.json)에는 19,065명의 브런치 작가가 작성한 643,104개 글 데이터가 있습니다.

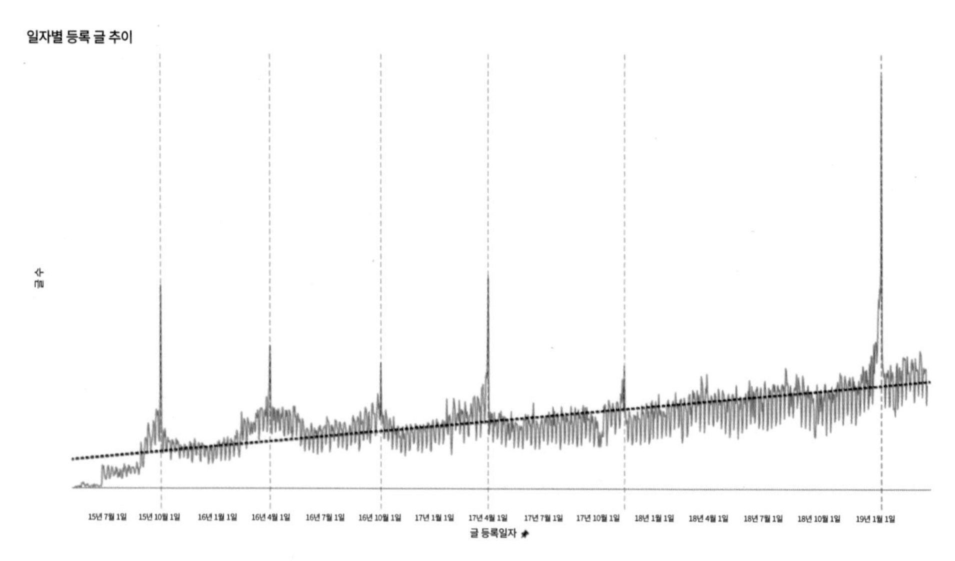

그림 3.24 월별 브런치에 등록된 글의 개수 추이

위 그래프는 일자별로 등록된 글의 개수를 시각화한 그래프로, 브런치에 등록되는 글이 점차 증가하는 추세입니다. 특히 등록되는 글이 눈에 띄게 증가하는 포인트가 몇 군데 보이는데, 해당 일자는 '브런치북 프로젝트(https://brunch.co.kr/brunchbookproject/)' 기간의 참여 종료 일자입니다. 이렇게 데이터가 증가되는 트렌드를 통해 브런치 북프로젝트 1~5회까지는 6개월의 주기성을 가지는 것을 알 수 있습니다.

브런치 글의 소비 데이터 현황

브런치에서 소비가 가장 많은 글은 "브런치 작가가 함께 빨강머리 앤을 그리고 쓰다", 그리고 "브런치 무비 패스, 영화의 진한 여운을 나누세요"입니다. 사실 두 글은 브런치 작가님들에게 이벤트를 알리는 공지성 글로써, 다른 일반 글 대비 소비수가 높아 특이값을 가지기 때문에 산점도(Scatter plot)[16]에서는 제외했습니다.

16 산점도: 직교 좌표계를 이용해 두 변수의 관계를 나타내는 방법(출처: https://ko.wikipedia.org/wiki/산점도)

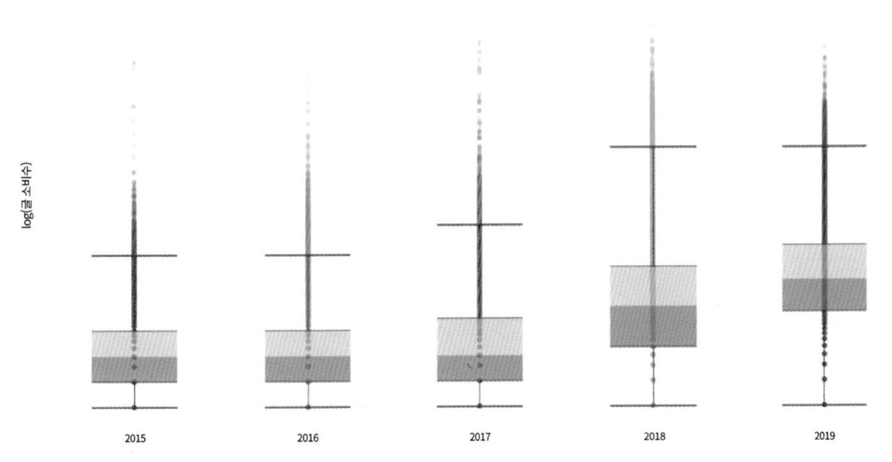

그림 3.25 브런치 글의 연도별 박스 플롯 현황

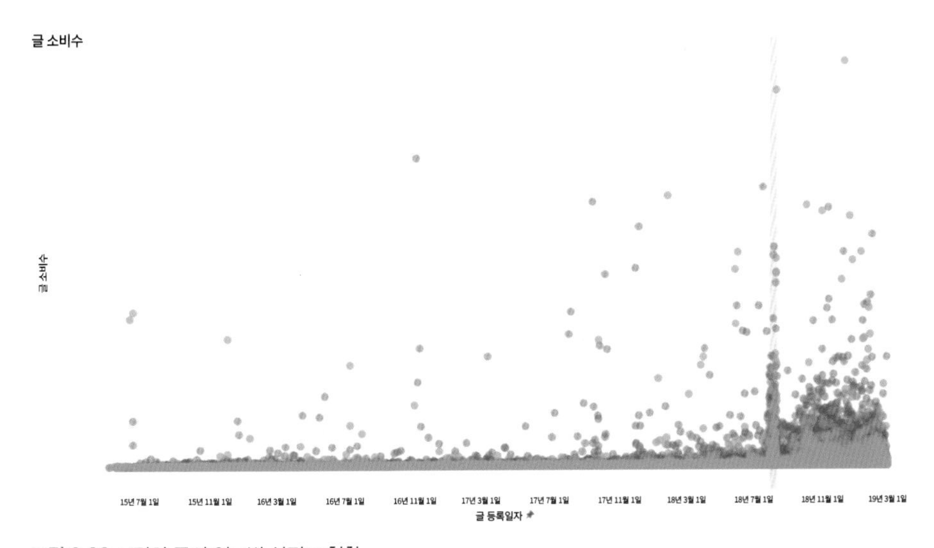

그림 3.26 브런치 글의 연도별 산점도 현황

연도별 박스 플롯(Box Plot)[17]과 산점도를 통해 최근에 등록된 글의 소비 수가 대체로 높은 것을 확인할 수 있습니다. 박스 플롯에서 2019년에 등록된 글들은 소비 기간이 최대 2개월이

17 박스 플롯(위키백과): https://en.wikipedia.org/wiki/Box_plot

지만, 다른 연도보다 전체적으로 높은 것을 확인할 수 있습니다. 이 결과에는 여러 가지 요인이 작용했을 것으로 예상되는데, 브런치 글 소비에 있어 '최신성'이 중요한 요소 중 하나로 보입니다.

산점도에서는 추가로 다음과 같은 내용도 유추할 수 있습니다.

- 개별 글보다는 매거진 글에서 소비 수가 높다(파란색 점이 매거진 글, 초록색 점이 개별 글).
- 소비 수가 높은 글 중에는 전문적인 주제에 대한 글보다는 운동, 다이어트, 패션, 연애, 인간관계와 같이 누구나 관심 있을 만한 주제 글이 많다.
- 18년 7월 30일부터 8월 12일까지 약 2주간 등록된 글의 소비가 높다.

브런치 글의 등록일 이후 경과일에 따른 소비 현황

개별 글 관점에서는 등록일 이후 경과일에 따라서 소비가 어떻게 변화할까요? 앞에서 본 것처럼 최신성이 브런치 글 소비에 중요한 요소라면 글 등록 직후 소비가 최고점을 찍고 점차 감소하는 형태의 그래프를 예상할 수 있습니다. (다음 그래프에서는 카카오 공식 계정인 브런치 팀에서 작성한 글을 모두 제외했습니다.)

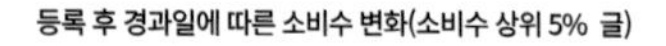

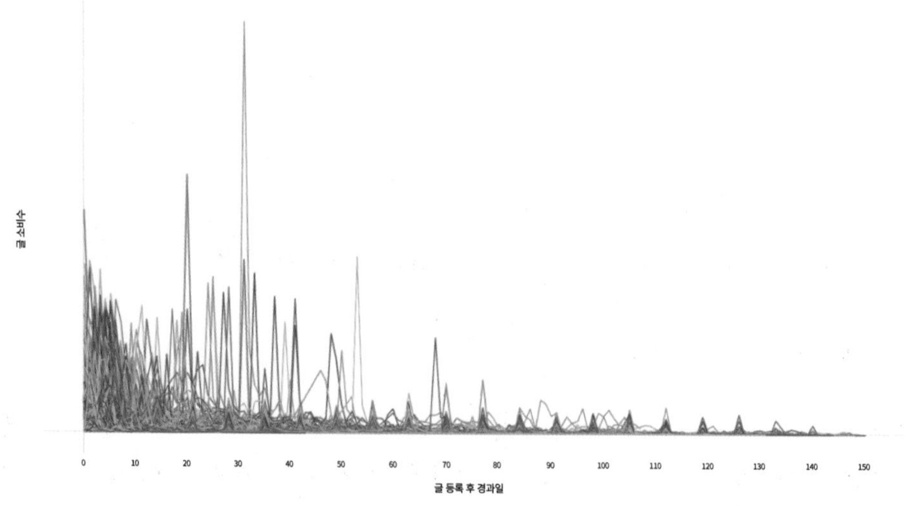

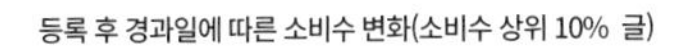
등록 후 경과일에 따른 소비수 변화(소비수 상위 10% 글)

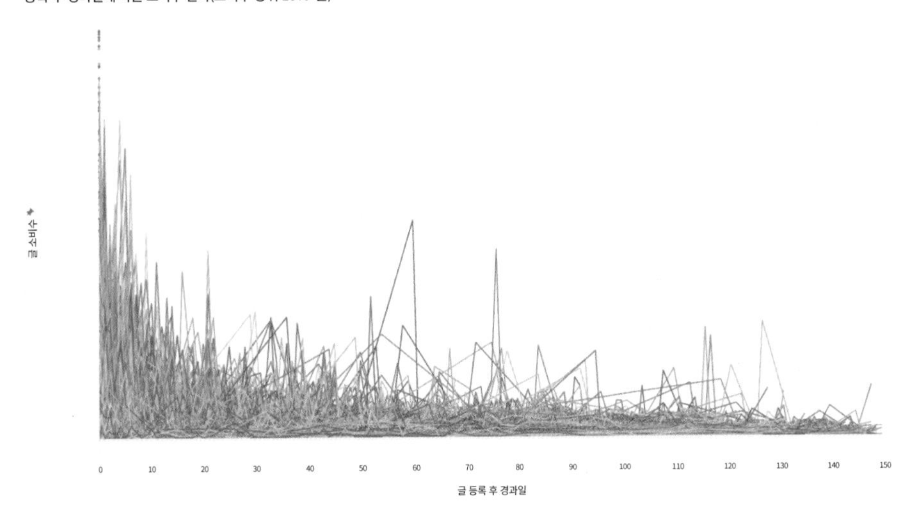

등록 후 경과일에 따른 소비수 변화(소비수 상위 25% 글)

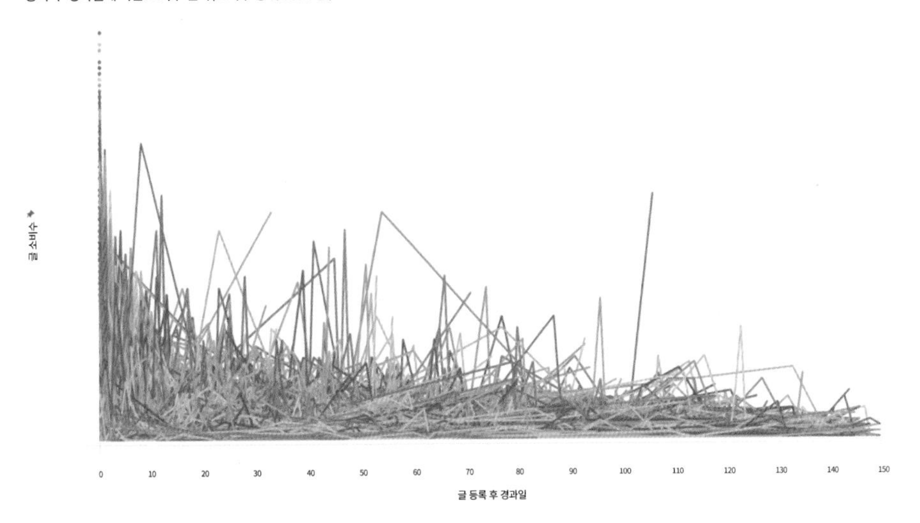

그림 3.27 브런치 글 등록 후 경과일에 따른 소비 수 변화

글 소비 수 기준으로 5% 이내, 10% 이내, 25% 이내 그룹으로 구분해 그래프를 추출해 봤습니다. 그래프에서 하나의 라인은 한 글의 추이를 보여줍니다. 라인이 많아 복잡해 보이기는 하지만, 대략적인 추이를 살펴보면 등록일 이후 일정 시간이 지나면 감소하는 경향을 확인할 수 있습니다. 당일만 소비 수가 높은 글들은 Y축을 따라 점으로 나타나는데, 이 결과를 보더라도 앞에서 예측한 '최신성'의 중요성 가설과 일치하는 것 같습니다.

그런데 유독 상위 5% 글에서 등록일 이후 일정 기간 경과한 후에 소비가 굉장히 높아지는 글이 빈번하게 보입니다. 브런치 작가들은 어느 정도 예상할 수 있을 텐데, 브런치 글은 브런치 플랫폼뿐만 아니라 다른 유통 채널을 통해서도 소비됩니다. 다른 유통 채널에 브런치 글이 소개되면서 흥행에 성공한 글의 소비가 급증한 경우라고 생각할 수 있습니다.

다음 그래프는 2018년 10월 1일 이후 등록된 글을 대상으로 경과일에 따른 평균 소비 수를 나타낸 그래프입니다. 평균 데이터를 보니 글의 최신성의 중요성을 좀 더 명확하게 알 수 있습니다. 공개 당일 소비 수가 1일 경과 후 소비 수보다 2배 정도 높습니다. 평균 글 소비 수로 보면 경과일 7일 이내로 소비하는 비중이 약 58%입니다.

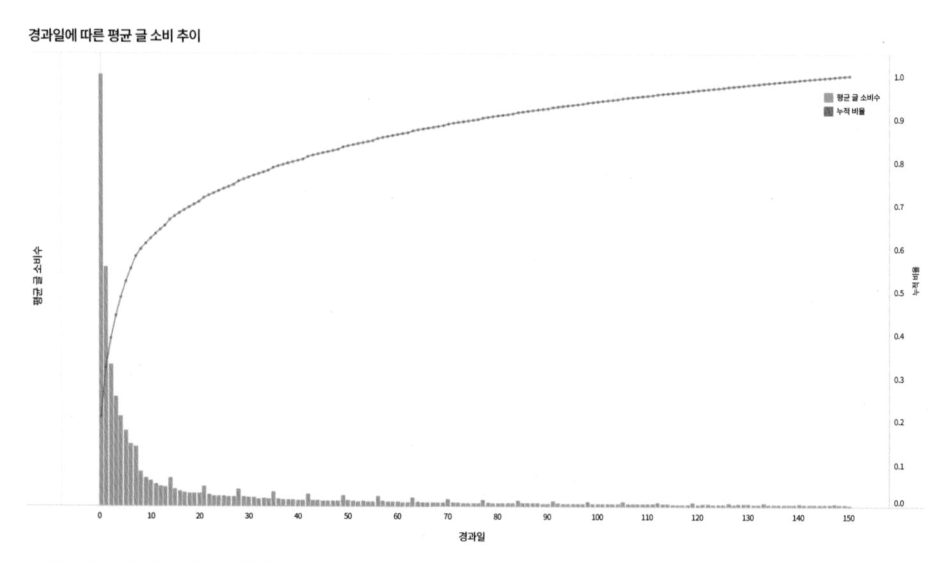

그림 3.28 등록된 글의 경과일에 따른 평균 소비 수

위클리 매거진의 주기성

앞의 그래프(등록된 글의 경과일에 따른 평균 소비 수)를 유심히 살펴보면 Weekly 주기성을 갖는 패턴을 발견할 수 있습니다. 브런치 메뉴 '위클리 매거진'에서 요일마다 등록되는 글들이 이러한 주기성을 갖고 있는데, 2개의 위클리 매거진의 글 소비 추이를 보겠습니다.

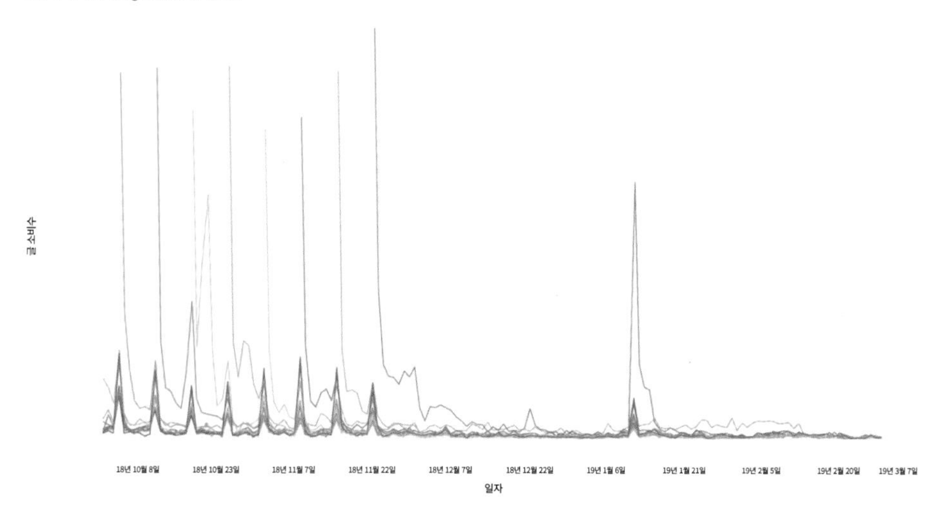

위클리 매거진 - MagazineID(40511)

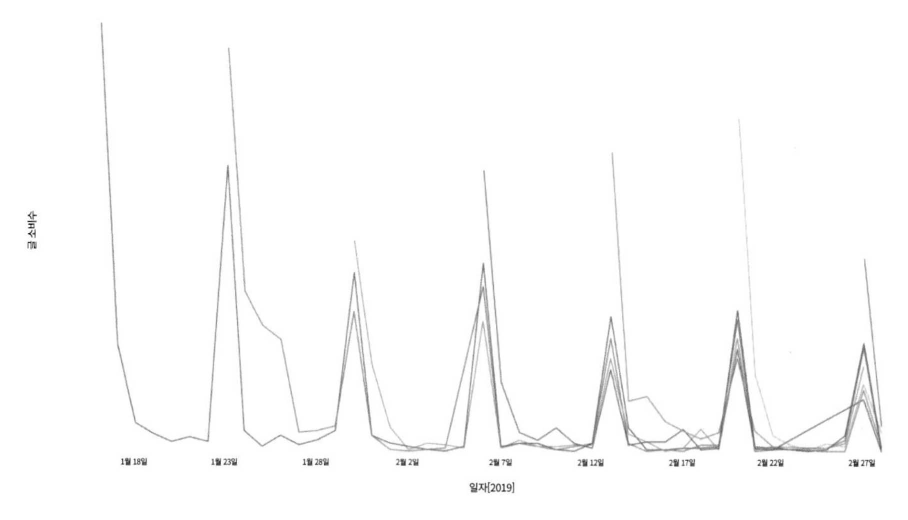

그림 3.29 위클리 매거진의 주기성 현황

이 그래프에서도 볼 수 있듯이, 발행일에 글 소비가 가장 높게 나타나고, 덩달아 이전 글들의 소비도 함께 증가합니다. 신규 글 발행일에 이전 글을 소비 수대로 나열해보면 1화부터 순차적으로 정렬됩니다. 신규로 발행된 글을 읽은 사용자가 만약 이전 글들을 읽지 않았다면 되돌아가 1화부터 순차적으로 글을 읽었을 것으로 생각할 수 있습니다.

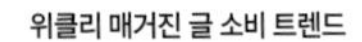

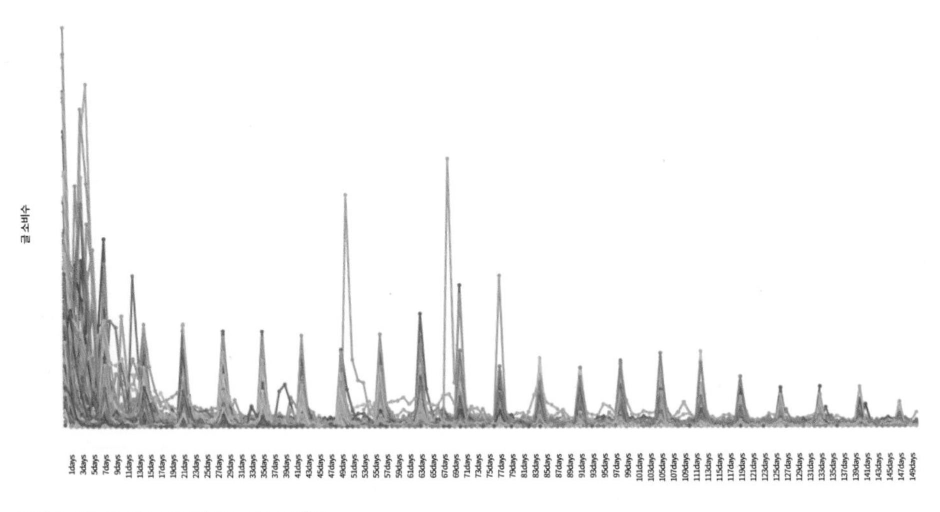

그림 3.30 위클리 매거진 글 소비 트렌드

이 그래프는 위클리 매거진 전체 글의 소비 트렌드입니다. 초기 글 등록 후 1~2주 차에는 주기성을 확인하기 어렵지만, 3주 차부터는 Weekly 주기성이 뚜렷해짐을 확인할 수 있습니다.

사용자 구독 데이터 현황

마지막으로 users.json 독자 데이터를 살펴보겠습니다. 독자가 구독하는 작가 정보와 최근 소비까지 이어진 검색어 정보를 확인할 수 있는데, 구독하고 있는 작가가 있는 독자는 전체 독자 중 98% 수준입니다. 대부분의 사용자가 구독 중인 작가가 있고, 평균 9명의 작가를 구독하고 있습니다.

그렇다면 가장 많은 사용자가 구독하는 작가는 누구일까요?

구독자수가 높은 작가 Top 10

Rank	작가 ID	구독자수	매거진수	글수	글 키워드 Top 5
1	@brunch	292,413	4	142	[('브런치', 68), ('작가', 51), ('인터뷰', 38), ('브런치북', 18), ('토크콘서트', 12)]
2	@dryjshin	9,011	0	241	[('독서', 44), ('자기계발', 37), ('성공', 35), ('공부', 32), ('인생', 17)]
3	@tenbody	8,615	0	1,759	[('다이어트', 1008), ('운동', 886), ('건강', 357), ('스트레칭', 204), ('근육', 118)]
4	@roysday	8,500	6	146	[('디자인', 38), ('브랜딩', 37), ('여행', 25), ('마케팅', 23), ('디자이너', 22)]
5	@yumileewyky	6,116	7	283	[('소설', 52), ('카피라이터', 45), ('공감에세이', 39), ('글쓰기', 32), ('육아', 28)]
6	@varo	5,688	6	675	[('연애', 25), ('브런치북', 15), ('남자', 13), ('남자친구', 13), ('사랑', 9)]
7	@yoonash	5,653	6	85	[('여행', 14), ('마케팅', 13), ('스타트업', 10), ('생각', 10), ('인생', 8)]
8	@imagineer	5,483	12	269	[('개발자', 47), ('외국어', 25), ('여행', 23), ('프로그래밍', 21), ('결혼', 20)]
9	@lunarshore	5,414	7	238	[('경영', 107), ('기획', 38), ('전략', 38), ('회사', 31), ('직장인', 26)]
10	@ebprux	5,374	3	320	[('UX', 250), ('UI', 241), ('디자인', 111), ('design', 81), ('강의', 26)]

그림 3.33 구독 수가 높은 작가 Top 10

브런치 팀은 대부분의 사용자들이 구독 중인 작가입니다. 텐바디(@tenbody) 작가는 글 수가 높은 다작 작가입니다. 구독 수가 높은 작가님들이 어떤 종류의 글을 게재하고 있는지는 각 글의 키워드 총합이 가장 높은 5개 키워드로 유추해 볼 수 있습니다.

전체 소비 데이터 중 구독 중인 작가가 있는 사용자가 소비한 데이터는 93%이고, 그 중 구독 중인 작가의 글을 소비한 데이터는 35%입니다. 사용자가 읽은 글의 1/3 정도는 구독 중인 작가의 글이라고 볼 수 있습니다.

데이터 탐색 요약

지금까지 간단한 데이터 탐색 및 시각화 작업을 통해서 브런치 글 소비 데이터의 특징을 확인했습니다. 앞에서 분석한 데이터에 의하면 다음과 같이 요약할 수 있습니다.

1. 글의 '최신성'이 중요하다.
2. 유통 플랫폼을 통한 흥행으로 소비가 급증할 수 있다.
3. 위클리 매거진은 소비의 주기성이 있다.
4. 전체 소비 중 구독 중인 작가의 글 소비가 1/3 정도 차지한다.

아직 살펴보지 못한 데이터가 많으니 탐색적 데이터 분석을 통해 모델에 활용할 수 있는 다른 특징도 찾아보기 바랍니다.

3.4 베이스라인 추천 모델 실행

아레나 2회 대회는 인기 글을 추천하는 베이스라인 추천 모델과 이를 평가할 수 있는 채점 소스를 깃허브[18]에 공개하고 있습니다. 공개된 소스를 통해 결과 제출 형식과 채점 방식에 대해 정확히 이해하고 대회에 참여하기 바랍니다. 제공된 베이스라인 추천 모델의 채점 결과는 다음과 같습니다.

멤버	스코어	MAP	NDCG	Entropy
BASELINE	**218**	0.017014 (51)	0.052218 (51)	4.605170 (73)

그림 3.34 베이스라인 추천 모델 제출 결과

3.4.1 실행 코드 가져오기

대회의 깃허브 저장소에서 소스를 내려받습니다. 실행하는 PC에 git이 설치돼 있지 않다면 웹 브라우저에서 직접 내려받으면 됩니다.

코드 3.1 _ 대회 베이스라인 모델 소스 내려받기

```
$ git clone https://github.com/kakao-arena/brunch-article-recommendation
$ cd brunch-article-recommendation
```

대회 데이터셋은 소스를 내려받은 경로에 다음과 같이 저장합니다. ./res 폴더 외 다른 경로로 데이터셋을 저장한다면 config.py의 data_root에서 저장된 데이터셋의 경로로 수정하면 됩니다.

코드 3.2 _ 대회 데이터셋 저장 위치

```
$ tree -d
```

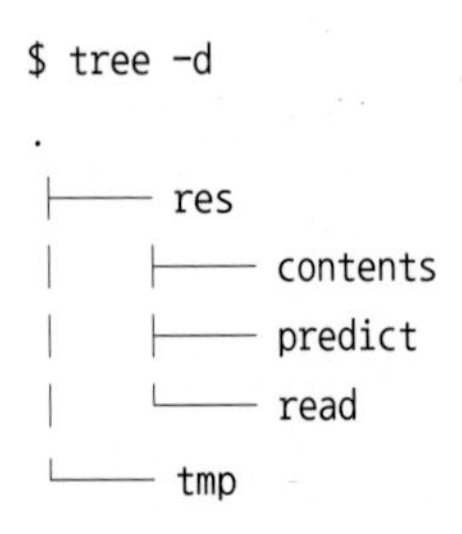

18 2회 대회 베이스라인 깃허브: https://github.com/kakao-arena/brunch-article-recommendation

3.4.2 필요 패키지 설치하기

베이스라인 소스 실행을 위해 requirements.txt에 명시된 패키지가 설치되어 있어야 합니다. 다음의 명령어로 소스 실행에 필요한 파이썬 패키지를 설치합니다.

코드 3.3 _ 필요 패키지 설치하기

```
$ pip install -r requirements.txt
```

3.4.3 학습 데이터와 평가 데이터 나누기

대회 데이터셋의 분리 규칙과 동일하게 사용자가 본 글 정보(read) 데이터를 2018.10.1.부터 2019.2.22.까지 학습 데이터(train)로 사용하고, 2019.2.22. 이후 2주간의 데이터는 평가 데이터(dev)로 사용합니다. 메모리 부족 에러가 발생할 경우 database.py 실행 시 --num-chunks 값을 10보다 더 큰 값으로 지정해 실행하면 됩니다.

코드 3.4 _ 데이터셋 나누기 실행

```
$ python ./database.py groupby 2018100100 2019022200 ./tmp/ ./tmp/train
$ python ./database.py groupby 2019022200 2019030100 ./tmp/ ./tmp/dev
```

시간 단위로 나누어진 사용자가 본 글 정보 데이터는 사용자를 기준으로 그루핑되어 학습 데이터 파일은 ./tmp/train, 평가 데이터 파일은 ./tmp/dev라는 이름으로 생성됩니다.

코드 3.5 _ 나누어진 데이터 파일의 샘플

```
$ head -n 2 ./tmp/train
#568a455416740cfb083df065f074fb5f @dryjshin_240 @matteroftaste_83
#7ba0f12375f9c46f1728190ce0ade22a @jong2band_276 @taekangk_44 @dahyun0421_2
@tnrud572_65 @tnrud572_68 @sunnysohn_60 @sunnysohn_26 @syshine7_57 @13july_92
@msra81_252 @chofang1_15

$ head -n 2 ./tmp/dev
#503dfc176a3b7c7ac563c00bc4d43a99 @singjiwon_11 @singjiwon_10 @singjiwon_6
#c16cc0a06e1d60a1e359194be026dd5d @orogio_12 @youthvoice_8 @kimjinhyuk_555
```

```
@kimjinhyuk_556 @kimjinhyuk_554 @kimjinhyuk_556 @bravesound_186 @forhappywomen_77
@dldnfla0700_15
```

개발 과정에서 평가할 사용자 ID만으로 구성된 사용자 리스트를 추출합니다.

코드 3.6 _ 예측 대상 리스트 생성하기

```
$ python database.py sample_users ./tmp/dev ./tmp/dev.users --num-users=100
```

지금까지 베이스라인 모델을 실행하기 위한 데이터셋을 생성했습니다.

- /tmp/train: 베이스라인 모델을 학습하기 위한 학습 데이터
- /tmp/dev: 베이스라인 모델을 채점하기 위한 평가 데이터(정답 데이터)
- /tmp/dev.user: 베이스라인 모델의 예측 대상이 되는 사용자 리스트 100명

3.4.4 베이스라인 추천 모델로 결과 생성하기

모델 및 추천 결과를 생성하는 mostpopular.py는 특정 기간 동안 가장 많이 본 글을 모두에게 추천하는 간단한 로직입니다. 평가 데이터에서 추출한 100명의 사용자에게 2019년 2월 15일부터 2019년 2월 22일 전까지 가장 인기가 좋았던 글을 추천하는 결과는 다음과 같이 생성할 수 있습니다.

코드 3.7 _ 베이스라인 모델 추천 결과 생성하기

```
$ python mostpopular.py --from-dtm 2019020100 --to-dtm 2019022200 recommend ./tmp/
dev.users ./tmp/dev.users.recommend
```

베이스라인 모델을 통해 dev.users의 모든 사용자에게 다음과 같이 dev.users.recommend에 동일한 추천 결과가 생성됨을 볼 수 있습니다.

$> cat dev.users

```
#6f93d7f3788b07a956eb91408d7b68de
#9a1e790397e4c598aad56bc3e1dfb376
#34dc35b1f8f992f79fddb23b0d588a1b
#d4b750db85f652000f20aa1ee16ad603
#d90293669a37141e3101b4ee97f417aa
#5f180831181f9cbec1f5730cb013a58f
#0c5d322b756c53ccc714cb1e0b65f631
#859852b8e5e59e382067ea6a1894d46a
#6c3b54874d8770a009a48d1ffac690b8
#fb2d5d177690ccc1e00b06b2b83e68b5
#57d03859a004f85895b852b77137bc4b
#94dbe1ee03e084eca48972e0af5b2c56
#c19ac0d4873ac96e97c1d26979db11cd
#3bec4da78e7dcd4dc6fa48aec2408675
#d7a2382e21b28187e81ca00b30815509
#e5e0d8b6ed217e009541b52d41471983
#76ddc76b38b3a6efa48a63fadf05b62b
#166aab815efb5d2deb894dd26ab852a9
#10d59f3b6ac992338d78f0e1327a9f51
#baca2c3a650ead920b0772d089731bee
#cc590aecc537b4c7b42cea584a498663
#02008f3ad9c03c2a878fd62b66f17727
#c36e213416ba1e0fe65cb7fbff15a7c3
#4483d827b26c09d9e2b03a620a59b0b4
#3a6e92fac2926e0d42477b9bb40ef9c6
#b4c8b0c59bb4890298b41e8927beb22d
#15386a78b48327ea7afdaccd08031b22
#2028008223c8f47d0df75dcc129b50bb
#6bb5c15871641f3072fb7e565c7f85fb
#73f86ab36554f88c613067511a002836
```

추천 결과

$> cat dev.users.recommend

```
#6f93d7f3788b07a956eb91408d7b68de @brunch_151 @sweetannie_145 @chofang1_15 @seochog
#9a1e790397e4c598aad56bc3e1dfb376 @brunch_151 @sweetannie_145 @chofang1_15 @seochog
#34dc35b1f8f992f79fddb23b0d588a1b @brunch_151 @sweetannie_145 @chofang1_15 @seochog
#d4b750db85f652000f20aa1ee16ad603 @brunch_151 @sweetannie_145 @chofang1_15 @seochog
#d90293669a37141e3101b4ee97f417aa @brunch_151 @sweetannie_145 @chofang1_15 @seochog
#5f180831181f9cbec1f5730cb013a58f @brunch_151 @sweetannie_145 @chofang1_15 @seochog
#0c5d322b756c53ccc714cb1e0b65f631 @brunch_151 @sweetannie_145 @chofang1_15 @seochog
#859852b8e5e59e382067ea6a1894d46a @brunch_151 @sweetannie_145 @chofang1_15 @seochog
#6c3b54874d8770a009a48d1ffac690b8 @brunch_151 @sweetannie_145 @chofang1_15 @seochog
#fb2d5d177690ccc1e00b06b2b83e68b5 @brunch_151 @sweetannie_145 @chofang1_15 @seochog
#57d03859a004f85895b852b77137bc4b @brunch_151 @sweetannie_145 @chofang1_15 @seochog
#94dbe1ee03e084eca48972e0af5b2c56 @brunch_151 @sweetannie_145 @chofang1_15 @seochog
#c19ac0d4873ac96e97c1d26979db11cd @brunch_151 @sweetannie_145 @chofang1_15 @seochog
#3bec4da78e7dcd4dc6fa48aec2408675 @brunch_151 @sweetannie_145 @chofang1_15 @seochog
#d7a2382e21b28187e81ca00b30815509 @brunch_151 @sweetannie_145 @chofang1_15 @seochog
#e5e0d8b6ed217e009541b52d41471983 @brunch_151 @sweetannie_145 @chofang1_15 @seochog
#76ddc76b38b3a6efa48a63fadf05b62b @brunch_151 @sweetannie_145 @chofang1_15 @seochog
#166aab815efb5d2deb894dd26ab852a9 @brunch_151 @sweetannie_145 @chofang1_15 @seochog
#10d59f3b6ac992338d78f0e1327a9f51 @brunch_151 @sweetannie_145 @chofang1_15 @seochog
#baca2c3a650ead920b0772d089731bee @brunch_151 @sweetannie_145 @chofang1_15 @seochog
#cc590aecc537b4c7b42cea584a498663 @brunch_151 @sweetannie_145 @chofang1_15 @seochog
#02008f3ad9c03c2a878fd62b66f17727 @brunch_151 @sweetannie_145 @chofang1_15 @seochog
#c36e213416ba1e0fe65cb7fbff15a7c3 @brunch_151 @sweetannie_145 @chofang1_15 @seochog
#4483d827b26c09d9e2b03a620a59b0b4 @brunch_151 @sweetannie_145 @chofang1_15 @seochog
#3a6e92fac2926e0d42477b9bb40ef9c6 @brunch_151 @sweetannie_145 @chofang1_15 @seochog
#b4c8b0c59bb4890298b41e8927beb22d @brunch_151 @sweetannie_145 @chofang1_15 @seochog
#15386a78b48327ea7afdaccd08031b22 @brunch_151 @sweetannie_145 @chofang1_15 @seochog
#2028008223c8f47d0df75dcc129b50bb @brunch_151 @sweetannie_145 @chofang1_15 @seochog
#6bb5c15871641f3072fb7e565c7f85fb @brunch_151 @sweetannie_145 @chofang1_15 @seochog
#73f86ab36554f88c613067511a002836 @brunch_151 @sweetannie_145 @chofang1_15 @seochog
```

그림 3.35 베이스라인 모델로 생성된 추천 결과

3.4.5 추천 결과 채점하기

추천 모델로 생성된 추천 결과를 채점하는 소스는 evaluate.py입니다. evaluate.py는 추천 결과 파일(dev.users.recommend)과 정답 파일(dev)의 사용자별 100개의 추천 결과를 비교해 대회 채점 규칙인 MAP, NDCG, Entropy Diversity를 평가한 결과를 출력합니다. 채점을 실행하는 명령어는 다음과 같습니다.

코드 3.8 _ 추천 결과 채점하기

```
$ python evaluate.py run ./tmp/dev.users.recommend ./tmp/dev --topn=100
```

인기 글을 추천하는 베이스라인 추천 모델의 채점 결과는 다음과 같습니다. 채점할 사용자는 무작위로 선택된 100명입니다. 그래서 채점 결과는 다를 수 있습니다.

코드 3.9 _ 베이스라인 모델 추천 결과의 채점 결과

```
MAP@100: 0.105658744643
NDCG@100: 0.136010204605
EntDiv@100: 4.60517018599
```

3.4.6 dev.users 사용자 결과 생성하기

아레나 2회 대회 제출을 위한 추천 결과를 생성하겠습니다. 생성 방법은 '베이스라인 추천 모델로 결과 생성하기'의 내용과 동일하며, 대회에서 제공하는 ./predict/dev.users 파일을 기준으로 추천 결과를 생성하면 됩니다. 추천 결과를 생성하는 명령어는 다음과 같습니다. 생성된 recommend.txt 파일에는 dev.users 3000명 사용자에 대한 추천 결과가 있음을 확인할 수 있습니다.

코드 3.10 _ ./predict/dev.users 추천 결과 생성하기

```
$ python mostpopular.py --from-dtm 2019020100 --to-dtm 2019030100 recommend ./res/
predict/dev.users recommend.txt
```

3.4.7 결과 제출하기

생성된 추천 결과 recommend.txt 파일을 아레나에 제출해 결과를 확인하겠습니다. 제출하는 과정은 다음 그림과 같이 1~6단계로 진행하면 됩니다. 결과 제출 시 추천 결과는 반드시 recommend.txt로 저장해야 하며, recommend.txt는 압축을 풀었을 때 디렉터리 없이 상위에 있어야 합니다.

그림 3.36 카카오 아레나 결과 제출 과정

04장

글 추천 1등 솔루션 따라하기

4.1 2회 대회의 문제 이해

4.2 2회 대회의 데이터 이해

4.3 추천 시스템의 기술 이해 및 적용 검토

4.4 협업 필터링 구현

4.5 콘텐츠 기반 필터링 구현

4.6 앙상블 구현

4.7 최종 결과 제출하기

4.1 2회 대회의 문제 이해

카카오 아레나에 참여해 높은 점수를 얻으려면 대회 홈페이지에서 설명을 꼼꼼히 읽어보고 잘 이해해야 합니다. 카카오 아레나 2회 대회 홈페이지(https://arena.kakao.com/c/6)에는 그림 4.1과 같이 개요, 데이터, 리더보드, 포럼 메뉴가 있습니다. 개요 메뉴의 상세 설명, 채점, 규칙 페이지들을 잘 읽고 문제에서 무엇을 요구하는지 알아보겠습니다.

그림 4.1 카카오 아레나 2회 대회 홈페이지의 메뉴와 상세 설명

4.1.1 문제 개요

개요 메뉴 하위의 첫 번째 페이지는 상세 설명 페이지로 제목은 "brunch 데이터를 활용해 사용자의 취향에 맞는 글을 예측할 수 있을까?"입니다. 브런치 서비스 사용자의 취향을 고려해 사용자가 앞으로 읽을 글을 예측하는 문제입니다. 상세 설명을 조금 더 읽어보면 "이번 대회는 보다 정밀하게 사용자 개개인이 좋아할 만한 글을 예측하는 것이 목표입니다. 사용자의 과거 활동 정보를 기반으로 취향을 분석하고 모델링하여 미래 소비 결과를 예측해보는 실험입니다."라고 설명돼 있습니다. 문제에서 제공하는 데이터와 요구하는 결과물이 무엇인지 조금 더 명확해집니다. '활동 정보'와 '소비 결과'는 모두 브런치 서비스의 글을 읽는 행위를 의미합

니다. 사용자가 이전에 읽은 글들을 보고 다음에 어떤 글들을 읽을 것인지를 예측하라는 뜻입니다. 문제를 구체적으로 이해하려면 개요 메뉴의 두 번째 페이지인 채점 페이지와 데이터 메뉴의 데이터셋 설명 페이지를 잘 읽어보아야 합니다. 문제의 세부 내용은 다음과 같습니다.

과거 기록의 기간과 예측할 소비의 기간

사용자들이 이전에 읽은 글에 대한 데이터가 제공되는 기간은 2018년 10월 1일 오전 0시부터 2019년 3월 1일 오전 0시까지입니다. 사용자들이 다음에 어떤 글들을 읽을 것인지 예측하는 기간은 2019년 2월 22일 오전 0시부터 2019년 3월 14일 밤 12시까지입니다. 2019년 3월 1일 오전 0시를 기준으로 생각하면 과거 5개월간의 글 조회 기록을 이용해 2주 후인 3월 14일까지의 글 조회를 예측하는 문제입니다만, 예측 기간의 시작일이 2019년 3월 1일이 아니고 2019년 2월 22일입니다. 2019년 2월 22일부터 2019년 2월 28일까지는 글 조회 기록의 일부가 제공되는 상황에서 제공하지 않은 글 조회를 예측할 수 있고 2019년 3월 1일부터 2019년 3월 14일까지는 글 조회 기록이 전혀 제공되지 않는 상황에서 글 조회를 예측해야 합니다.

채점 페이지에 "제공 데이터와 평가 데이터의 일부 기간, 2019년 2월 22일부터 2019년 3월 1일까지 겹치는 점에 유념하세요."라고 강조돼 있습니다. 나중에 다시 설명하겠지만 강조된 사실을 최대한 활용하여 2019년 2월 22일부터 2019년 3월 1일 이전의 1주일의 겹치는 기간과 2019년 3월 1일부터 2019년 3월 14일까지의 2주일의 기간에 대해 별도의 모델을 구현하고 예측해 높은 성능 점수를 얻을 수 있었습니다.

예측 대상 사용자와 글

예측 대상 사용자는 카카오 아레나가 임의로 지정한 5,000명이며 각 사용자에 대해 예측 기간에 읽을 것으로 예상되는 100건의 글을 예측해야 합니다. 예측 대상 글은 2019년 3월 14일까지 카카오 아레나를 통해 공개된 전체 글입니다. 데이터 메뉴를 통해 예측 대상 사용자와 예측 대상 글의 데이터를 받을 수 있습니다. 지정한 5,000명에 대해 예측한 100건의 글과 그들이 예측 기간에 실제 읽은 글과 비교하여 성능 평가를 하고 성능 점수가 높은 참여자가 수상을 하는 것입니다.

성능 평가와 공개 리더보드

머신러닝 분야에서 모델을 학습하고 성능을 평가하기 위한 데이터는 용도에 따라 **학습 데이터**(Train Dataset), **검증 데이터**(Validation Dataset), **테스트 데이터**(Test Dataset)의 3 가지로 나누어집니다. 학습 데이터는 모델의 파라미터를 결정하는 데 사용하고, 검증 데이터는 학습 횟수(Number of Epochs), 학습률(Learning Rate) 등 하이퍼파라미터라고 불리는 학습 설정값들을 다양하게 조합하여 모델들을 학습시킨 후에 성능 평가를 통해 가장 성능이 높은 모델을 선택하는 데 사용하며, 테스트 데이터는 최종적으로 결정된 모델의 성능을 수치화하는 데 사용합니다.

카카오 아레나에서 참여자들이 개발한 모델의 성능을 평가하는 방법으로 공개 리더보드를 제공합니다. 공개 리더보드는 테스트 데이터를 보유하여 참여자들이 5,000명의 예측 대상 사용자 중 무작위로 선택된 3,000명에 대해 예측 결과를 업로드하면 추천 성능을 계산하고 참여자 간의 성능 비교를 통해 순위를 나타냅니다.

카카오 아레나에서 대회 참여자에게 제공하는 데이터는 학습 데이터와 검증 데이터에 해당합니다. 대회 참여자들은 제공되는 데이터를 학습 데이터와 검증 데이터로 나누어 학습 데이터로 다양한 모델을 학습시키고 검증 데이터로 모델의 성능을 평가해야 합니다. 예측 성능을 정확하게 검증하려면 공개 리더보드와 동일한 성능 평가 환경을 갖추어야 하므로 제공되는 데이터 중에서 최근 3주간의 데이터를 성능 검증용 데이터로 사용해야 하며 중첩 기간 1주일에 대해 데이터를 일부 삭제해 놓아야 합니다. 즉, 2018년 10월 1일부터 2019년 2월 7일까지의 데이터를 학습 데이터로 사용하되 2019년 2월 1일부터 2019년 2월 7일까지의 데이터는 일부를 삭제해 놓아야 하고 2019년 2월 1일 오전 0시부터 2019년 2월 21일 밤 12시까지의 글 소비를 예측하여 성능을 계산해야 하는 것입니다.

카카오 아레나에서 성능 평가 코드를 제공하므로 이러한 성능 평가 환경을 구축하는 것은 어렵지 않지만 2019년 2월 1일부터 2019년 2월 7일까지의 데이터가 얼마나 삭제되었는지 알 수 없고 따라서 검증 데이터로 확인하는 성능과 리더보드의 테스트 데이터로 확인하는 성능의 차이가 날 수 있습니다. 대회에서는 아주 작은 성능의 차이로 순위가 바뀔 수 있다고 판단하여 1등 솔루션은 검증 데이터를 통한 성능 검증 방식을 택하지 않고 전체 데이터를 학습 데이터로 사용하고 공개 리더보드를 활용해 성능을 검증하는 방법을 택하여 개발했습니다. 공개 리더보드를 이용한 성능 검증은 실행 횟수의 제한이 있으므로 정확한 성능 평가 수치를 얻기 위해서 다양한 모델 적용 및 최적화를 위한 실험 횟수의 제한을 감수한 것입니다.

전체 예측 대상 사용자인 5,000명에 대한 예측 성능은 대회가 종료되어야 알 수 있으며 3,000명에 대한 예측 성능이 높은 모델은 5,000명에 대해서도 높은 예측 성능을 보일 것으로 예상할 수 있습니다. 앞으로는 예측 결과에 대해 성능을 계산할 수 있는 3,000명의 사용자를 **검증 대상 사용자**라고 부르겠습니다. 또한 최종적으로 성능을 평가받기 위해 예측해야 하는 5,000명의 사용자는 **테스트 대상 사용자**라고 부르겠습니다.

2회 대회의 문제는 추천 시스템(Recommender System)이라는 기술 분야에 속하는 문제입니다. 4.3절에 추천 시스템 분야의 기술을 검토하고 어떻게 문제를 풀 것인지를 알아보겠습니다.

4.1.2 성능 평가 지표 및 수상 기준

개요 메뉴의 채점 부분에 그림 4.2와 같이 채점 방식이 설명돼 있습니다. NDCG(Normalized Discounted Cumulative Gain)와 MAP(Mean Average Precision)는 정보 검색 이론에서 널리 쓰이는 성능 평가 지표로 추천 시스템의 예측 결과의 정확성에 대한 것이며, 엔트로피(Entropy Diversity)는 정보 이론에서 사용되는 정보량 또는 불확실성에 대한 개념으로 추천 시스템의 예측 결과에 얼마나 다양한 데이터가 존재하는지를 뜻하는 성능 평가 지표로 사용됩니다. NDCG와 MAP의 두 가지 성능 지표의 계산 방식에서 공통적으로 적용되는 중요한 점은 예측한 100건의 글 중에서 앞쪽에 예측한 글의 정답 여부가 뒤쪽에 예측한 글의 정답 여부보다 높은 성능 점수로 계산된다는 점입니다. 결국 100건의 글에 대해 읽을 확률이 높은 순으로 정렬하는 적절한 랭킹 규칙을 구현해야 높은 점수를 받을 수 있다는 것입니다. 이는 추천할 콘텐츠를 노출할 화면 영역이 한정된 점을 고려한 매우 합당한 성능 평가 방식입니다.

세 가지 성능 점수를 조합해 등수를 산출할 때 Borda Count라는 방법을 사용하는데, 이는 개별 성능 지표에 의한 등수를 합산해 점수화하는 방법입니다. 따라서 높은 합산 점수를 얻으려면 세 가지 성능 평가 지표에 대해 골고루 높은 등수를 얻는 것이 유리합니다. 예를 들어 NDCG 1위, MAP 1위의 정확성이 높은 예측을 했더라도 엔트로피 등수가 20위로 낮은 경우 등수 합이 22이므로, NDCG 7위, MAP 7위, 엔트로피 7위의 결과를 얻은 팀의 등수 합 21에 비해 낮은 합산 등수가 되어 높은 순위를 차지하는 데 불리합니다.

그림 4.2 카카오 아레나 2회 대회 채점 방식

수상을 하려면 성능 평가 지표 외에 아래와 같은 수상 기준도 주의해야 합니다.

- 예측에 필요한 모든 모델의 크기 합이 1GB를 넘지 않음
- 제출한 소스코드로 최종 결과 재현 가능
- 제출한 소스 코드는 오픈 소스로 공개

특히 세 번째 수상 기준을 만족하려면 문제 풀이에 활용하는 라이브러리의 라이선스를 확인해 오픈 소스로 공개할 때 제한점이 많은 GPL, LGPL, MPL 등에 해당하지는 않는지를 확인해야 합니다. 1등 솔루션에서도 처음에는 gensim이라는 오픈 소스 라이브러리를 이용하여 모델을 만들었다가 라이선스 문제가 있음을 확인하고 다르게 구현했습니다.

4.1.3 브런치 서비스 이해

브런치 서비스는 카카오에서 운영하는 블로그 콘텐츠 퍼블리싱 플랫폼입니다. 기존 포털 서비스에서 제공하는 블로그 서비스와 달리 광고 글 등록을 제한하고, 작가 승인 심사를 통과하지 못하면 글을 올리지 못한다는 차별성이 있습니다. 그림 4.3과 같은 깔끔하고 단순한 디자인에 최신의 검색 추천 기술을 적용해 글의 작성과 소비가 쉽게 이루어질 수 있는 기능을 갖추고 있습니다.

사용자가 읽을 글을 예측하려면 사용자들이 브런치 서비스를 어떻게 사용하는지를 직접 서비스를 이용하면서 확인해야 합니다. 특히 브런치 서비스에 방문해 글을 읽고 종료하기까지의 과정을 생각해봐야 합니다. 브런치 서비스에 방문한 이유와 유입 경로가 무엇인지가 가장 먼저 고민할 주제입니다. 그리고 하나의 글을 읽은 후에 다음 읽을 글을 어떻게 선택할지가 두 번째로 고민할 주제입니다.

그림 4.3 브런치 서비스 초기 화면

방문 이유와 유입 경로

카카오 아레나에서는 사용자의 방문 이유와 유입 경로에 대한 정보나 데이터를 제공하지 않지만, 방문 이유는 일반적인 블로그 서비스의 방문 이유와 동일한 것으로 판단할 수 있으며 유입 경로는 브런치 서비스를 검색해 관련 정보를 찾아볼 수 있습니다. 브런치에서 "한 달 동안 사용해본 다음카카오의 브런치 리뷰"라는 글을 읽어보면 해당 글의 작가는 브런치의 주된 유입 경로가 브런치, SNS(카카오톡), 검색(다음)의 세 가지 순서라는 것을 설명하고 있습니다.

세션 특성

서비스에 방문해 콘텐츠를 검색, 조회하고 서비스 이용을 종료하기까지의 기간을 세션이라고 합니다. 카카오 아레나에서 사용자의 세션에 대한 통계 분석 정보를 제공하지는 않지만 글 조회 데이터를 직접 분석하면 사용자들이 글을 조회하는 패턴을 이해할 수 있습니다. 브런치 사용자들은 서비스에 방문해 글을 읽은 후에 바로 종료하지 않고 여러 글을 연이어 읽으며, 하나의 글을 읽은 후에 선택하는 다음 글은 같은 작가의 글이거나 동일한 주제에 대해 다른 작가가 쓴 글인 경우가 많습니다. 이는 브런치 서비스의 UX에 의해 추천이 되거나 연결 링크가 노출되기 때문입니다.

서비스 이용 패턴

카카오 아레나에서는 대회 참여자를 위해 '브런치 데이터의 탐색과 시각화'라는 글을 작성해 브런치 작가와 독자들의 서비스 이용 패턴을 분석한 결과를 제공하고 있습니다. 특히 주목할 점은 서비스 이용에 있어 글의 최신성이 중요하다는 것과 구독 중인 작가의 글 소비가 1/3 정도를 차지한다는 것입니다.

4.1.4 프로그래밍 언어 및 외부 라이브러리

머신러닝 분야의 개발에는 파이썬 언어를 주로 사용하며, 카카오 아레나의 예제 코드도 파이썬으로 되어 있습니다. 파이썬 언어에 미숙한 경우에는 온라인으로 제공되는 다양한 파이썬 언어 매뉴얼을 참고하면 쉽게 학습이 가능합니다. 파이썬 언어는 버전 2.x와 버전 3.x가 혼용되어 사용되고 있습니다만 1등의 솔루션은 파이썬 3.6을 사용했습니다. 파이썬의 이전 버전을 사용하고 있거나 파이썬을 새로 설치해야 하는 경우에는 최신 버전을 설치하면 1등 솔루션을 실행할 수 있습니다.

파이썬 언어로 프로그램을 작성하고 실행하는 방법으로는 스크립트 모드와 인터랙티브 모드가 있는데 1등 솔루션은 두 가지를 모두 사용했습니다. 저장소에 공개된 소스 파일 중에서 확장자가 py인 파일들은 스크립트 모드로 개발한 것으로 터미널 창을 열어서 파이썬 인터프리터 명령어를 실행하면 되고, 확장자가 ipynb인 파일들은 인터랙티브 모드로 개발한 것으로 주피터 노트북(Jupyter Notebook) 서버를 실행하고 웹 브라우저에서 파일을 열어 실행하면 됩니다. 파이썬 인터프리터 명령어나 주피터 노트북 서버를 설치하려면 웹사이트 www.python.org에 방문해야 하는데 자세한 설치 방법은 네이버 또는 구글 검색을 통해 많은 자료를 찾을 수 있습니다. 터미널 창에서 명령을 입력하고 프로그램을 설치하는 것이 익숙하지 않은 분들은 구글 코랩이나 캐글의 노트북 실행 환경을 이용할 수도 있습니다.

파이썬 언어는 기본적으로 제공되는 함수 외에 다양한 모듈과 패키지를 쉽게 설치하여 활용할 수 있습니다. 카카오 아레나에서 제공하는 예제 코드에 six, fire, mmh3, tqdm이 사용되었으며 1등 솔루션은 수치 계산에 판다스(pandas), 넘파이(numpy), 사이파이(scipy) 패키지를 사용했으며 머신러닝 모델을 위해 텐서플로(TensorFlow)를 사용했습니다. 파이썬 패키지 공유 웹사이트인 pypi.org에 방문해 언급된 모듈과 패키지들을 찾아보고 설치하는 방법을 알아보세요. 예를 들어 판다스를 설치하려면 pypi.org를 방문해 키워드로 pandas를 입력해 검색하면 pandas를 포함하는 패키지들이 나열되고, pandas를 클릭하면 pandas 패키지에 대한 설치 방법과 패키지 홈페이지 등이 설명됩니다. 설치 방법은 그림 4.4 왼쪽의 패키지 제목 밑에 표시된 바와 같이 터미널에서 `pip install pandas`라고 입력하면 됩니다.

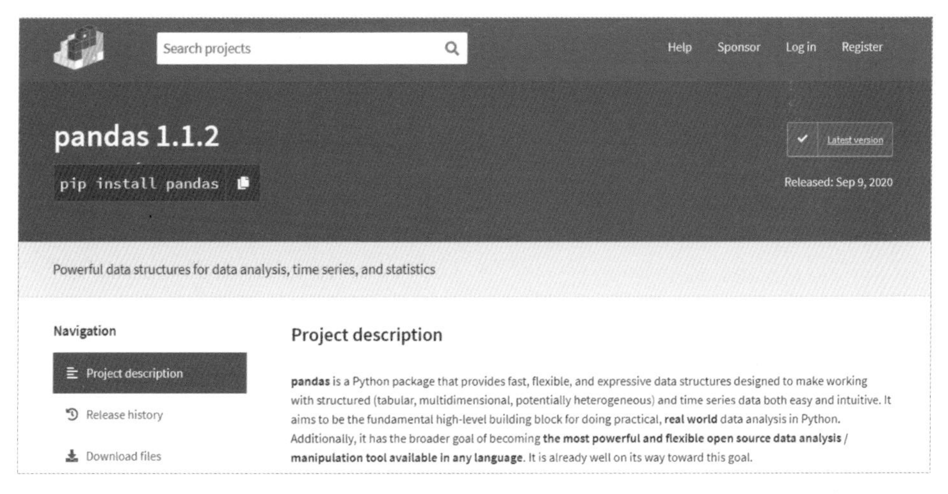

그림 4.4 PYPI 사이트의 판다스 페이지

4.1.5 예제 코드 확인하기

카카오 아레나에서는 깃허브를 통해 대회 참가자에게 예제 코드를 제공하고 있습니다. 깃허브 저장소의 웹페이지 주소는 https://github.com/kakao-arena/brunch-article-recommendation입니다. 깃허브 저장소의 웹페이지에 방문하면 파일의 목록과 설명을 확인할 수 있습니다. 카카오 아레나에서 제공하는 예제 코드에는 간단한 베이스라인 추천 모델과 평가 코드가 포함되어 있으므로 대회에 참여하기 위해서는 예제 코드를 가져와서 검토하고 실행해보는 것이 매우 중요합니다. 깃허브에서 코드를 가져오려면 터미널에서 버전 관리 툴인 깃 명령을 실행하면 됩니다.

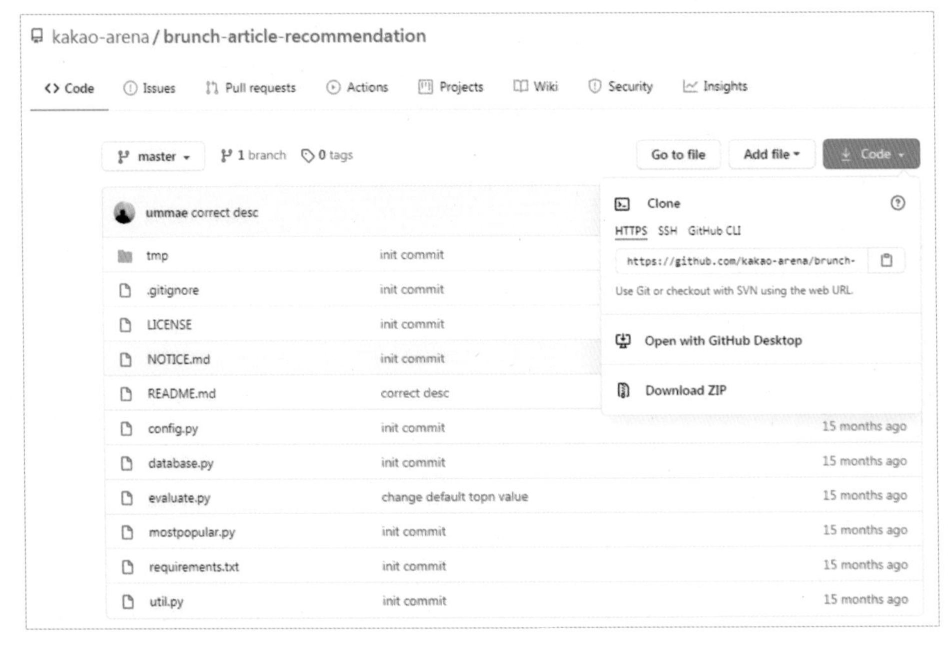

그림 4.5 카카오 아레나 2회 대회 깃허브 저장소

예제 코드를 가져오는 깃 명령은 `git clone`이고 깃 주소를 인자로 넣어 실행합니다. 깃 주소는 https://github.com/kakao-arena/brunch-article-recommendation.git이며 git으로 끝나는 웹 URL입니다. 그림 4.5와 같이 저장소 웹페이지 우상단의 Code 버튼을 누르면 표시되는 팝업창에서 복사해 사용할 수 있습니다. 깃 명령을 실행하면 저장소 이름과 동일한 `brunch-article-recommendation` 프로젝트 디렉터리가 생성되고 해당 디렉터리에 예제 코드

가 복사됩니다. 리눅스 또는 맥OS 운영 체제에서 해당 작업을 하는 방법은 코드 4.1과 같습니다. 윈도우 운영 체제를 사용하는 컴퓨터에서는 가상머신 프로그램으로 최신 우분투 운영 체제를 설치해 실습하는 것을 추천합니다.

코드 4.1 _ 깃허브 예제코드를 가져오는 셸 명령

```
~/arena2$ git clone https://github.com/kakao-arena/brunch-article-recommendation.git
~/arena2$ cd brunch-article-recommendation
~/arena2$ mkdir res
```

예제 코드를 실행하려면 프로젝트 디렉터리에 res라는 디렉터리를 생성하고 카카오 아레나에서 제공하는 데이터셋을 다운로드해 추가해놓아야 합니다. 데이터셋이 추가된 후에는 깃허브 저장소에 주어진 설명을 따라 예제 코드를 실행해 성능을 평가해볼 수 있고 예측 결과가 생성되므로 코드와 함께 카카오 아레나에 제출해볼 수도 있습니다. 예제 코드에는 글 조회 데이터를 읽을 때 사용할 수 있는 코드가 util.py에 들어 있어서 재활용할 수 있고 다른 코드들도 도움이 되는 부분이 있으므로 코드 분석을 하는 것이 바람직합니다.

1등 솔루션은 우분투 18.04.2 운영 체제를 사용하고 메모리 16GB를 가진 노트북 컴퓨터로 개발했습니다. 리눅스 또는 맥OS 운영 체제를 사용하는 경우 1등 솔루션의 파이썬 코드를 수정 없이 그대로 실행할 수 있습니다.

4.2 2회 대회의 데이터 이해

카카오 아레나에서 제공하는 대회 데이터를 살펴보겠습니다. 제공 데이터에는 글 조회 기록, 글의 메타데이터, 작가, 매거진 정보가 있습니다. 데이터를 이해하기 쉬운 형태로 변환하는 전처리 과정이 필요하며 데이터 분석에 판다스 라이브러리의 주요 함수를 사용하겠습니다. 카카오 계정을 사용하여 카카오 아레나에 로그인하고 2회 대회 홈페이지에서 데이터 메뉴를 선택하면 데이터의 설명과 함께 그림 4.6과 같이 데이터 파일 목록에서 파일명 오른쪽의 버튼을 눌러서 개별적으로 다운로드할 수 있습니다. 머신러닝 분야에서 모델링을 하기 전에 데이터 분석 코딩을 통해 데이터에 대한 이해도를 높이는 과정은 필수적이며 주로 주피터 노트북을 개발 환경으로 사용합니다. 1등 솔루션 구현을 위해 작성한 데이터 분석 코드는 깃허브 arena2-book 저장소에 공유된 eda.ipynb 주피터 노트북 파일입니다.

그림 4.6 카카오 아레나 2회 대회 데이터

4.2.1 글 조회 데이터

글 조회 데이터는 사용자의 과거 글 소비 기록을 통해 독자들의 소비 성향을 판단하는 가장 중요한 데이터이며 글 조회 기록만으로도 협업 필터링을 이용한 추천이 가능합니다.

협업 필터링 기술은 '4.3 추천 시스템의 기술 이해 및 적용 검토'에서 자세히 다룹니다.

데이터 전처리

글 조회 데이터는 `read.tar` 파일에 저장돼 있습니다. res 디렉터리에 해당 파일을 두고 tar 명령으로 압축된 파일을 풀면 하위에 read 디렉터리가 만들어지고 3,624개의 파일이 생성됩니다. 글 조회 기록이 1시간 단위로 여러 파일로 나누어 저장된 것입니다. 여러 개의 파일을 분석하기 용이한 하나의 데이터프레임으로 만드는 전처리 작업이 필요합니다. 코드 4.2와 4.3을 실행하면 해당 작업을 수행합니다.

코드 4.2 _ eda.ipynb – 글 조회 데이터 전처리

```
import os, sys
import tqdm

def iterate_data_files(from_dtm, to_dtm):
    from_dtm, to_dtm = map(str, [from_dtm, to_dtm])
    read_root = os.path.join('./', 'read')
    for fname in os.listdir(read_root):
        if len(fname) != len('2018100100_2018100103'):
            continue
        if from_dtm != 'None' and from_dtm > fname:
            continue
        if to_dtm != 'None' and fname > to_dtm:
            continue
        path = os.path.join(read_root, fname)
        yield path, fname

data = [];

files = sorted([path for path, _ in iterate_data_files('2018100100', '2019022200')])

for path in tqdm.tqdm(files, mininterval=1):
    for line in open(path):
      tokens = line.strip().split()
      read_datetime = path[7:17]
      user_id = tokens[0]
      reads = tokens[1:]
      for item in reads:
        data.append([read_datetime, user_id, item])
```

위 코드를 실행하면 data 리스트 변수에 모든 사용자가 읽은 글이 저장됩니다.

data 리스트를 데이터프레임 객체로 변환하겠습니다.

코드 4.3 _ eda.ipynb – 글 조회 데이터프레임 생성

```
import pandas as pd

read_df = pd.DataFrame(data)
read_df.columns = ['date', 'user_id', 'article_id']

read_df.head()
```

	date	user_id	article_id
0	2018100100	#e208be4ffea19b1ceb5cea2e3c4dc32c	@kty0613_91
1	2018100100	#0a3d493f3b2318be80f391eaa00bfd1c	@miamiyoung_31
2	2018100100	#0a3d493f3b2318be80f391eaa00bfd1c	@banksalad_49
3	2018100100	#0a3d493f3b2318be80f391eaa00bfd1c	@rlfrjsdn_95
4	2018100100	#0a3d493f3b2318be80f391eaa00bfd1c	@readme999_140

데이터 분석

사용자가 읽은 글이 여러 개의 행으로 표현되게 데이터프레임을 구성했습니다. 해당 데이터프레임을 이용해 데이터 분석을 진행하겠습니다.

먼저 글 조회 기록의 볼륨을 알아보겠습니다. 판다스의 nunique() 함수는 각 칼럼의 고윳값을 제공합니다.

코드 4.4 _ eda.ipynb – 글 조회 고윳값

```
read_df.nunique()

Out: date              3456
     user_id         296520
     article_id      495940
     dtype: int64
```

3,456시간 동안 약 29만 명의 사용자가 49만 건의 글을 조회했습니다.

다음은 사용자별로 글을 조회하는 횟수를 살펴보겠습니다. 판다스 라이브러리의 groupby() 함수를 이용해 사용자별로 총 글 조회 횟수를 구하고 describe() 함수로 기초 통곗값을 알아냅니다. describe() 함수는 평균(mean), 최댓값(max), 최솟값(min), 사분위값(percentile)을 제공합니다.

코드 4.5 _ eda.ipynb – 사용자별 조회 횟수

```
read_df.groupby('user_id').size().describe()

Out: count    296520.000000
     mean         70.746705
     std         377.173485
     min           1.000000
     25%           3.000000
     50%          10.000000
     75%          39.000000
     max       83688.000000
     dtype: float64read
```

사용자는 해당 기간 동안 평균 70회 글을 조회했습니다. 중간값은 10회로 평균값과 차이가 있습니다.

가장 많은 글을 조회한 사용자의 조회 수는 8만 건 이상입니다. 글 조회 수가 극단적으로 높은 사용자가 존재합니다. 이러한 사용자의 조회 기록은 이상치로 볼 수 있으며 제거하는 것이 효과적일 수도 있습니다.

아래 분포 그래프를 보면 전형적인 긴 꼬리 형태로 대부분 조회 횟수가 20회 미만입니다.

코드 4.6 _ eda.ipynb – 사용자별 조회 수 분포 그래프

```
import matplotlib as mpl
import matplotlib.pylab as plt
import seaborn as sns

user_read_count_df = read_df.groupby('user_id').size().reset_index().rename(
      columns = {0: 'count'})
plt.figure(figsize = (14, 6))
sns.distplot(user_read_count_df[user_read_count_df['count'] < 100]['count'])
plt.xlabel('Number of articles read')
plt.ylabel('Count')
plt.show()
```

Out:

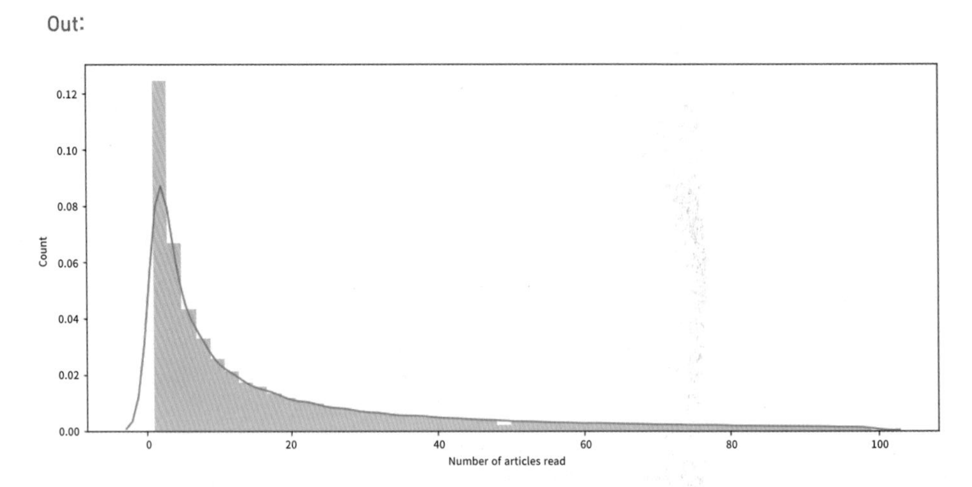

글별로 조회되는 횟수를 살펴보겠습니다. 글별 조회 수도 groupby(), describe() 함수를 이용합니다.

코드 4.7 _ eda.ipynb – 글별 조회 수

```
read_df.groupby('article_id').size().describe()
```

```
Out: count    495940.000000
     mean         42.299095
     std         283.270460
     min           1.000000
     25%           3.000000
     50%           7.000000
     75%          24.000000
     max       96981.000000
     dtype: float64
```

브런치 글의 평균 조회 수는 42회입니다. 이 값 또한 중간값은 7회로 평균값과 차이가 있습니다.

가장 많이 조회된 글의 조회 수는 9만 건 이상입니다. 조회 수가 극단적으로 높은 글이 존재합니다.

조회 수가 높은 상위 글이 무엇인지 검색해 보겠습니다.

sort_values() 함수를 이용하면 내림차순 또는 오름차순으로 정렬할 수 있습니다.

코드 4.8 _ eda.ipynb – 인기글 상위 10개

```
read_df.groupby('article_id').size().sort_values(ascending=False).reset_index().head(10)
```

Out:

	article_id	0
0	@brunch_141	96981
1	@brunch_145	30711
2	@tenbody_1305	25411
3	@intlovesong_28	21702
4	@hyehyodam_19	20506
5	@brunch_140	20033
6	@steven_179	19721
7	@brunch_142	19561
8	@sangheeshyn_66	18910
9	@deckey1985_51	18331

글의 아이디는 작가의 아이디 + 글 순번으로 구성돼 있습니다. @brunch_141은 @brunch 작가가 141번째로 작성한 글이라는 의미입니다.

@brunch는 브런치가 직접 운영하는 계정입니다. @brunch가 생성한 글이 상위권에 많이 포함돼 있습니다.

코드 4.9 _ eda.ipynb – 조회 수가 높은 상위 20개 글

```
poppular_article_df = read_df.groupby('article_id').size().sort_values(ascending=False).\
reset_index().rename(columns = {0: 'read count'})
plt.figure(figsize = (14, 6))
sns.set_color_codes("pastel")
sns.barplot(x="read count", y='article_id', data=poppular_article_df[0:20],
            label="Total", color="b")
plt.xlabel('Read Count')
plt.ylabel('Article')
plt.show()
```

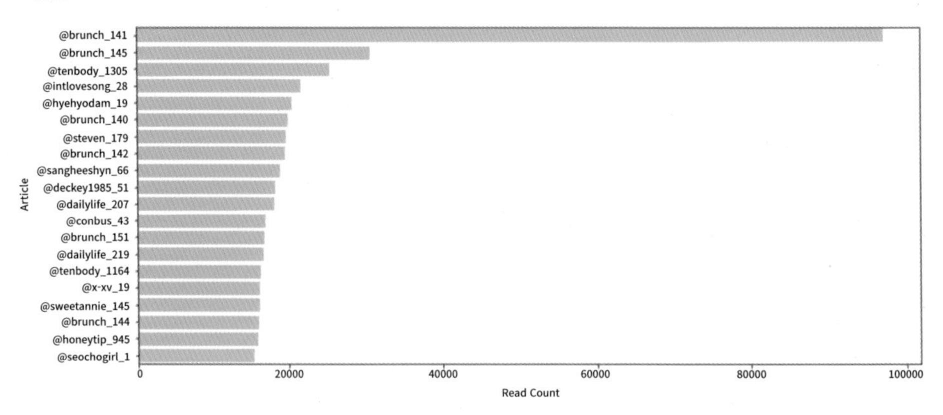

4.2.2 글의 메타데이터

작성된 글의 메타데이터 정보는 metadata.json 파일에 저장돼 있습니다.

메타데이터 정보를 이용하여 콘텐츠 기반 추천이 가능합니다. 콘텐츠 기반 추천 기술은 '4.3 추천 시스템의 기술 이해 및 적용 검토'에서 자세히 다룹니다.

판다스에는 JSON 타입의 파일 데이터를 읽는 read_json() 함수가 있습니다.

코드 4.10 _ eda.ipynb – 메타데이터 파일 읽기

```
meta_df = pd.read_json('metadata.json', lines=True)
meta_df.head()
```

Out:

	article_id	display_url	id	keyword_list	magazine_id	reg_ts
0	782	https://brunch.co.kr/@bookdb/782	@bookdb_782	[여행, 호주, 국립공원]	8982	1474944427000
1	81	https://brunch.co.kr/@kohwang56/81	@kohwang56_81	[목련꽃, 아지랑이, 동행]	12081	1463092749000
2	4	https://brunch.co.kr/@hannahajink/4	@hannahajink_4	[]	0	1447997287000
3	88	https://brunch.co.kr/@bryceandjuli/88	@bryceandjuli_88	[감정, 마음, 위로]	16315	1491055161000
4	34	https://brunch.co.kr/@mijeongpark/34	@mijeongpark_34	[유럽여행, 더블린, 아일랜드]	29363	1523292942000

read_json() 함수를 통해 JSON 파일을 읽을 수 있습니다.

생성된 데이터프레임 meta_df로부터 각 칼럼의 기초통계 정보를 알아보겠습니다.

코드 4.11 _ eda.ipynb – 메타데이터 데이터프레임 형태

```
meta_df.shape

Out: (643104, 9)
```

meta_df에는 643,104개의 행과 9개의 열이 있습니다.

코드 4.12 _ eda.ipynb – 총 글의 수

```
meta_df['id'].nunique()

Out: 643104
```

글의 식별자인 id 칼럼의 고윳값은 643104입니다.

총 글의 수가 643,104개입니다.

코드 4.13 _ eda.ipynb – 총 작가 수

```
meta_df['user_id'].nunique()

Out: 19065
```

글을 작성한 작가는 19,065명입니다.

코드 4.14 _ eda.ipynb – 작가별 글 생성 수

```
meta_df.groupby('user_id').size().describe()

Out: count    19065.000000
     mean        33.732179
     std         87.706369
     min          1.000000
     25%          4.000000
     50%         11.000000
     75%         31.000000
     max       4106.000000
     dtype: float64
```

작가별로 평균 33편의 글을 작성했습니다.

코드 4.15 _ eda.ipynb – 매거진 정보

```
meta_df['magazine_id'].nunique()
```

```
Out: 28028
```

```
meta_df[meta_df['magazine_id'] != 0].shape
```

```
Out: (482281, 9)
```

```
meta_df.groupby('magazine_id').size().describe()
```

```
Out: count     28028.000000
     mean         22.945055
     std         961.348331
     min           1.000000
     25%           3.000000
     50%           8.000000
     75%          18.000000
     max      160823.000000
     dtype: float64
```

매거진의 수는 28,028개입니다.

매거진에 속한 글은 482,281개, 그렇지 않은 글은 160,823개입니다.

매거진에는 평균 22.9편의 글이 존재합니다.

코드 4.16 _ eda.ipynb – 키워드 정보

```
meta_df['keyword_num'] = meta_df['keyword_list'].apply(lambda x : len(x))
meta_df[meta_df['keyword_num'] > 0].shape
```

```
Out: (573039, 10)
```

```
meta_df['keyword_num'].describe()
```

```
Out: count    643104.000000
     mean          2.567706
     std           0.961918
     min           0.000000
```

```
25%           3.000000
50%           3.000000
75%           3.000000
max           5.000000
Name: keyword_num, dtype: float64
```

글의 주요 키워드는 keyword_list 칼럼에 리스트 형태로 저장돼 있습니다.

주요 키워드가 1개 이상 있는 글은 573,039개로, 70,065개의 글에는 키워드가 없습니다.

각 글의 주요 키워드 수는 평균 2.56개입니다.

키워드 데이터는 글을 대표하는 중요한 정보인데 전체 글 중 80%가 키워드를 가지고 있고 각 글당 키워드 수가 최대 5개로 많지 않기 때문에 콘텐츠 기반 추천에 사용되기에 매우 좋은 데이터입니다.

4.2.3 사용자 정보

가입한 사용자(작가 혹은 독자)의 정보를 살펴보겠습니다. 사용자 정보는 users.json 파일에서 확인 가능합니다.

코드 4.17 _ eda.ipynb – 사용자 정보 파일 읽기

```
user_df = pd.read_json('users.json', lines=True)
```

총 310,758명의 정보가 있습니다.

코드 4.18 _ eda.ipynb – 사용자 정보 데이터프레임 형태

```
user_df.shape
```

```
Out: (310758, 3)
```

user_df는 310758행과 3개의 열을 가집니다.

코드 4.19 _ eda.ipynb – 사용자 정보 데이터프레임의 칼럼 정보

```
user_df.columns.tolist()
```

```
Out: ['keyword_list', 'following_list', 'id']
```

user_df는 following_list, id, keyword_list 값을 가지고 있습니다.

각각의 값에 대해서 살펴보겠습니다.

코드 4.20 _ eda.ipynb – 사용자 아이디 수

```
user_df['id'].nunique()
```

```
Out: 310758
```

사용자 아이디 수는 310,758개로 user_df의 행 수와 일치합니다. 중복되는 사용자가 없다는 것을 의미합니다.

코드 4.21 _ eda.ipynb – 사용자별 구독 리스트

```
user_df['following_list'].head(10)
```

```
Out: 0                                  [@perytail, @brunch]
     1    [@holidaymemories, @wadiz, @sciforus, @dailydu...
     2    [@commerceguy, @sunsutu, @kakao-it, @joohoonja...
     3    [@amberjeon48, @forsy20, @nemotokki, @hawann, ...
     4    [@dwcha7342, @iammento, @kakao-it, @dkam, @ant...
     5    [@jumi710, @hana8277, @katarun, @brunch3woz, @...
     6    [@gabrieljmh, @megaonic, @cleancode, @simu-loo...
     7    [@potatohands, @ggpodori, @chae-pulib, @roysda...
     8    [@rmk011, @unitasbrand, @libraryman, @thewater...
     9    [@megustastu, @hongmilmil, @keeuyo, @21mission...
     Name: following_list, dtype: object
```

사용자의 구독 리스트에는 구독하는 작가 아이디가 나열돼 있습니다.

사용자별로 몇 명의 작가를 구독하는지 알아보겠습니다.

코드 4.22 _ eda.ipynb – 사용자별 구독 작가 통계

```
user_df['following_list_len'] = user_df['following_list'].apply(lambda x : len(x))
user_df['following_list_len'].describe()
```

```
Out: count    310758.000000
     mean          8.420955
     std          30.286427
     min           0.000000
     25%           1.000000
```

```
50%              2.000000
75%              5.000000
max           3528.000000
Name: following_list_len, dtype: float64
```

```
user_df[user_df['following_list_len'] == 0].shape
```

```
Out: (7268, 4)
```

사용자별 구독 작가 수를 알려면 구독 리스트의 크기를 구해야 합니다. 판다스의 apply() 함수로 구독 리스트의 크기를 구하고 'following_list_len' 칼럼에 저장합니다. describe() 함수를 통해 사용자별 구독 작가 수의 기초통곗값을 확인합니다. 75%에 해당하는 사용자는 5회 이하의 구독 작가를 가집니다. 구독이 없는 사용자는 7,268명으로 전체 사용자의 2.3%입니다. 전체 사용자의 97.7%는 구독을 하고 있으므로 구독 정보는 매우 중요한 정보라고 할 수 있으며 추천 알고리즘으로 사용하기에 적절한 데이터입니다.

코드 4.23 _ eda.ipynb – 구독자 수 분포

```
plt.figure(figsize = (14, 5))
sns.distplot(user_df[user_df['following_list_len'] < 20]['following_list_len'],
kde=False, bins=20)
plt.xlabel('Number of follow users')
plt.ylabel('Count')
plt.show()
```

Out:

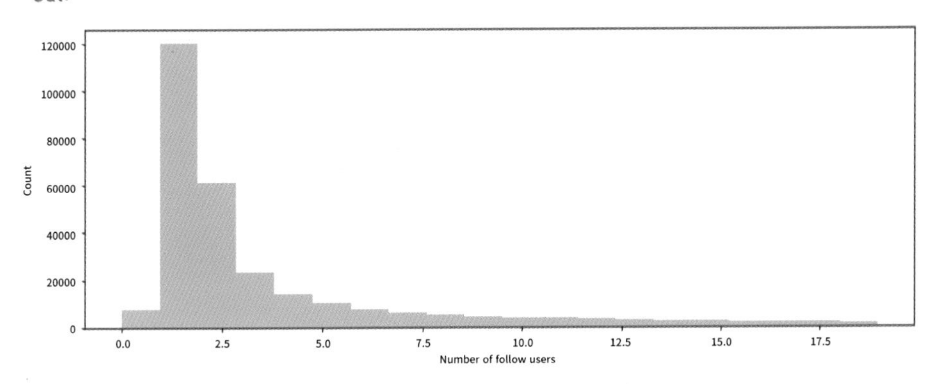

사용자 정보 중 키워드 리스트 데이터는 최근 며칠간 작가 글로 유입되었던 검색 키워드를 의미합니다. 작가만이 키워드 리스트를 가지고 있습니다.

코드 4.24 _ eda.ipynb – 사용자 키워드 리스트

```
user_df['keyword_list_len'] = user_df['keyword_list'].apply(lambda x : len(x))
user_df[user_df['keyword_list_len'] != 0]['keyword_list_len'].describe()
```

```
Out: count    11544.000000
     mean        40.855249
     std        196.652621
     min          1.000000
     25%          4.000000
     50%         11.000000
     75%         30.000000
     max       8265.000000
     Name: keyword_list_len, dtype: float64
```

구독 리스트와 마찬가지로 apply() 함수를 통해 키워드 리스트의 크기를 구하고 'keyword_list_len' 칼럼에 저장합니다. describe() 함수를 통해서 키워드 수의 기초통곗값을 확인합니다. 키워드 리스트를 가진 작가의 수는 11,544명입니다. 앞서 메타데이터 정보에서 총 작가 수가 19,065명임을 감안하면 60%의 작가는 검색 키워드를 가집니다. 메타데이터 정보에서 글의 주요 키워드는 전체 글의 80%가 가지고 있었습니다. 주요 키워드가 없는 20%의 글에 대해서는 검색 키워드를 주요 키워드로 대체하여 사용할 수 있을 것입니다. 대회를 준비하는 과정에서는 검색 키워드 데이터를 사용하지 못했습니다. 검색 키워드 데이터를 이용했다면 아마 성능을 더 높일 수 있었을 것입니다.

4.2.4 매거진 정보

브런치에는 총 27,967개의 매거진이 있습니다. 매거진에는 작가가 부여한 태그 정보가 있습니다. magazine.json 파일에 저장돼 있습니다.

코드 4.25 _ eda.ipynb – 매거진 정보

```
magazine_df = pd.read_json('magazine.json', lines=True)
magazine_df.shape
```

```
Out: (27967, 2)
```

```
magazine_df.head()
```

Out:

	id	magazine_tag_list
0	38842	[브런치북, 육아일기, 대화법, 들려주고픈이야기]
1	11540	[tea, food]
2	11541	[food]
3	11546	[브런치북, 일상, 시, 사람]
4	11544	[감성에세이, 노래, 음악에세이]

id는 매거진의 식별자입니다. magazine_tag_list는 작가가 부여한 태그 정보가 리스트 형태로 저장돼 있습니다.

코드 4.26 _ eda.ipynb – 매거진 태그 리스트 정보

```
magazine_df['magazine_tag_list_len'] = magazine_df['magazine_tag_list'].apply(
lambda x : len(x))
magazine_df['magazine_tag_list_len'].describe()
```

```
Out: count    27967.000000
     mean         2.856366
     std          0.682429
     min          0.000000
     25%          3.000000
     50%          3.000000
     75%          3.000000
     max          6.000000
     Name: magazine_tag_list_len, dtype: float64
```

매거진의 태그 수는 평균 2.8, 최대 6개입니다. 태그 수가 많지 않아 데이터를 다루기 용이하며 작가가 직접 부여한 것이기 때문에 명확한 의도가 반영돼 있습니다. 메타데이터의 주요 키워드, 사용자 정보의 검색 키워드와 함께 콘텐츠 기반 추천에 활용할 수 있는 데이터입니다.

4.2.5 예측 대상 사용자 정보

예측 대상 사용자 정보에 대해 알아보겠습니다. predict.tar 파일의 압축을 해제하면 dev.users 파일과 test.users 파일이 있습니다. dev.users 파일은 개발 데이터로 대회 기간에 예측한 성능을 평가하기 위해 제공한 사용자 3,000명의 리스트입니다. 아레나 사이트의 리더보

드(https://arena.kakao.com/c/2/leaderboard)에서 채점이 가능한 사용자입니다. test.users는 최종 평가 데이터입니다. 대회 종료 후 최종 순위를 결정하기 위해 제공한 사용자 5,000명의 리스트입니다.

코드 4.27 _ eda.ipynb – dev.users 사용자 정보

```
dev_user_df = pd.read_csv('predict/dev.users', header=None)
dev_user_df.columns = ['id']
dev_user_df.shape
```

```
Out: (3000, 1)
```

```
dev_user_df.head()
```

```
Out:
```

	id
0	#d6866a498157771069fdf15361cb012b
1	#f963fb8c5d9d14d503fc4e80bd8617b4
2	#87a6479c91e4276374378f1d28eb307c
3	#677e984e245b344f61dc5d3cc1f352c8
4	#519f45eb14e4807e8714fb7e835463eb

dev.users 파일에는 총 3,000명의 사용자 아이디가 있습니다.

코드 4.28 _ eda.ipynb – test.users 사용자 정보

```
test_user_df = pd.read_csv('predict/test.users', header=None)
test_user_df.columns = ['id']
test_user_df.shape
```

```
Out: (5000, 1)
```

```
test_user_df[test_user_df['id'].isin(dev_user_df['id'])].shape
```

```
Out: (3000, 1)
```

test.users 파일에는 총 5,000명의 사용자 아이디가 있으며 dev.users 파일 사용자 3,000명을 모두 포함합니다. dev.users 파일에 없는 나머지 2,000명의 사용자는 채점을 해볼 수 없습니다.

앞서 알아본 글 조회 데이터와 사용자 정보 데이터를 이용해 test.users 파일 사용자 5,000명에 대해 좀 더 알아보겠습니다.

코드 4.29 _ eda.ipynb – test.users 사용자의 글 조회 수

```
read_user_count_df = read_df.groupby('user_id').size().reset_index()
read_user_count_df.describe()
```

Out:

	0
count	296520.000000
mean	70.746705
std	377.173485
min	1.000000
25%	3.000000
50%	10.000000
75%	39.000000
max	83688.000000

```
test_user_read_info = read_user_count_df[read_user_count_df['user_id'].isin(test_
user_df['id'])]
test_user_read_info.describe()
```

Out:

	0
count	4496.000000
mean	540.616548
std	1255.179434
min	1.000000
25%	50.000000
50%	182.000000
75%	549.000000
max	40914.000000

글 조회 데이터에서 전체 사용자의 글 조회 수를 다시 계산하고 그중 test.users 파일 사용자만 뽑아내어 글 조회 수를 알아보았습니다. 전체 사용자의 평균 글 조회 수는 70회인데 반해

test.users 파일 사용자의 평균은 540회로 7배 이상 많습니다. 하지만 글 조회 기록이 없는 사용자가 504명으로 10%를 차지합니다. 조회 기록이 없으면 사용자의 성향을 파악하기 어렵습니다. 이런 경우 단순히 인기글을 추천하여 MAP 점수를 올릴 수 있고 중복되지 않는 글을 무작위로 추천해 엔트로피 점수를 올릴 수도 있습니다.

test.users 파일 사용자의 구독 정보도 알아보겠습니다. 조회 수가 높은 사용자이므로 구독 수도 많을 것입니다.

코드 4.30 _ eda.ipynb – test.users 사용자의 구독 수

```
user_df['following_list_len'].describe()

Out: count    310758.000000
     mean          8.420955
     std          30.286427
     min           0.000000
     25%           1.000000
     50%           2.000000
     75%           5.000000
     max        3528.000000
     Name: following_list_len, dtype: float64

test_user_follow_info = user_df[user_df['id'].isin(test_user_df['id'])]
test_user_follow_info['following_list_len'].describe()

Out: count    4988.000000
     mean       26.620088
     std        64.982802
     min         0.000000
     25%         2.000000
     50%         8.000000
     75%        24.000000
     max      1293.000000
     Name: following_list_len, dtype: float64
```

예상대로 test.users 파일 사용자의 평균 구독 수는 26으로 전체 사용자 평균인 8 대비 4배 이상 높습니다. 따라서 구독 정보를 이용한 추천 시 좋은 효과를 볼 수 있습니다. 구독 작가의 새로운 글을 추천하거나 구독 작가의 공통된 성향이 있는 글을 추천할 수도 있습니다.

4.3 추천 시스템의 기술 이해 및 적용 검토

추천 시스템을 구현하는 기술로는 협업 필터링과 콘텐츠 기반 필터링 두 가지가 널리 사용되며 1등 솔루션도 두 가지 기술을 적절히 조합하여 구현했습니다. 참고로 브런치 서비스에는 이미 두 가지 기술을 포함한 추천 시스템이 구현되어 있으며 '브런치 추천의 힘에 대한 6가지 기술(https://brunch.co.kr/@kakao-it/333)'과 '[카카오AI리포트]내 손안의 AI 비서, 추천 알고리듬(https://brunch.co.kr/@kakao-it/72)'이라는 글에 상세히 설명하고 있습니다.

4.3.1 협업 필터링의 이해

협업 필터링(collaborative filtering, CF)이란 많은 사용자의 많은 콘텐츠에 대한 선호도를 확보하고 이를 통합적으로 활용해 추천 대상 사용자가 선호할 만한 콘텐츠를 골라내는 기술을 통칭합니다. 협업 필터링은 추천 시스템을 구성하는 기술 중 가장 근본적인 기술이며 아마존과 넷플릭스 서비스의 추천 알고리즘에 사용된 것으로 유명합니다. 협업 필터링 기술에 대한 자세한 설명은 많은 기술 블로그 또는 유튜브 비디오를 통해서 학습할 수 있으므로 그 개념만 간단하게 설명하겠습니다.

이웃 기반 협업 필터링

협업 필터링은 다수 사용자의 콘텐츠 이용 및 선호도 패턴을 이용해 사용자의 취향 또는 콘텐츠의 속성을 수치화하고 사용자 간의 유사도 또는 콘텐츠 간의 유사도를 계산해 추천하는 기술입니다. 협업 필터링의 대표적인 기술은 이웃 기반 협업 필터링(neighborhood-based collaborative filtering) 또는 메모리 기반 협업 필터링(memory-based collaborative filtering)이라고 불리며 사용자 기반 협업 필터링과 아이템 기반 협업 필터링의 두 가지 방식이 있습니다. 그림 4.7의 왼쪽은 나와 유사한 취향을 가진 사람들을 찾고 이들이 선호하는 콘텐츠 중에서 내가 이용하지 않은 것을 추천하는 사용자 기반 협업 필터링을 나타내고, 오른쪽은 내가 좋아하는 콘텐츠와 가장 유사한 속성을 가지는 콘텐츠 중에서 내가 이용하지 않은 것을 추천하는 아이템 기반 협업 필터링을 나타냅니다.

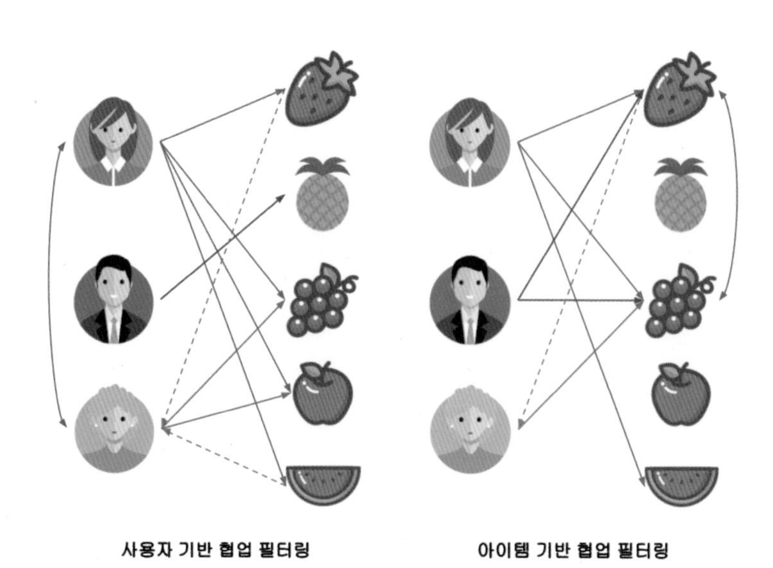

그림 4.7 사용자 기반 협업 필터링과 아이템 기반 협업 필터링

이웃 기반 협업 필터링을 가능하게 하는 학습 데이터는 사용자들이 콘텐츠에 대한 취향을 알려주는 피드백 데이터입니다. 평점(rating) 또는 리뷰(review)와 같은 사용자의 명시적 피드백(explicit feedback) 데이터를 사용하기도 하고 조회(view)와 같은 암시적 피드백(implicit feedback) 데이터를 사용할 수도 있습니다. 이웃 기반 협업 필터링과 관련해 중요하게 확인해야 하는 점은 피드백 데이터의 분량이 충분한지 여부입니다. 사용자와 콘텐츠에 비해 피드백 데이터가 너무 부족하면 낮은 예측 성능을 가질 수밖에 없기 때문입니다. 이웃 기반 협업 필터링을 수학적으로 표현하면 피드백 데이터들을 사용자-아이템 행렬(user-item matrix)에 채우고 비어 있는 요소의 값을 채워넣는 것이기 때문에 피드백 데이터의 분량이 충분한지는 사용자-아이템 행렬의 요소의 개수와 피드백 데이터의 개수를 비교하여 판단하게 됩니다. 특잇값 분해(singular value decomposition) 등의 행렬 분해(matrix factorization) 방법으로 피드백 데이터가 부족한 경우에도 추천 성능을 어느 정도 높일 수 있지만 데이터가 매우 부족하면 큰 도움이 되지 않습니다.

본 문제의 사용자는 독자 310,758명이고 아이템은 글 643,104건입니다. 조회 데이터는 22,107,508건입니다. 조회 데이터가 많은 것 같지만 널리 알려진 추천 문제에 비하면 대단히 부족한 데이터로 예측을 해야 하며 본 문제의 데이터의 희소성을 넷플릭스 데이터셋과 비교해보면 표 4.1과 같이 넷플릭스 문제의 100분의 1에도 못 미치는 분량입니다.

표 4.1 카카오 2회 대회 추천 문제의 데이터 희소성

문제	사용자 수	아이템 수	피드백 수	백분율
브런치 글 추천	310,758	643,104	22,107,508	0.011
넷플릭스 영화 추천	480,189	17,770	100,480,507	1.178

세션 기반 협업 필터링

그렇다면 이 문제는 협업 필터링 기술을 사용해 추천할 수 없는 문제로 판단해야 할까요? 주어진 예측 대상 사용자가 읽을 글을 예측하기 위해 다른 많은 사용자의 조회 기록을 사용할 방법이 없을까요? 그렇지는 않으며 다음에 설명하는 세션 기반(session-based) 협업 필터링 추천 기술로 구현했습니다. 세션 기반 협업 필터링 기술은 시퀀스 기반(sequence-aware) 협업 필터링 추천 기술이라고도 불리며 세션 단위의 조회 데이터에서 함께 이용되는 콘텐츠들을 유사성이 높은 콘텐츠로 정의하여 유사도가 높은 콘텐츠를 추천하는 기술입니다. 사용자를 구별하지 않고 모델을 학습시키므로 사용자와 아이템을 모두 구별하여 학습시키는 이웃 기반 협업 필터링에 비해 적은 데이터 분량으로 높은 성능을 얻을 수 있으며, 콘텐츠 조회의 순서를 활용하여 모델을 학습시키므로 콘텐츠의 최신성에 크게 영향을 받는 브런치 서비스의 이용 패턴에 적합한 추천 기술로 판단했습니다.

4.3.2 협업 필터링 적용 검토

세션 기반 협업 필터링으로 아래의 Word2Vec 기반 추천과 연속 조회 통계 기반 추천의 두 가지 방법을 모두 구현해보고 둘 중에서 성능이 높은 연속 조회 통계 기반 추천 방식을 채택했습니다.

Word2Vec 기반 추천

Word2Vec은 원래 자연어 처리 분야에서 문장에 포함되는 단어들을 효율적으로 수치화하기 위해 고안된 기술로 개별 단어의 특성이 여러 가지 문장에 사용될 때 함께 사용되는 단어들로 나타난다는 이론을 머신러닝 기술로 구현한 것입니다. 위키피디아 백과사전, 신문 기사 등의 다양한 글을 모아서 문장 단위로 나눈 데이터셋을 준비하고 Word2Vec 기술로 단어를 벡터로 변환하는 모델을 학습시키면 단어 간의 관련성을 계산할 수 있게 됩니다.

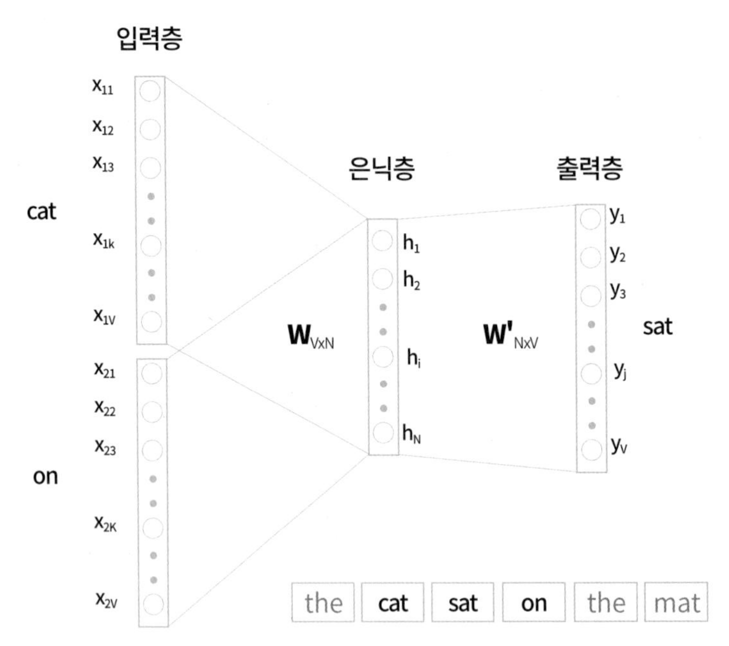

그림 4.8 Word2Vec 모델의 구조와 학습

Word2Vec의 모델은 그림 4.8과 같이 문장을 단어 단위로 나누고 개별 단어를 2개의 계층을 가지는 인공 신경망에 입력해 연속적으로 다음 단어를 예측하게 학습시켜 만들 수 있으며 원래 수치가 아닌 임의의 데이터를 여러 수치의 모음인 벡터 값으로 변환할 수 있습니다. 이를 벡터 임베딩(vector embedding)이라고 부릅니다. 벡터는 다차원 공간에 하나의 점으로 표현될 수 있어 벡터 임베딩은 데이터의 시각화에도 큰 도움이 됩니다.

Word2Vec으로 벡터 임베딩을 하면 서로 대체될 수 있는 단어들을 서로 가까운 벡터 값으로 변환하게 됩니다. 따라서 Word2Vec은 데이터를 군집화하는 데 사용될 수 있고 단어 간의 관련성을 측정하는 데 사용될 수 있습니다.

문장을 구성하는 단어의 동시 출현(Co-occurrence)을 활용하는 Word2Vec 기술을 콘텐츠 서비스에 응용하면 플레이리스트를 구성하는 콘텐츠들 또는 하나의 세션에서 연속 재생되는 콘텐츠를 학습 데이터셋으로 활용하여 모델을 학습시키고 콘텐츠 간의 유사성을 계산할 수 있어서 Item2Vec, Movie2Vec, Song2Vec 등으로 불리며 콘텐츠 추천에 활용되고 있습니다.

본 문제에서 사용자들이 브런치 서비스에 접속해 종료할 때까지의 세션에서 이용한 조회 기록이 제공되므로 개별 글을 단어로 생각하고 세션 내에서 이용한 글의 모음을 문장이라고 생각하여 Word2Vec 모델을 학습시켜 예측 사용자가 읽을 글들과 가장 관련성이 높은 글을 추천해 보았습니다. Article2Vec이라고 부를 수 있는 이 Word2Vec 모델의 학습/예측 코드는 깃허브 arena2-book 저장소(https://github.com/BryanKoo/arena2-book)에서 찾을 수 있습니다.

연속 조회 통계 기반 추천

연속 조회 통계란 특정 글을 읽은 직후에 가장 조회가 많았던 글 또는 특정 글을 읽기 직전에 가장 조회가 많았던 글을 통계적으로 찾아 추천에 사용하는 것입니다. Article2Vec 모델과 마찬가지로 세션 내에서 같이 조회된 글들을 이용하는 것이지만 Article2Vec 모델은 조회 패턴이 유사한 글을 추천하는 것이고 통계 기반 추천은 연속하여 많이 조회된 글을 추천하는 것입니다. 예를 들어 글 B를 읽은 예측 대상 사용자 1을 위해 추천을 하려고 하고 표 4.2와 같이 다른 사용자 2의 글 조회가 글 A, B, C였고 다른 사용자 3의 글 조회가 글 A, D, C 순서였다면 Article2Vec 모델로는 글 B와 유사하게 글 A와 글 C 사이에 조회된 글 D를 추천하게 될 것이고 연속 조회 통계 기반 모델로는 글 B 직전에 조회된 글 A와 직후에 조회된 글 C를 추천하게 될 것입니다.

표 4.2 세션 기반 협업 필터링 예제

사용자	조회 기록
예측 대상 사용자 1	글 B
사용자 2	글 A, 글 B, 글 C
사용자 3	글 A, 글 D, 글 C

표 4.3 세션 기반 협업 필터링 추천

기술 방식	추천 글
Article2Vec	글 D
연속 조회 통계	글 A, 글 C

두 가지의 세션 기반 협업 필터링 방식으로 추천할 글을 예측하고 성능을 비교해본 결과, 연속 조회 통계 방식의 성능이 Article2Vec 방식의 성능보다 좀 더 높다는 것을 확인하여 Article2Vec 모델은 최종 예측 코드에 포함하지 않았습니다.

세션 기반 협업 필터링 적용 기간

협업 필터링은 테스트 사용자의 조회 기록과 다른 많은 사용자들의 조회 기록을 활용하여 추천하는 것입니다. 제공되는 조회 기록은 2018년 10월 1일부터 2019년 3월 1일 이전까지의 기간이며 예측 기간은 2019년 2월 22일부터 2019년 3월 14일까지입니다. 조회 기록이 제공되는 기간과 예측해야 하는 기간이 겹치는 기간인 2019년 2월 22일부터 2019년 3월 1일 이전까지가 세션 기반 협업 필터링이 활용되는 주요 기간이며 이를 중첩 기간이라고 부르겠습니다.

4.3.3 콘텐츠 기반 필터링의 이해

콘텐츠 기반 필터링(Content-Based Filtering, CBF)이란 콘텐츠가 가지고 있는 속성을 이용하여 추천 대상 사용자가 선호할 만한 콘텐츠를 골라내는 기술을 통칭합니다. 협업 필터링 기술이 다른 사람들의 조회 기록을 이용하므로 신규 콘텐츠들을 추천할 수 없는 것에 반해 콘텐츠 기반 필터링은 콘텐츠를 구별할 수 있는 속성이 존재한다면 신규 콘텐츠들도 추천할 수 있습니다. 간단한 예를 들자면 새로운 멜로 영화가 출시된 경우 멜로 영화를 많이 본 사용자들에게 이 영화를 추천하는 것이 콘텐츠 기반 필터링 기술입니다. 영화의 장르 속성은 영화의 종류를 구별할 수 있는 대표적인 속성이고 추천 대상 사용자가 감상한 영화들의 장르 분포를 활용해 사용자가 선호하는 장르에 속하는 영화 콘텐츠를 추천할 수 있습니다.

2회 대회 문제의 예측 기간을 잘 살펴보면 표 4.4와 같이 조회 기록이 있는 기간과 조회 기록이 없는 기간으로 나뉩니다. 조회 기록이 없는 기간에 대해 만일 협업 필터링으로 추천한다면 2019년 3월부터 등록된 신규 글을 추천할 수가 없습니다. 카카오 아레나에서 제공한 서비스 이용 패턴을 분석한 결과에 따르면 글의 최신성이 글의 소비에 미치는 영향이 크므로 조회 기록이 없는 기간에 대해서는 협업 필터링이 아닌 콘텐츠 기반 필터링으로 추천을 하는 것이 바람직하다고 판단할 수 있습니다.

표 4.4 예측 기간에 따른 추천 기술 적용

예측 기간	조회 기록	추천 기술
2019년 2월 22일 ~ 2019년 2월 28일	있음	협업 필터링
2019년 3월 1일 ~ 2019년 3월 14일	없음	콘텐츠 기반 필터링

1등 솔루션에서는 브런치 서비스에서 콘텐츠 기반 필터링으로 추천하는 두 가지 방법을 적용했습니다. 첫 번째 방법은 독자가 구독하거나 독자가 과거에 읽은 글의 작가의 글을 추천하는 것입니다. 이 방법은 최신의 기술을 사용하는 것은 아니라서 실제 구현한 코드를 보면 쉽게 이해할 수 있습니다. 두 번째 방법은 위에서 영화를 예로 하여 설명한 콘텐츠의 속성과 이에 대한 사용자의 선호도를 이용한 콘텐츠 기반 필터링이며 좀 더 상세한 설명을 하겠습니다.

브런치 서비스에서도 앞서 설명한 영화의 장르 기반 추천과 비슷한 방식으로 콘텐츠 기반 필터링을 적용해 볼 수 있는데 예를 들어 설명하자면 여행을 좋아하는 독자에게 여행에 관한 글을 추천하는 것입니다. 개별 글들이 여행에 관한 글인지 아닌지에 대한 속성이 존재해야 콘텐츠 기반 필터링을 적용할 수 있는데 영화의 장르처럼 직접적으로 여행이라는 글 장르가 정해져 있는 것이 아니라서 간접적인 다른 속성을 이용해야 합니다. 글의 내용이 요약되어 있다고 볼 수 있는 키워드가 해당 속성이며 여행뿐 아니라 여행과 관련된 다양한 키워드들을 작가들이 글에 부여해 놓았습니다. 독자가 여행에 대한 글을 선호하는지 여부는 독자가 읽은 글들의 키워드의 분포를 통해 알 수 있으며 개별 글이 여행에 관한 것인지도 키워드를 통해 알 수 있습니다. 독자의 글에 대한 선호도 외에 작가의 취향도 작성하는 글의 키워드 분포를 통해 알 수 있습니다. 여행과 관련된 키워드를 가지는 글을 많이 작성한 작가의 경우 여행 작가라고 볼 수 있으며 음식과 관련된 키워드를 가지는 글을 많이 작성한 작가의 경우 음식 작가라고 볼 수 있습니다.

앞서 설명한 카카오 아레나의 데이터 분석 글에 의하면 브런치 글의 소비가 작가 단위로 이루어지는 경우가 많기 때문에 1등 솔루션은 독자가 선호하는 소재를 가지는 글을 추천하는 방법을 사용하는 대신 독자의 취향과 작가의 취향을 비교해 가장 유사한 작가의 글을 추천하는 방법을 사용했습니다.

4.3.4 콘텐츠 기반 필터링 적용 검토

카카오 2회 대회의 1등 솔루션은 독자의 취향과 작가의 취향을 키워드의 분포를 이용하여 수치화하고 유사도를 계산하는 방법을 구현하기 위해 Doc2Vec 모델을 사용했습니다. Doc2Vec은 문서(Document)를 벡터(Vector)로 수치화하고 벡터 공간에 점으로 표현하는 기술이며 Word2Vec의 단어를 벡터로 변환하는 원리와 거의 유사한 머신러닝 기술입니다.

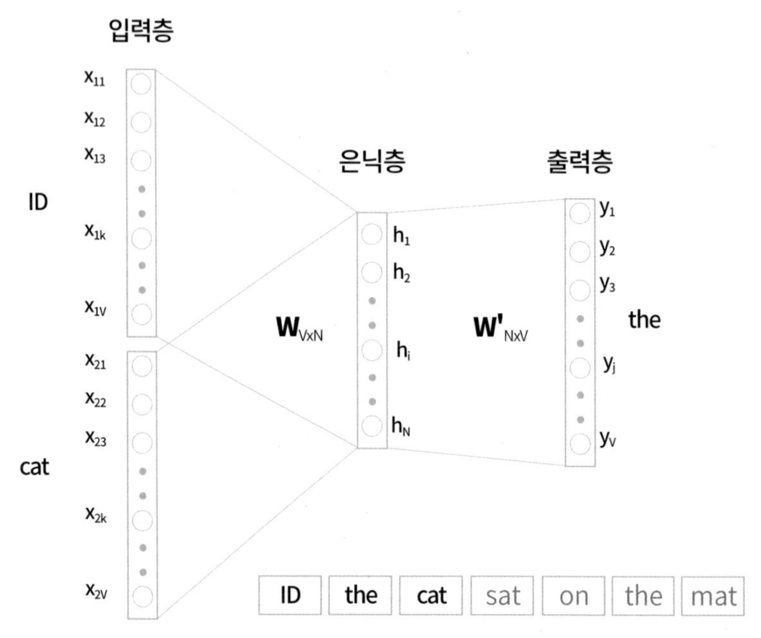

그림 4.9 Doc2Vec 모델의 구조와 학습

Doc2Vec은 Word2Vec의 구조를 그대로 사용하되 문서의 아이디를 마치 하나의 단어를 추가하는 것처럼 문장에 추가하여 문서를 벡터로 임베딩하는 기술입니다. 독자와 작가를 문서라고 생각하고 문서의 내용은 독자가 읽은 글과 작가가 작성한 글의 내용이라고 생각하고 Doc2Vec으로 독자와 작가를 벡터로 임베딩하여 독자와 작가 간의 관련성을 계산했습니다. 그런데 제공되는 글의 내용은 분량이 많고 암호화되어 있어서 그대로 사용하지 않았고 글의 제목과 부제목을 이용하는 Doc2Vec 모델과 글의 키워드를 이용하는 Doc2Vec 모델 두 가지를 준비하여 비교해보았습니다. 두 모델의 성능이 비슷했으며 제목과 부제목을 이용하는 것보다 키워드를 이용하는 것이 더 효율적이기에 글의 키워드를 이용하는 Doc2Vec 모델을 선택했고 그 학습 결과물로 독자들과 작가들의 유사성을 계산했습니다.

협업 필터링의 설명에서 Word2Vec 기술을 활용하여 글을 벡터화하는 Article2Vec 모델을 구현할 수 있다고 설명했는데 콘텐츠 기반 필터링에서는 Doc2Vec 기술을 활용해 독자와 작가를 벡터화하는 User2Vec 모델을 구현했다고 설명할 수 있습니다.

4.3.5 예외 상황 대응하기

협업 필터링 기반으로 추천을 하려면 예측 대상 사용자들이 글을 조회한 데이터가 있어야 합니다. 콘텐츠 기반 필터링을 적용하려면 예측 대상 사용자들의 취향을 알 수 있는 데이터가 있어야 하며 이 또한 글 조회 데이터를 분석하여 알 수 있는 것입니다. 제공되는 글 조회 데이터를 분석해보면 5,000명의 예측 대상 사용자들 중에는 글을 조회한 데이터가 없는 사용자들이 생각보다 많이 존재합니다. 데이터 기반으로 글을 추천하는 모델을 개발하는 입장에서는 이러한 예외적인 상황을 파악하고 적절히 대응하는 것이 중요합니다.

사용자들의 최초/최근 방문일이 주어지지 않아서 확인할 수는 없지만 카카오 아레나에서 제공하는 데이터에서 글을 조회한 데이터가 하나도 없는 테스트 대상 사용자들은 2019년 3월 이후에 가입한 신규 회원이거나 오래전에 가입하고 2018년 10월 이후에는 서비스에 방문한 적이 없었다가 오랜만에 방문한 장기 휴면 회원일 것입니다. 두 가지 경우 중에서 어떤 경우에 해당하든지 데이터 기반으로 추천하기 힘든 사용자입니다만 활성 회원수(active user)가 중요한 온라인 서비스 제공자 입장에서 보면 이러한 사용자들은 자주 방문하는 사용자보다 더 중요한 사용자입니다. 신규 회원이나 휴면 회원을 활성 회원으로 끌어들이려면 가능한 만족도가 높은 글을 추천해야 하며 카카오 아레나에서 작성한 '브런치 추천의 힘에 대한 6가지 기술' 글에서도 신규 회원을 위한 추천을 위해서 UX 편향 없는 인기글을 수집하여 추천한다고 설명돼 있습니다. UX 편향 없는 인기글이란 글의 노출 방식과 무관하게 글의 품질에 의해 많이 조회된 글들을 의미합니다.

브런치의 추천 시스템은 다양한 데이터를 활용하여 UX 편향 없는 인기글을 수집할 수 있지만 카카오 아레나 대회 참여자에게 제공되는 조회 데이터는 유입 경로를 포함하지 않으므로 UX 편향 없는 인기글을 수집할 수는 없습니다. 단순하게 인기글을 추천하는 것이 가능하지만 그것도 조회 기록이 제공되는 2019년 2월 28일까지의 인기글을 추천할 수 있고 2019년 3월 1일 이후에 등록된 글들은 어떤 글이 인기글인지를 알 수가 없습니다.

신규 사용자에게 인기 콘텐츠를 추천하는 것은 실제 서비스에서는 중요하고 유용하지만 카카오 아레나 대회에서는 성능 평가 방법을 감안하면 유용하지 않습니다. 인기 콘텐츠가 사용자마다 다르지 않기 때문에 많은 예측 대상 사용자에게 동일한 글을 추천하게 되고 이것이 엔트로피 점수를 떨어뜨리기 때문입니다. 1등 솔루션은 데이터가 없거나 부족하여 데이터 기반으로 추천하기 힘든 사용자들에 대해 인기도와 무관하게 중복이 없는 글을 추천하는 것을 구현해 엔트로피 성능 점수를 높이는 방향으로 예외 상황을 대응했습니다.

4.4 협업 필터링 구현

이제부터는 코드 구현에 대해 협업 필터링, 콘텐츠 기반 필터링, 그리고 앙상블 구현의 순서로 설명하겠습니다. 1등 솔루션은 협업 필터링 방법 중에서 세션 기반으로 연속 조회 통계 기반 예측 방법의 성능이 가장 높음을 확인하고 구현했습니다. 주어진 예측 대상 사용자가 최근에 조회한 글들에 대해 함께 조회된 횟수가 가장 많은 글들을 추천하는 것입니다. 협업 필터링 구현은 모델 생성 코드, 예측 코드의 순서로 설명합니다.

카카오 아레나 2회 대회에 제출한 깃허브 저장소의 코드를 기준으로 설명하므로 깃허브에서 코드를 내려받은 후에 컴퓨터에서 파일을 확인하거나 실행해 보기 바랍니다. 코드를 내려받는 방법은 코드 4.1에 설명한 예제 코드를 내려받는 방법과 동일하며 깃 주소만 https://github.com/JungoKim/brunch_nafma.git으로 변경하면 됩니다. 코드를 내려받은 후에는 res 디렉터리에 카카오 아레나에서 제공하는 데이터를 넣어야 하는 것도 동일합니다.

설명하는 코드는 1등 솔루션으로 카카오 아레나에 제출한 코드 그대로입니다만 빠른 이해를 위해 원래 영문으로 작성한 주석은 한글로 변경했습니다. 더 정확히 이해하려면 깃허브 저장소의 영문 주석을 참고하기 바랍니다. 주석을 반드시 영어로 작성할 필요는 없지만 깃허브를 통해 코드를 공유하거나 오픈 소스 개발을 목표로 하는 개발자라면 영어로 주석을 작성하는 것이 바람직합니다. 1등 솔루션 코드를 작성하면서 설계를 보강하거나 변경하여 추후 재변경의 여지가 있는 경우 주로 주석을 작성했습니다.

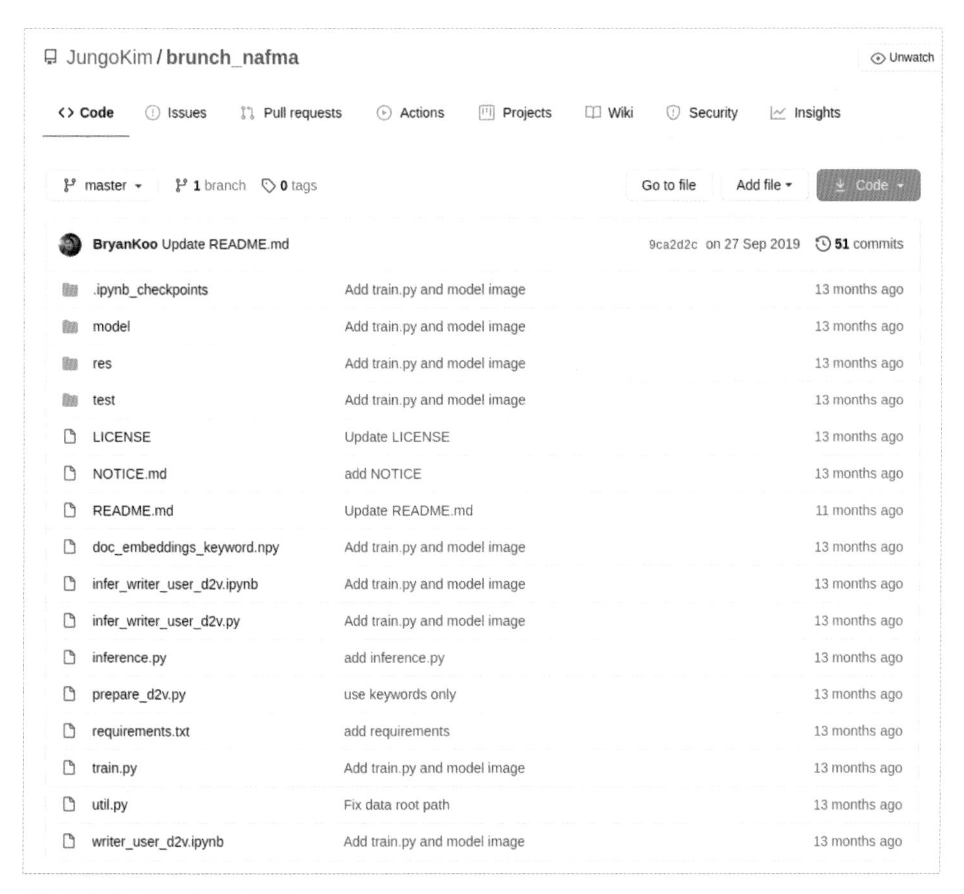

그림 4.10 1등 솔루션 깃허브 저장소

4.4.1 모델 생성 코드 살펴보기

연속 조회 통계 기반으로 함께 조회된 글들을 찾는 모델을 inference.py의 read_reads(), determine_seq_read()에 구현했습니다. read_reads()는 제공하는 모든 글 조회 데이터를 읽어 연속 조회 통계를 seq_reads 딕셔너리 변수에 저장하고 예측 대상 사용자들의 글 조회에 대해서도 예측을 위해 t_reads_dup 딕셔너리 변수에 저장합니다. determine_seq_read()는 연속 조회 통계에서 가장 많이 연속 조회되는 3개의 글을 찾아 seq_read 딕셔너리에 저장합니다.

코드 4.31 _ inference.py read_reads() 함수 part 1

```
227 def read_reads():
228   print("read reads of all users")
229   files = sorted([path for path, _ in iterate_data_files('2018100100', '2019030100')])
230   for path in tqdm.tqdm(files, mininterval=1):
231     date = path[11:19]
232     for line in open(path):
233       tokens = line.strip().split()
234       user_id = tokens[0]
235       reads = tokens[1:]
236       if len(reads) < 1: continue
```

227~230행:

카카오 아레나에서 제공하는 베이스 코드를 재활용해 글 조회 데이터가 들어 있는 파일을 하나씩 읽을 준비를 합니다.

글 조회 데이터가 들어 있는 파일 이름 형식은 YYYYMMDDHH_YYYYMMDDHH이며 해당 기간에 발생한 글 조회 정보가 들어 있습니다. 2018년 10월 1일부터 시간순으로 글 조회 파일을 읽어 들입니다.

231~236행:

파일의 이름에서 날짜를 추출하고 파일을 한 줄씩 읽어 사용자의 아이디와 조회한 글 아이디를 읽어 들입니다. 글 조회 데이터가 저장된 파일의 각 줄에는 접속한 사용자 아이디와 해당 사용자가 해당 시간에 조회한 글들의 아이디가 기록되어 있어 공백 문자를 기준으로 나누면 첫 번째 토큰은 사용자 아이디이고 두 번째 이하의 토큰들은 조회한 글들의 아이디입니다.

코드 4.32 _ inference.py read_reads() 함수 part 2

```
237       if user_id in t_users:
238         if user_id in t_reads:
239           t_reads[user_id] += reads
240         else:
241           t_reads[user_id] = reads
242         if date >= "20190222":
```

```
243            if user_id in t_reads_dup:
244              t_reads_dup[user_id] += reads
245            else:
246              t_reads_dup[user_id] = reads
247
248          reads_set = set(reads)
249          for read in reads_set:
250            writer = read.split("_")[0]
251            if (user_id not in t_followings) or (writer not in t_followings[user_id]):
252              if user_id in t_non_follows:
253                if writer in t_non_follows[user_id]:
254                  t_non_follows[user_id][writer] += 1
255                else:
256                  t_non_follows[user_id][writer] = 1
257              else:
258                t_non_follows[user_id] = {}
259                t_non_follows[user_id][writer] = 1
```

237~246행:

t_users는 예측 대상 사용자 아이디들이 들어 있는 딕셔너리 변수입니다.(inference.py의 483행에 정의했고 497행에서 함수를 미리 호출하여 읽어 들입니다. 딕셔너리의 키는 사용자 아이디이고 값은 이용하지 않으며 임의로 1 값을 가지고 있습니다.)

글 조회 데이터를 한 줄씩 파일에서 읽어서 예측 대상 사용자들의 조회인 경우 t_reads 딕셔너리에 저장합니다. 딕셔너리의 키는 사용자 아이디이며 값은 조회한 글들의 리스트입니다.

동일한 사용자가 서로 다른 시간에 접속하여 조회한 경우 조회한 글들을 t_reads 딕셔너리의 하나의 키에 시간의 순서를 유지하면서 모아서 저장합니다.

2019년 2월 22일부터는 읽을 글을 예측하는 중첩 기간이며 예측 대상 사용자들이 해당 기간에 읽은 글의 아이디를 t_reads_dup 딕셔너리에 동일한 구조로 저장합니다.

248~259행:

세션 내에서 여러 번 조회한 경우 중복을 제거하기 위해 집합 자료 구조의 reads_set를 생성했습니다.

t_followings는 예측 대상 사용자들의 구독 작가 목록이 들어 있는 딕셔너리 데이터입니다.(inferency.py의 485행에 정의했고 499행에서 read_followings()라는 함수를 미리 호출하여 읽어 들입니다. 딕셔너리의 키는 사용자 아이디이고 값은 구독 작가 아이디의 리스트입니다.)

구독하고 있지 않지만 다수의 글을 읽은 작가를 파악하기 위해 t_non_follows에는 구독 관계가 없는 작가에 대해 글을 읽은 횟수를 저장합니다. 키는 독자 아이디와 작가 아이디이며 값은 읽은 횟수입니다.

코드 4.33 _ inference.py read_reads() 함수 part 3

```
261        num_reads_n1 = len(reads)-1
262        for i, read in enumerate(reads):
263          if i < num_reads_n1:
264            if read == reads[i+1]: continue   # 같은 글을 연속 조회한 경우
265            if read in seq_reads:
266              if reads[i+1] in seq_reads[read]:
267                seq_reads[read][reads[i+1]] += 1
268              else:
269                seq_reads[read][reads[i+1]] = 1
270            else:
271              seq_reads[read] = {}
272              seq_reads[read][reads[i+1]] = 1
```

261~272행:

모든 글 조회 데이터에 대해 바로 다음 조회한 글의 아이디를 구해 seq_reads 딕셔너리에 저장합니다. seq_reads는 딕셔너리를 값으로 갖는 딕셔너리입니다. 중첩된 딕셔너리 또는 2차원 딕셔너리라고 불립니다. seq_reads 딕셔너리의 키는 조회한 글의 아이디와 바로 다음 조회한 글의 아이디이며 값은 두 글을 연속으로 조회한 횟수입니다.

코드 4.34 _ inference.py read_reads() 함수 part 4

```
274        for i, read in enumerate(reads):
275          if i < num_reads_n1:
276            nread = reads[i+1]
277            if read == nread: continue   # 같은 글을 연속 조회한 경우
```

```
278         if nread in prev_reads:
279           if read in prev_reads[nread]:
280             prev_reads[nread][read] += 1
281           else:
282             prev_reads[nread][read] = 1
283         else:
284           prev_reads[nread] = {}
285           prev_reads[nread][read] = 1
```

274~285행:

모든 글 조회 데이터에 대해 바로 다음 조회한 글들을 seq_reads 딕셔너리에 저장하는 것과 비슷하게 모든 글 조회 데이터에 대해 바로 이전 조회한 글의 아이디를 구해 prev_reads 딕셔너리에 저장합니다. prev_reads 딕셔너리의 키는 조회한 글 아이디와 바로 이전 조회한 글의 아이디이며 값은 두 글을 연속으로 조회한 횟수입니다.

코드 4.35 _ inference.py read_reads() 함수 part 5

```
287   for user in t_reads:
288     if user not in t_reads_dup:
289       t_reads_dup[user] = t_reads[user][-10:]
```

287~289행:

예측 대상의 사용자들이 중첩 기간에 조회한 글이 하나도 없는 경우 가장 최근에 읽은 글 10개를 t_reads_dup에 저장합니다. 연속 조회 기반 협업 필터링을 이용한 추천은 테스트 대상 사용자가 읽은 글을 매개로 다른 사용자들이 연속으로 읽은 글을 추천하는 것인데 글의 최신성이 조회에 영향을 많이 미치므로 기본적으로는 중첩 기간에 읽은 글을 매개로 예측을 했으며 중첩 기간에 읽은 글이 없는 경우 가장 최근에 읽은 글을 매개로 예측합니다.

코드 4.36 _ inference.py determine_seq_read() 함수 part 1

```
307 def determine_seq_read():
308   print("find co-occurence of articles")
309   for article in seq_reads:
310     reads = seq_reads[article]
311     reads_sorted = sorted(reads.items(), key=lambda kv:kv[1], reverse=True)
312     if len(reads_sorted) < 3: tops = len(reads_sorted)
```

```
313     else: tops = 3
314     seq_read[article] = []
315     for i in range(tops):
316       if reads_sorted[i][1] < 2: break
317       seq_read[article].append(reads_sorted[i][0])
```

307~311행:

임의의 글에 대해 바로 다음 조회한 글에 대한 정보를 저장한 seq_reads에 대해 연속 조회가 많은 순서로 정렬해 reads_sorted 리스트에 저장합니다.

딕셔너리 자체에 대해서는 정렬 함수가 제공되지 않으므로 딕셔너리에 대해 311행에서 items() 함수를 호출하여 키와 값의 쌍을 가지는 리스트를 생성하고 연속 조회 횟수가 들어 있는 값 부분을 기준으로 내림차순으로 정렬해 reads_sorted에 저장했습니다.

312~317행:

정렬된 reads_sorted에서 연속 조회 수가 많은 최대 3개의 글 아이디를 seq_read 딕셔너리에 저장합니다. seq_read 딕셔너리의 키는 글 아이디이고 값은 바로 다음 조회한 글 아이디들로 최대 3개의 리스트입니다.

연속 조회 횟수가 2 미만인 경우에는 저장하지 않습니다.

코드 4.37 _ inference.py determine_seq_read() 함수 part 2

```
319   for article in prev_reads:
320     reads = prev_reads[article]
321     reads_sorted = sorted(reads.items(), key=lambda kv:kv[1], reverse=True)
322     if len(reads_sorted) < 3: tops = len(reads_sorted)
323     else: tops = 3
324     prev_read[article] = []
325     for i in range(tops):
326       if reads_sorted[i][1] < 2: break
327       prev_read[article].append(reads_sorted[i][0])
```

319~327행:

바로 다음 조회한 글에 대해 seq_reads로부터 seq_read를 만든 것과 동일하게 바로 이전에 조회한 글에 대해 prev_reads로부터 prev_read를 만들어 냅니다.

4.4.2 예측 코드 살펴보기

연속 조회 통계 기반으로 함께 조회된 글들을 예측하는 코드를 inference.py의 find_dup_seq()에 구현했습니다. find_dup_seq() 함수의 입력 파라미터는 독자의 아이디입니다.

코드 4.38 _ inference.py find_dup_seq() 함수 part 1

```
23 def find_dup_seq(viewer):
24   recommends1 = []
25   recommends2 = []
26   if viewer in t_followings:
27     followings = t_followings[viewer]
28   else:
29     followings = []
```

23~29행:

입력 파라미터로 주어진 예측 대상 사용자에 대한 글 조회 예측 결과를 두 개의 리스트 recommends1, recommends2에 저장합니다. 구독 중인 작가의 글의 소비 비중이 매우 높다는 브런치 서비스의 이용 패턴을 감안하면 구독하는 작가의 글을 읽을 확률이 구독하지 않은 작가의 글을 읽을 확률보다 높을 것으로 판단하기 때문에 구독 작가 여부에 따라 예측 결과를 두 그룹으로 분리한 것입니다. 구독 중인 작가의 글을 예측 리스트의 앞부분에 넣고 구독 중이 아닌 작가의 글은 뒷부분에 넣어서 좀 더 높은 성능 평가 점수를 얻으려고 합니다.

구독 작가 여부를 판별하기 위해 주어진 사용자의 구독 작가 목록을 followings에 준비합니다.

코드 4.39 _ inference.py find_dup_seq() 함수 part 2

```
31   if viewer in t_reads_dup:
32     reads_org = t_reads_dup[viewer]
33     reads = sorted(set(reads_org), key=lambda x: reads_org.index(x))
                                          # 중복 제거하고 원래 순서 유지
34     reads.reverse()   # 최근 조회를 먼저 추천
```

31~34행:

t_reads_dup은 예측 대상 사용자들이 최근에 조회한 글 목록을 담고 있는 딕셔너리 변수입니다.(모델 생성 코드에서 중첩 기간에 글을 읽은 사용자에 대해서는 해당 기간의 글 목록을, 나머지 사용자들에 대해서는 최근에 조회한 10개의 글 목록을 최신순으로 저장합니다.)

조회한 글 목록에서 중복을 제거하기 위해 집합 자료 구조를 생성했는데, 집합 자료를 생성하면 개별 요소의 순서가 무작위로 변경되므로 원래 순서로 재정렬한 reads 리스트를 생성한 다음 순서를 반대로 바꿨습니다. 가장 최근에 읽은 글을 매개로 한 추천에 대해 우선순위를 높이고자 한 것입니다.

코드 4.40 _ inference.py find_dup_seq() 함수 part 3

```
35    num_reads = len(reads)
36    for read in reads:
37      if read in seq_read:
38        seqs = seq_read[read]
39        for seq in seqs:
40          if seq not in t_reads[viewer]:
41            if (seq not in recommends1) and (seq not in recommends2):
42              writer = seq.split("_")[0]
43              if writer in followings:
44                recommends1.append(seq)
45              else:
46                recommends2.append(seq)
47              break
48          #if num_reads > 100: break
49          if num_reads > 50: break  # 엔트로피 성능을 높이기 위한 변경
```

35~38행:

num_reads는 협업 필터링 예측 대상 사용자가 최근에 조회한 글의 개수입니다.

최근에 조회한 글의 바로 다음에 자주 조회된 글들을 seq_read에서 가져와서 seqs에 저장합니다.(모델 생성 코드에서 임의의 글이 조회된 후 바로 다음에 자주 조회되는 최대 3개의 글을 seq_read에 저장해 놓았습니다.)

39~47행:

seqs에 저장된 글 중에서 예측 대상 사용자가 조회하지 않았고 조회 예측 결과에 들어 있지 않은 글을 예측 결과 리스트에 넣습니다. 예측 대상 사용자가 구독하는 작가의 글이라면 recommends1에, 구독하지 않는 작가의 글이라면 recommends2에 넣습니다.

49행:

예측 대상 사용자가 최근에 조회한 글의 개수가 50건이 넘으면 seqs에 들어 있는 글 중에서 가장 빈도가 높은 한 개의 글만 예측에 사용합니다. 예측 대상 사용자당 100건의 글을 예측할 때 협업 필터링으로 너무 많은 글을 추천하지 않게 하여 엔트로피 성능을 위한 추천을 추가할 여분을 만들기 위해 변경한 로직입니다.

코드 4.41 _ inference.py find_dup_seq() 함수 part 4

```
51        if num_reads < 50:
52          if read in prev_read:
53            seqs = prev_read[read]
54            for seq in seqs:
55              if seq not in t_reads[viewer]:
56                if (seq not in recommends1) and (seq not in recommends2):
57                  writer = seq.split("_")[0]
58                  if writer in followings:
59                    recommends1.append(seq)
60                  else:
61                    recommends2.append(seq)
62                  break
63    return recommends1, recommends2
```

51~62행:

예측 대상 사용자가 최근에 조회한 글의 개수가 50건보다 적다면 최근에 조회한 글의 바로 이전에 자주 조회된 글들을 이용한 예측을 추가합니다. prev_read에서 가져와서 seqs에 저장합니다.(모델 생성 코드에서 임의의 글이 조회되기 바로 전에 자주 조회되는 최대 3개의 글을 prev_read에 저장해 놓았습니다.)

이후는 36~47행의 바로 다음에 자주 조회된 글을 이용한 예측과 동일한 로직입니다.

63행:

가장 최근에 읽은 글부터 연속 조회 통계 기반으로 예측하되 구독 작가의 글인지 여부에 따라 두 개의 리스트에 나누어서 결과로 반환합니다. 예측 결과에 포함된 글의 수는 예측 대상 사용자가 중첩 기간에 조회한 글의 수에 따라 달라지고 중첩 기간에 조회한 글이 없다면 제공된 조회 데이터에 존재하는 과거에 조회한 글 10건을 기준으로 예측하며 만일 예측 대상 사용자가 브런치 서비스의 글을 하나도 읽지 않는 경우에는 협업 필터링 방식으로는 예측할 수 있는 글이 하나도 없게 됩니다.

4.4.3 성능 평가

1등 솔루션의 개발과 튜닝 과정을 설명하자면 표 4.5와 같습니다. 1번과 2번 순서의 Word2Vec 협업 필터링은 3번과 4번 순서의 연속 조회 통계 기반 협업 필터링과 성능 비교 후에 모델 생성 및 예측 코드에서 제외했습니다.

표 4.5 개발과 튜닝 과정

작업 순서	작업 내용
1	Word2Vec 협업 필터링 개발
2	Word2Vec 협업 필터링 성능 평가와 튜닝
3	연속 조회 통계 기반 협업 필터링
4	연속 조회 통계 기반 협업 필터링 성능 평가와 튜닝
5	콘텐츠 기반 필터링 개발
6	콘텐츠 기반 필터링 성능 평가와 튜닝
7	협업 필터링과 콘텐츠 기반 필터링 앙상블 구현
8	앙상블 성능 평가와 튜닝

4.4.1항에 설명한 협업 필터링 코드는 1~8의 작업의 순서를 모두 거친 결과로 남은 최종 코드이며 4번 순서의 성능 평가와 튜닝 작업 당시의 코드는 아닙니다. 하지만 1등 솔루션의 개발 및 튜닝 과정을 실제로 따라서 해보기 위해 연속 조회 통계 기반 협업 필터링만으로 예측 결과를 생성하고 성능 평가를 확인하는 방법을 설명하겠습니다.

협업 필터링 예측 결과 생성

협업 필터링만으로 예측 결과를 생성하고 성능을 평가하기 위해서는 먼저 예측 코드 inference.py를 실행하고 협업 필터링만으로 예측 결과를 생성하는 inference_cf.py를 실행합니다. 앙상블 구현 부분에서 설명하겠지만, inference.py를 실행하면 협업 필터링 추천 글들을 res/recommend_1.txt에 저장합니다. 예측 대상자의 조회 기록이 얼마나 많은지에 따라 협업 필터링은 100건을 모두 추천할 수 있는 경우도 있고 한 건도 추천할 수 없는 경우도 있습니다. inference_cf.py는 협업 필터링만으로 어떤 성능을 얻을 수 있는지를 확인하기 위해 작성된 프로그램이며 최종 예측 결과를 생성하는 것과는 무관하므로 카카오 아레나에 최종 제출한 깃허브 저장소에는 포함되어 있지 않습니다. 별도로 준비된 arena2-book 깃허브 저장소(https://github.com/BryanKoo/arena2-book)에서 해당 파일을 inference.py와 동일한 디렉터리에 저장하고 실행하면 됩니다.

코드 4.42 _ 협업 필터링 예측 결과 생성 셸 명령

```
~/arena2$ python3 inference.py dev
~/arena2$ python3 inference_cf.py
```

inference_cf.py는 협업 필터링 추천 글이 100건 미만인 경우 무작위로 추천 글을 추가해 모든 예측 대상 사용자에게 100건의 글을 추천해 res/recommend.txt에 저장합니다.

코드 4.43 _ inference_cf.py part 1

```
1 import os
2 import sys
3
4 if not os.path.exists('res/recommend_1.txt'):
5   print('Cannot find res/recommend_1.txt')
6   sys.exit()
```

협업 필터링 추천 글을 저장한 res/recommend_1.txt 파일이 없는 경우 오류 메시지를 출력하고 프로그램의 실행을 중단합니다.

코드 4.44 _ inference_cf.py part 2

```
 8 t_users = {}
 9 user_file = "res/predict/dev.users"
10 with open(user_file, "r") as fp:
11   for line in fp:
12     viewer_id = line.strip()
13     t_users[viewer_id] = 1
```

검증 대상 사용자들의 아이디를 읽어 t_users 딕셔너리 변수에 저장합니다.

코드 4.45 _ inference_cf.py part 3

```
15 inferences = {}
16 with open('res/recommend_1.txt', 'r') as fp:
17   for line in fp:
18     tokens = line.strip().split()
19     inferences[tokens[0]] = tokens[1:]
```

협업 필터링 추천 글을 저장한 파일을 읽어 inferences 딕셔너리 변수에 저장합니다. 키는 예측 대상 사용자의 아이디이고 값은 추천 글 리스트입니다.

코드 4.46 _ inference_cf.py part 4

```
21 with open('res/recommend.txt', 'w') as fp:
22   for user in t_users:
23     if user in inferences:
24       recs = inferences[user]
25     else:
26       recs = []
27
28     for i in range(len(recs), 100):
29       recs.append('@random_' + str(i+1))
30
31     fp.write(user + ' ' + ' '.join(recs) + '\n')
```

res/recommend.txt에 예측 대상 사용자의 아이디와 추천 글을 저장합니다. 협업 필터링 추천 글이 100건 미만일 때는 임의의 추천 글을 추가해 모든 예측 대상 사용자들이 100건의 추천 글을 갖도록 저장합니다.

협업 필터링 성능 평가

추천 글을 생성한 후에는 그림 4.11과 같은 2회 대회 플레이그라운드 페이지에 방문하고 카카오 아레나에 로그인한 후 우상단의 제출하기 버튼을 눌러 성능 평가를 해볼 수 있습니다.

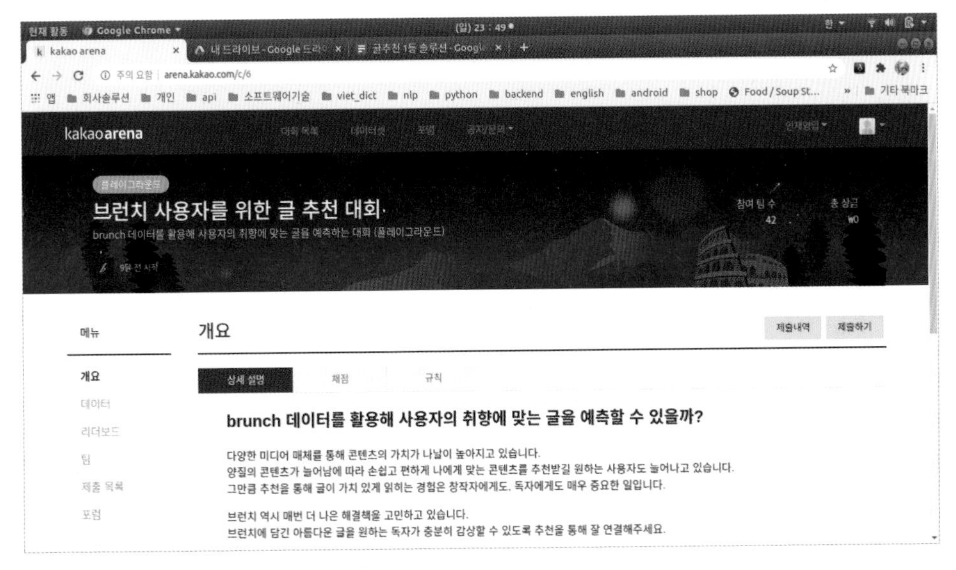

그림 4.11 카카오 아레나 2회 대회 제출 화면

추천 글을 생성하기 위해 작성한 inference.py와 inference_cf.py를 압축해 code.zip을 생성하고 추천 결과 파일인 res/recommend.txt를 압축해 recommend.zip을 생성합니다.

코드 4.47 _ 협업 필터링 제출 파일 생성 셸 명령

```
~arena2$ zip code.zip inference.py inference_cf.py
~arena2$ cd res
~arena2/res$ zip recommend.zip recommend.txt
```

결과 파일인 recommend.zip과 소스 코드인 code.zip을 그림 4.12와 같이 각각 왼쪽 박스와 오른쪽 박스를 클릭해 업로드합니다.

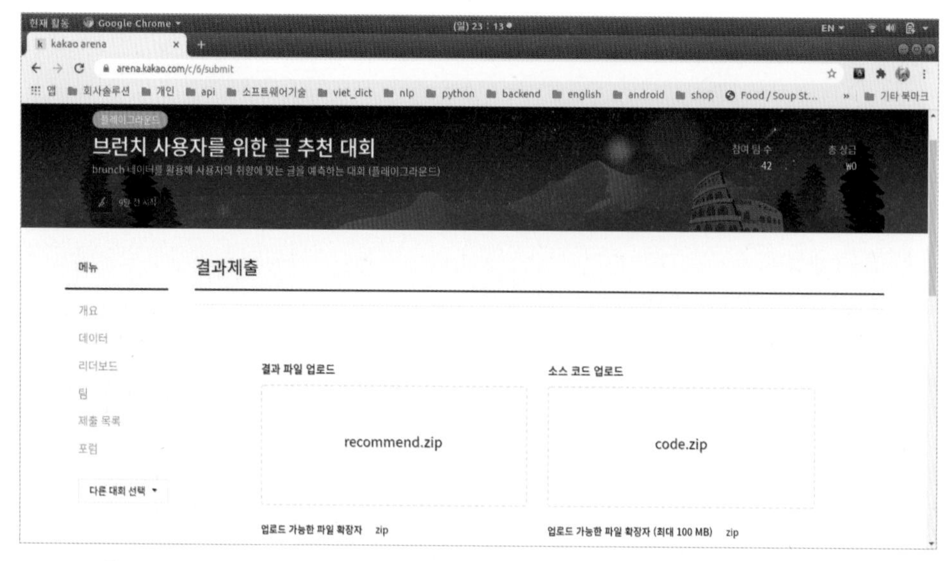

그림 4.12 협업 필터링 제출 파일 업로드

메모 작성 부분에는 결과 파일을 만들기 위해 어떤 모델을 사용했는지를 구분하기 위한 설명문을 작성합니다. 수십 번 이상 성능 평가를 하게 되므로 어떤 모델의 어떤 하이퍼파라미터를 사용한 것인지를 정확하게 작성해야만 모델별 성능을 구별할 수 있습니다.

그림 4.13 협업 필터링 제출 메모 작성

추천 결과 파일과 소스 코드를 제출하고 나면 세 가지 성능 점수를 확인할 수 있습니다. 성능이 얼마나 좋은지 알기 위해서는 리더보드에서 자신의 추천 결과에 대한 성능 점수를 다른 참가자들의 성능 점수와 비교해보아야 합니다.

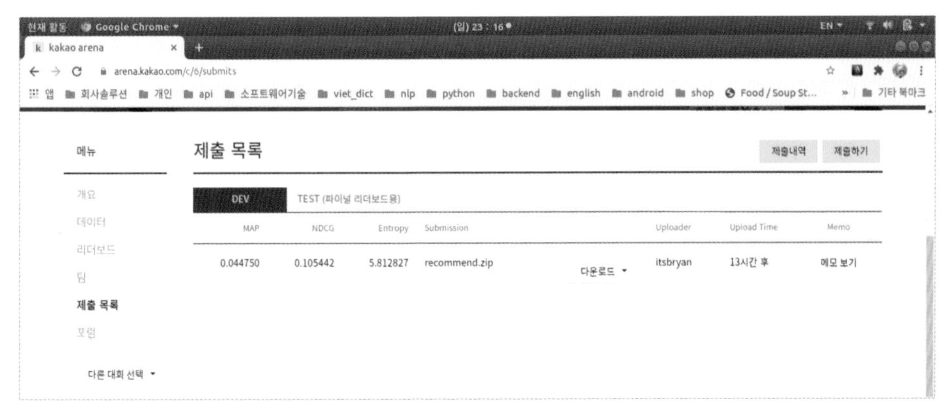

그림 4.14 협업 필터링 제출 후 제출 목록

리더보드에서 알 수 있는 협업 필터링 추천 결과의 MAP 성능은 7등, NDCG 성능은 7등, 엔트로피 성능은 8등이며 세 가지 성능 점수의 순위를 합한 최종 순위는 7등입니다. 1주일의 중첩 기간의 조회 기록으로 추천하는 협업 필터링만으로도 비교적 높은 성능을 얻을 수 있음을 확인했습니다.

리더보드

공개 리더보드

#	△1d	팀명	멤버	스코어	MAP	NDCG	Entropy	제출 횟수	마지막 제출
1	-	STUDY		27	0.097003 (1)	0.207145 (1)	10.994807 (1)	80	8달 전
2	-	NAFMA		23	0.096450 (3)	0.205759 (2)	10.985046 (2)	2	7달 전
3	-	neot0000		20	0.095659 (4)	0.204328 (3)	10.984961 (3)	2	8달 전
4	-	bruce		17	0.096728 (2)	0.186929 (5)	9.799280 (6)	1	9달 전
5	-	오케바라리		16	0.091175 (6)	0.201499 (4)	10.984436 (4)	29	8달 전
6	-	RecoStart		14	0.095467 (5)	0.183251 (6)	9.881454 (5)	2	8달 전
7	new	**Bryan (My team)**		8	0.044750 (7)	0.105442 (7)	5.812827 (8)	1	11시간 후
8	▼1	timyi		5	0.017014 (8)	0.052218 (8)	4.605170 (9)	1	9달 전
9	▼1	yeomko		5	0.014264 (9)	0.047540 (9)	6.944206 (7)	20	4달 전

그림 4.15 협업 필터링 제출 후 리더보드

그림 4.15에서 7번째의 점수가 협업 필터링만으로 추천한 경우입니다. 1주일의 중첩 기간의 조회 기록으로 추천하는 협업 필터링만으로 추천했기 때문에 상위권 등수에 해당하지는 않습니다.

협업 필터링 튜닝

머신러닝 모델의 경우 모델의 성능을 좌우하는 하이퍼파라미터들을 여러 가지 조합으로 학습시켜 가장 성능이 높은 모델을 선택하는 튜닝 과정을 진행합니다. 통계 기반 협업 필터링 모델도 비슷하게 성능을 좌우하는 하이퍼파라미터를 바꾸어 가면서 성능이 어떻게 달라지는지 확인하는 것이 바람직합니다.

4.5 콘텐츠 기반 필터링 구현

4.3.4항에 설명한 바와 같이 1등 솔루션은 브런치 서비스의 글을 추천하는 콘텐츠 기반 필터링 방법으로 두 가지 방법을 구현했습니다. 첫 번째 방법은 독자가 구독하거나 독자가 과거에 읽은 글의 작가의 새 글을 추천하는 것이고 두 번째 방법은 작가가 작성하는 글의 종류와 독자가 조회하는 글의 종류가 비슷한 경우 해당 작가의 새 글을 추천하는 것입니다. 독자의 취향과 작가의 속성을 키워드의 분포를 이용하여 수치화하고 유사도를 계산하는 방법을 구현하기 위해 Doc2Vec 모델을 사용했습니다. Doc2Vec 모델은 Word2Vec 모델과 마찬가지로 처음에는 gensim 라이브러리로 구현했다가 카카오 아레나 대회의 수상 기준에 의해 라이선스 문제가 있음을 확인하고 텐서플로 라이브러리를 사용해 재구현했습니다.

4.5.1 예측 코드 살펴보기

콘텐츠 기반 필터링 예측 코드는 선호 작가 기반으로 주어진 예측 대상 사용자가 읽을 글을 예측하는 코드이며 `inference.py`의 `find_new_articles()` 함수에 작성되어 있습니다.

코드 4.48 _ inference.py find_new_articles() 함수 part 1

```
68 def find_new_articles(viewer):
69     recommends1 = []
70     recommends2 = []
71
```

```
72  dup_read_writers = {}
73  if viewer in t_reads_dup:
74    reads = t_reads_dup[viewer]
75    for read in reads:
76      writer = read.split("_")[0]
77      if writer not in dup_read_writers:
78        dup_read_writers[writer] = 1
```

68~70행:

협업 필터링의 예측과 마찬가지로 입력 파라미터로 주어진 예측 대상 사용자에 대한 글 조회 예측 결과를 두 개의 리스트 recommends1, recommends2에 저장합니다. 콘텐츠 기반 필터링 추천은 사용자의 선호도가 높은 작가의 최신 글을 추천하는 것으로 recommends1은 중첩 기간에 예측 대상 사용자가 글을 읽은 선호 작가의 최신 글을 저장하고 recommends2는 중첩 기간에 예측 대상 사용자가 글을 읽지 않은 선호 작가의 최신 글을 저장합니다.

72~78행:

dup_read_writers는 예측 대상 사용자가 중첩 기간에 읽은 글의 작가 목록을 담을 딕셔너리 변수입니다.

t_reads_dup은 예측 대상 사용자가 중첩 기간에 읽은 글을 담고 있는 딕셔너리 변수이며 협업 필터링 모델 생성 코드에서 설정한 값을 그대로 활용합니다. 글 아이디가 작가 아이디를 포함하고 있으므로 중첩 기간에 읽은 글들의 아이디로부터 작가의 아이디를 찾아서 dup_read_writers에 저장합니다.

코드 4.49 _ inference.py find_new_articles() 함수 part 2

```
80  read_writers = {}
81  if viewer in t_reads:
82    reads = t_reads[viewer]
83    for read in reads:
84      writer = read.split("_")[0]
85      if writer not in read_writers:
86        read_writers[writer] = 1
```

80~86행:

read_writers는 예측 대상 사용자가 조회 기록이 제공되는 전체 기간에 읽은 글의 작가 목록을 담을 딕셔너리 변수입니다. t_reads는 예측 대상 사용자가 조회 기록이 제공되는 전체 기간에 읽은 글을 담고 있는 딕셔너리 변수이며 협업 필터링 모델 생성 코드에서 설정한 값을 그대로 활용합니다. 글 아이디가 작가 아이디를 포함하고 있으므로 글들의 아이디로부터 작가의 아이디를 찾아서 read_writers에 저장합니다.

코드 4.50 _ inference.py find_new_articles() 함수 part 3

```
88  if viewer in t_followings:
89    followings = t_followings[viewer]
90  else:
91    followings = []
92  if viewer in t_non_follow:
93    non_follow = t_non_follow[viewer]
94  else:
95    non_follow = []
```

88~91행:

예측 대상 사용자의 구독 작가를 followings 리스트에 저장합니다.

t_followings는 예측 대상 사용자들의 구독 작가 목록이 들어 있는 딕셔너리 데이터입니다.(inferency.py의 메인 루틴 485행에 정의했고 499행에서 read_followings()라는 함수를 미리 호출해 읽어 들입니다. 딕셔너리의 키는 사용자 아이디이고 값은 구독 작가 아이디의 리스트입니다.)

92~95행:

예측 대상 사용자가 글을 많이 조회한 선호 작가를 non_follow 리스트에 저장합니다.

t_non_follow는 예측 대상 사용자들이 구독하지는 않지만 글을 많이 조회한 작가 목록이 들어 있는 딕셔너리 데이터입니다.(inference.py의 메인 루틴 487행에 정의했고 504행에서 determine_non_follow()라는 함수를 호출해 값을 설정합니다.)

코드 4.51 _ inference.py find_new_articles() 함수 part 4

```
97  if len(followings) == 0:
98    if len(non_follow) == 0:
99      #print("no followings no freq for", viewer)
100     return recommends1, recommends2
```

주어진 예측 대상 사용자가 구독하는 작가가 하나도 없고 조회한 글도 하나도 없는 경우에는 콘텐츠 기반으로 예측할 수가 없으므로 빈 리스트를 반환하면서 콘텐츠 기반 필터링을 종료합니다.

코드 4.52 _ inference.py find_new_articles() 함수 part 5

```
102 # 조회 수 많은 순서로 정렬
103 followings_sorted_stats = [] # 가장 높은 우선 순위
104 if viewer in t_reads:
105   followings_cnt = {}
106   all_reads = t_reads[viewer]
107   for read in all_reads:
108     writer = read.split("_")[0]
109     if writer in followings:
110       if writer in followings_cnt:
111         followings_cnt[writer] += 1
112       else:
113         followings_cnt[writer] = 1
114   followings_cnt_sorted = sorted(followings_cnt.items(), key=lambda kv: kv[1],
                                   reverse=True)
115
116   for writer, cnt in followings_cnt_sorted:
117     if writer in followings:
118       followings_sorted_stats.append(writer)
```

콘텐츠 기반 필터링에서 가장 중요하게 사용하는 데이터는 구독 여부입니다. 조회 기록이 제공되지 않는 2019년 3월 1일부터 2019년 3월 14일 기간에 대한 글 조회 예측 방법으로 구독 작가의 새 글을 추천하는 것입니다. 작가의 새 글에 대해 구독을 하고 있는 독자에게 알림을 보내서 방문과 조회를 유도하는 것이 콘텐츠 서비스의 일반적인 이용 패턴의 하나이므로 이러한 이용 패턴을 감안해 예측을 하는 것입니다.

앞쪽에 예측한 글의 정답 여부가 뒤쪽에 예측한 글의 정답 여부보다 높은 성능 점수로 계산되므로 구독 작가 중에서 조회가 많은 구독 작가의 새 글을 예측 글 목록의 앞쪽에 넣습니다.

103~106행:

주어진 예측 대상 사용자가 읽은 글을 가져옵니다.

107~114행:

읽은 글의 아이디에 들어 있는 작가 아이디를 이용하여 작가별 조회 수를 followings_cnt 딕셔너리 변수에 저장합니다.

저장 후에는 많이 조회한 순서로 정렬한 리스트 변수를 생성합니다.

116~118행:

구독 작가와 구독 횟수를 담고 있는 2차원 리스트 followings_cnt_sorted에서 작가 아이디만을 followings_sorted_stats에 저장해 조회 수가 많은 순서로 정렬한 구독 작가 리스트를 얻습니다.

코드 4.53 _ inference.py find_new_articles() 함수 part 6

```
120  # d2v 모델로 계산한 유사도 높은 순으로 정렬
121  followings_sorted = []  # 두 번째의 우선순위
122  if viewer in sentences_df_indexed.index:
123    followings_sim = []
124    sims = {}
125    for writer in followings:
126      if writer in sentences_df_indexed.index:
127        sim = similarity(viewer, writer)
128        if sim not in sims:
129          sims[sim] = 1
130        else:
131          sim -= 0.000001
132          if sim not in sims:
133            sims[sim] = 1
134          else:
135            sim -= 0.000001
136            if sim not in sims:
137              sims[sim] = 1
```

```
138
139         followings_sim.append([writer, sim])
140     followings_sim_sorted = sorted(followings_sim, key=lambda x:x[1],
                                     reverse=True)
141     for item in followings_sim_sorted:
142       followings_sorted.append(item[0])
143
144     for writer in followings_sorted:
145       if writer not in followings_sorted_stats:
146         followings_sorted_stats.append(writer)
```

sentences_df_indexed는 메인 코드에서 값을 설정하는데 Doc2Vec 모델의 학습 데이터를 읽어서 판다스 라이브러리를 이용해 생성한 데이터프레임 자료형으로, 인덱스는 독자와 작가의 아이디입니다.

주어진 예측 대상 사용자의 구독 작가들을 Doc2Vec 모델로 구한 선호도 또는 취향의 유사도로 정렬하여 높은 성능 점수를 가지는 콘텐츠 기반 추천을 하려고 합니다.

121~127행:

followings_sorted는 주어진 예측 대상 사용자의 구독 작가들을 선호도 순서로 저장할 리스트 변수입니다.

주어진 예측 대상 사용자에 대한 학습 데이터가 존재하고 구독 작가의 학습 데이터도 존재하는 경우 사용자와 작가의 유사도를 계산합니다. similarity() 함수는 코사인 거리를 이용하여 사용자와 작가의 유사도를 0~1의 값으로 계산합니다.

128~139행:

유사도를 이용해 정렬을 하기 때문에 동일한 유사도가 이미 존재한다면 유사도를 조금 낮추어 동일한 유사도를 가지지 않게 하고 followings_sim 리스트 변수에 작가와 유사도를 저장합니다.

140~142행:

유사도가 높은 순서로 정렬해 followings_sim_sorted 리스트 변수에 저장합니다.

144~146행:

조회 수가 많은 순서로 정렬한 구독 작가 리스트 followings_sorted_stats에 유사도가 높은 순서로 정렬한 구독 작가를 추가합니다.

코드 4.54 _ inference.py find_new_articles() 함수 part 7

```
148  for writer in followings:
149    if writer not in followings_sorted_stats:
150      followings_sorted_stats.append(writer)
151
152  followings = followings_sorted_stats
153
154  if len(non_follow) > 0:
155    if len(followings) < 10:
156      followings += non_follow[:2]  # 엔트로피 성능을 위해 두 명으로 제한
```

조회 수와 유사도를 기준으로 정렬한 구독 작가 외의 구독 작가를 추가해 followings에 저장합니다.

구독 작가의 숫자가 10 미만인 사용자들에 대해 글을 많이 읽은 작가를 두 명 추가합니다.

코드 4.55 _ inference.py find_new_articles() 함수 part 8

```
158  if viewer in t_reads:
159    reads = t_reads[viewer]
160  else:
161    reads = []
162    #print("no previous reads for", viewer)
```

주어진 예측 대상 사용자의 조회 글을 가져옵니다. 이전에 읽은 글은 추천에서 제외해야 하기 때문입니다.

코드 4.56 _ inference.py find_new_articles() 함수 part 9

```
164  for writer in followings:
165    if writer not in writer_articles: continue
166    articles = writer_articles[writer]
167    articles_sorted = sorted(articles, key=lambda x: x[1], reverse=False)
```

```
168     for article, reg_datetime in articles_sorted:
169       if reg_datetime <= "20190221000000": continue # 기간을 제한하여 엔트로피 성능 높임
170       if reg_datetime >= "20190315000000": break
171       if article in reads:
172         #print("found article already read")
173         continue
174       if article not in recommends1 and article not in recommends2:
175         if writer in dup_read_writers:
176           recommends1.append(article)
177         #else:
178         elif writer != "@brunch" or writer in read_writers: # 엔트로피 성능 높임
179           recommends2.append(article)
```

164~167행:

followings에 콘텐츠 기반 필터링으로 추천할 작가 리스트가 저장되어 있습니다.

추천할 작가가 작성한 글을 오래된 순으로 읽어서 articles_sorted에 저장합니다.

168~173행:

추천할 작가의 글 중에서 등록일이 2019년 2월 21일 이후이고 예측 대상 사용자가 읽지 않은 글을 추천합니다.

예측 기간이 2019년 3월 14일까지이므로 등록일이 2019년 3월 15일 이후인 글은 추천에서 제외합니다.

174~179행:

dup_read_writers는 중첩 기간에 글을 읽은 작가들을 저장한 딕셔너리 변수이며 선호도가 높은 작가 중에서도 글을 읽을 확률이 높을 것이므로 recommends1에 글을 저장합니다.

@brunch는 브런치 서비스가 공지 사항으로 등록하는 글의 작가 아이디입니다. 거의 모든 사용자의 구독 작가로 @brunch가 들어 있기 때문에 동일한 글이 다수에게 추천되어 엔트로피 성능이 낮아지는 것을 방지하기 위해서 공지 사항 글들은 추천 글에서 제외합니다.

코드 4.57 _ inference.py find_new_articles() 함수 part 10

```
181  # ndcg 성능을 위한 추천 순서 조정
182  if len(recommends1) > 70:
183    recommends1 = []
184    recommends2 = []
185    for writer in followings:
186      if writer not in writer_articles: continue
187      articles = writer_articles[writer]
188      articles_sorted = sorted(articles, key=lambda x: x[1], reverse=False)
189      for article, reg_datetime in articles_sorted:
190        if reg_datetime <= "20190301000000": continue  # 기간을 제한하여 엔트로피 성능 높임
191        if reg_datetime >= "20190313000000": break
192        if article in reads:
193          #print("found article already read")
194          continue
195        if article not in recommends1 and article not in recommends2:
196          if writer in dup_read_writers:
197            recommends1.append(article)
198          #else:
199          elif writer != "@brunch" or writer in read_writers: # 엔트로피 성능 높임
200            recommends2.append(article)
201
202  return recommends1, recommends2
```

recommends1의 추천 글이 70건이 넘는 경우에는 콘텐츠 기반 필터링 추천이 너무 많아지므로 2019년 3월 1일부터 2019년 3월 13일까지 등록된 글로 콘텐츠 기반 필터링 추천 글을 제한합니다. 등록 날짜만 달라지고 추천 글을 선택하는 방법은 164~179행과 동일합니다.

4.5.2 Doc2Vec 데이터 전처리 살펴보기

prepare_d2v.py는 콘텐츠 기반 필터링을 적용하기 위한 Doc2Vec 모델의 학습 데이터를 생성하는 프로그램입니다. Doc2Vec 모델의 학습 데이터는 문서 아이디와 문서 내용으로 구성되는데 1등 솔루션에서 독자와 작가를 문서에 해당하게 학습시켰습니다. 즉 문서 아이디로는 독자와 작가의 아이디를 사용하고 문서 내용으로는 독자가 조회한 글들의 키워드들과 작가가

작성한 글들의 키워드들을 사용하여 학습 데이터를 생성했습니다. 메인 루틴부터 부분별로 설명하겠습니다.

코드 4.58 _ prepare_d2v.py 메인 part 1

```
5 import os, sys
6 import pdb
7 import json
8 import tqdm
9 from util import iterate_data_files
```

5~6행:

거의 모든 프로그램에서 기본적으로 사용한 모듈은 os, sys로 운영 체제 또는 시스템이 제공하는 함수를 사용할 수 있습니다. pdb는 디버깅에 사용한 모듈로 디버깅이 필요한 곳에 pdb.set_trace()라는 코드를 삽입하면 프로그램이 실행되는 도중에 해당 코드가 실행되어 잠시 실행이 멈추고 변수의 값을 확인하거나 한 줄씩 실행해볼 수 있습니다. pdb.set_trace() 코드는 디버깅을 종료한 후에는 삭제하므로 최종 코드에 남아 있지는 않습니다. 주피터 노트북으로 프로그램을 작성할 때 코드 블록 단위로 실행하고 코드 블록을 추가하여 변수를 확인한 후에 필요 없는 코드 블록을 삭제할 수 있는 것과 유사합니다.

7~9행:

json 모듈은 JSON 형식으로 제공된 메타데이터를 읽기 위해 사용했으며 tqdm과 util.iterate_data_files는 카카오 아레나에서 제공한 베이스 코드에서 사용한 모듈로 사용자들의 글 조회 기록을 날짜별로 읽을 때 활용합니다.

코드 4.59 _ prepare_d2v.py 메인 part 2

```
47 if __name__ == "__main__":
48 
49     user_file = "res/predict/test.users"
50     print("read test users")
51     t_users = {}
52     read_test_user()
53 
54     print("read reads of all users")
```

```
55 t_reads = {}
56 t_reads_dup = {}
57 o_reads = {}
58 reads_dup = {}
59 read_reads()
```

47~52행:

제공된 5,000명의 예측 대상 사용자들의 아이디를 t_users 딕셔너리 변수에 읽어 들입니다. t_users의 키는 사용자 아이디이고 값은 사용하지 않습니다.

54~59행:

제공된 조회 기록을 t_reads, t_reads_dup, o_reads, reads_dup 딕셔너리 변수에 읽어 들입니다.

- t_reads는 예측 대상 사용자들의 전체 글 조회 데이터입니다.
- t_reads_dup은 예측 대상 사용자들의 중첩 기간 동안의 글 조회 데이터입니다.
- o_reads는 예측 대상 사용자를 제외한 전체 사용자들의 전체 글 조회 데이터입니다.
- reads_dup은 예측 대상 사용자를 제외한 전체 사용자들의 중첩 기간 동안의 글 조회 데이터입니다.

네 개의 딕셔너리 변수들의 키는 사용자 아이디이고 값은 조회한 글 아이디들을 시간순으로 담은 리스트입니다.

코드 4.60 _ prepare_d2v.py 메인 part 3

```
61 articles = {}
62 writer_articles = {}
63
64 print("read articles metadata")
65 with open("res/metadata.json", "r") as fp:
66   for line in fp:
67     article = json.loads(line)
68     article_id = article['id']
69     writer_id = article['user_id']
70     title = article['title'].strip()
71     sub_title = article['sub_title'].strip()
```

```
72        keywords = " ".join(article['keyword_list']).strip()
73        articles[article_id] = [title, sub_title, keywords]
74        if writer_id in writer_articles:
75          writer_articles[writer_id].append(article_id)
76        else:
77          writer_articles[writer_id] = [article_id]
```

61~77행:

제공된 글의 메타데이터를 articles, writer_articles 딕셔너리 변수에 읽어 들입니다.

- articles의 키는 글 아이디이고 값은 제목, 부제목, 키워드들을 담은 리스트입니다.
- writer_articles의 키는 작가 아이디이고 값은 작가가 작성한 글 아이디들을 담은 리스트입니다.

코드 4.61 _ prepare_d2v.py 메인 part 4

```
79    print("write writer sentences")
80    num_writer = 0
81    num_write_article = 0
82    of3 = open("res/writer_user_sentences_keyword.txt", "w")
83    for writer in writer_articles:
84      num_writer += 1
85      line = ""
86      recent_articles = writer_articles[writer]
87      for article in recent_articles:
88        num_write_article += 1
89        title = articles[article][0]
90        sub_title = articles[article][1]
91        keywords = articles[article][2]
92        if keywords != "":
93          line += " " + keywords
94      if line != "": of3.write(writer + line + "\n")
```

79~94행:

writer_articles에 저장된 모든 작가에 대해 articles에 저장된 모든 작성한 글들의 키워드들을 읽어 writer_user_sentences_keyword.txt라는 학습 데이터 파일에 저장합니다.

한 명의 작가에 대해 작성한 모든 글의 키워드를 한 줄에 모두 나열하는 방식으로 파일에 기록합니다.

코드 4.62 _ prepare_d2v.py 메인 part 5

```
96  print("write user sentences")
97  num_user = 0
98  num_read_article = 0
99  for user in t_users:
100   reads = set(t_reads_dup[user])
101   if len(reads) < 20:
102     reads = set(t_reads[user])
103   if len(reads) < 1: continue
104   num_user += 1
105   line = ""
106   for article in reads:
107     if article in articles:
108       title = articles[article][0]
109       sub_title = articles[article][1]
110       keywords = articles[article][2]
111       if keywords != "":
112         line += " " + keywords
113       num_read_article += 1
114
115   if line != "": of3.write(user + line + "\n")
```

96~100행:

t_users에 저장된 모든 사용자에 대해 중첩 기간에 조회한 글 아이디들을 가져와서 reads 집합 자료형 변수에 저장합니다. 글의 최신성이 글 소비에 많은 영향을 미치므로 최근에 읽은 글만으로 사용자의 취향을 판단하고자 하기 때문입니다.

글 아이디들을 집합 자료형으로 옮긴 이유는 동일한 글을 여러 번 나누어 읽은 중복 조회를 제거하기 위한 것입니다. 리스트 자료형에서 집합 자료형으로 옮기면 글의 순서가 원래 리스트의 순서를 유지하지 않고 랜덤하게 바뀌는데 여기서는 재정렬을 하지 않았습니다. 글 조회의 순서가 독자의 취향을 수치화할 때 큰 영향을 주지 않을 것으로 판단했기 때문입니다.(inference.py의 33행에서는 중복 조회를 제거한 후에 재정렬을 한 코드가 있습니다. 이는 세션 기반 협업 필터링에서는 글 조회의 순서가 큰 영향을 주기 때문입니다.)

101~104행:

만일 중첩 기간에 20개 미만을 읽었다면 전체 기간에 조회한 글 아이디들을 가져와서 reads 변수에 저상합니다. 데이터가 부족하면 사용자의 취향을 반영하기 어려워지기 때문입니다.

106~115행:

articles에 저장된 모든 조회한 글의 키워드들을 읽어 writer_user_sentences_keyword.txt라는 동일한 학습 데이터 파일에 추가 저장합니다.

코드 4.63 _ prepare_d2v.py 메인 part 6

```
117  for user in reads_dup:
118    if num_user > 14828: break
119    reads = set(reads_dup[user])
120    if len(reads) < 20:
121      reads = set(o_reads[user])
122    if len(reads) < 1: continue
123    num_user += 1
124    line = ""
125    for article in reads:
126      if article in articles:
127        title = articles[article][0]
128        sub_title = articles[article][1]
129        keywords = articles[article][2]
130        if keywords != "":
131          line += " " + keywords
132        num_read_article += 1
133    if line != "": of3.write(user + line + "\n")
134
135  of3.close()
```

117~118행:

예측 대상 사용자를 제외한 사용자 가운데 중첩 기간에 글을 조회했던 일부 사용자가 읽은 글의 키워드를 학습 데이터로 저장하려고 합니다. Doc2Vec 모델의 크기를 제한하기 위해 일부 사용자에 대해서만 학습 데이터를 생성했으며 118행의 14828이라는 숫자는 특별한 의미는 없고 모델의 크기를 적당하게 만드는 사용자의 숫자입니다.

119행 이후는 예측 대상 사용자에 대해 학습 데이터를 생성하는 코드와 동일합니다.

119행:

예측 대상 사용자를 제외한 사용자에 대해 중첩 기간에 조회한 글 아이디들을 가져와서 reads 집합 자료형 변수에 저장합니다.

120~123행:

만일 중첩 기간에 20개 미만을 읽었다면 전체 기간에 조회한 글 아이디들을 가져와서 reads 변수에 저장합니다. 데이터가 부족하면 사용자의 취향을 반영하기 어려워지기 때문입니다.

124~134행:

articles에 저장된 모든 조회한 글의 키워드를 읽어 writer_user_sentences_keyword.txt 라는 동일한 학습 데이터 파일에 추가 저장합니다.

135행:

작가, 예측 대상 사용자, 예측 대상 사용자를 제외한 일부 사용자들의 취향을 벡터화할 수 있는 학습 데이터를 모두 생성하였으므로 파일을 닫습니다.

이제 메인 루틴에서 호출한 개별 함수들을 살펴보겠습니다.

코드 4.64 _ prepare_d2v.py read_reads() 함수

```
12 def read_reads():
13   files = sorted([path for path, _ in iterate_data_files('2018100100', '2019030100')])
14   for path in tqdm.tqdm(files, mininterval=1):
15     date = path[11:19]
16     for line in open(path):
17       tokens = line.strip().split()
18       user_id = tokens[0]
19       reads = tokens[1:]
20       if user_id in t_users:
21         if user_id in t_reads:
22           t_reads[user_id] += reads
```

```
23          else:
24            t_reads[user_id] = reads
25          if date >= "20190222":
26            if user_id in t_reads_dup:
27              t_reads_dup[user_id] += reads
28            else:
29              t_reads_dup[user_id] = reads
30        else:
31          if user_id in reads:
32            o_reads[user_id] += reads
33          else:
34            o_reads[user_id] = reads
35          if date >= "20190222":
36            if user_id in reads_dup:
37              reads_dup[user_id] += reads
38            else:
39              reads_dup[user_id] = reads
```

12행:

read_reads() 함수는 제공되는 글 조회 데이터를 읽어서 필요한 자료 구조를 생성하는 함수입니다.

13~15행:

카카오 아레나에서 제공한 베이스 코드와 동일한 방식으로 글 조회 데이터를 파일에서 읽어옵니다. 파일명에서 조회 일시를 알 수 있습니다.

16~19행:

글 조회 데이터는 파일에 사용자 아이디와 읽은 글 아이디가 세션당 한 줄로 저장되어 있어서 공백 문자로 분리하면 첫 번째 토큰은 사용자 아이디이고 두 번째 이하의 토큰은 글 아이디입니다.

20~29행:

예측 대상 사용자의 글 조회 데이터인 경우에는 조회 데이터를 t_reads에 저장하고 조회 일시가 중첩 기간에 해당하는 경우 추가로 t_reads_dup에 저장합니다.

30~39행:

테스트 사용자가 아닌 사용자의 글 조회 데이터인 경우에는 조회 데이터를 o_reads에 저장하고 조회 일시가 중첩 기간에 해당하는 경우 추가로 reads_dup에 저장합니다. o_reads 변수명에서 o는 others의 제일 앞 글자를 따온 것이고 reads_dup 변수명은 o_reads_dup이라고 명명하는 것이 더 적절했을 것으로 생각합니다.

코드 4.65 _ prepare_d2v.py read_test_user() 함수

```
41 def read_test_user():
42   with open(user_file, "r") as fp:
43     for line in fp:
44       viewer_id = line.strip()
45       t_users[viewer_id] = 1
```

41~45행:

제공된 파일에 한 줄에 한 개씩 들어 있는 아이디를 읽어 딕셔너리에 저장합니다. 딕셔너리의 값 부분은 사용하지 않으므로 의미 없는 고정된 값을 저장했습니다.

4.5.3 Doc2Vec 모델 생성 코드 살펴보기

train.py는 텐서플로를 활용해 Doc2Vec 모델을 생성하는 프로그램입니다. prepare_d2v.py의 산출물을 입력 데이터로 사용합니다. 사용자별 주요 키워드 리스트를 하나의 문장으로 나타내고 Doc2Vec을 적용하여 각 문장을 임베딩합니다.

임베딩 결괏값을 이용하여 문장 간의 유사도를 계산할 수 있습니다.

코드 4.66 _ train.py 사용자 주요 키워드 문장 읽어오기

```
files = glob.glob('./res/writer_user_sentences_keyword.txt')

words = []
for f in files:
    file = open(f)
    words.append(file.read())
    file.close()
```

```
words = list(chain.from_iterable(words))
words = ''.join(words)[:-1]
sentences = words.split('\n')
```

prepare_d2v.py의 결과 파일을 읽어 문장을 생성합니다. 문장은 사용자 아이디와 사용자가 조회한 글의 주요 키워드를 나열한 것입니다. 문장의 첫 단어는 사용자 아이디입니다.

코드 4.67 _ train.py 문장 데이터프레임 생성

```
sentences_df = pd.DataFrame(sentences)
sentences_df.shape

Out: (32359, 1)

sentences_df['user'] = sentences_df[0].apply(lambda x : x.split()[0])
sentences_df['words'] = sentences_df[0].apply(lambda x : ' '.join(x.split()[1:]))
sentences_df['words_list']  = sentences_df[0].apply(lambda x : x.split())
sentences_df['words_num'] = sentences_df[0].apply(lambda x : len(x.split()))

sentences_df_indexed = sentences_df.reset_index().set_index('user')
```

문장 데이터를 분석하기 용이한 데이터프레임 형태로 나타냅니다. 문장 데이터프레임에는 총 32,359명의 사용자가 조회한 글의 주요 키워드가 저장되어 있습니다. 문장의 첫 번째 단어인 사용자 아이디를 user 칼럼에 입력하고 글의 주요 키워드는 words 칼럼에 입력합니다. 글의 주요 키워드는 리스트 객체로 변환하여 word_list 칼럼에 입력합니다. 주요 키워드 개수를 words_num 칼럼에 입력하여 사용자별로 몇 개의 키워드를 가지고 있는지 표현합니다.

사용자 아이디로 데이터 조회가 가능하게 인덱싱한 sentences_df_indexed 데이터프레임을 생성합니다. 앞으로 sentences_df_indexed 데이터프레임을 기반으로 데이터 처리를 수행합니다.

	0	user	words	words_list	words_num
0	@bookdb 여행 호주 국립공원 소설 공경회 번역가 사회과학 과학 김범준 경제 금...	@bookdb	여행 호주 국립공원 소설 공경회 번역가 사회과학 과학 김범준 경제 금융위기 중국 엄...	[@bookdb, 여행, 호주, 국립공원, 소설, 공경회, 번역가, 사회과학, 과학...	2780
1	@kohwang56 목련꽃 아지랑이 동행 사랑 마음 이심전심 사랑 상상 질투 벚꽃 ...	@kohwang56	목련꽃 아지랑이 동행 사랑 마음 이심전심 사랑 상상 질투 벚꽃 시샘 바람 처녀 아지...	[@kohwang56, 목련꽃, 아지랑이, 동행, 사랑, 마음, 이심전심, 사랑, ...	306
2	@bryceandjuli 감정 마음 위로 학원 사회 교육 편지 공항 시간 생각 상대...	@bryceandjuli	감정 마음 위로 학원 사회 교육 편지 공항 시간 생각 상대성 취업 바닥 드라마 여행...	[@bryceandjuli, 감정, 마음, 위로, 학원, 사회, 교육, 편지, 공항...	248
3	@mijeongpark 유럽여행 더블린 아일랜드 시 이별 위로 슬픔 자작시 사랑 아...	@mijeongpark	유럽여행 더블린 아일랜드 시 이별 위로 슬픔 자작시 사랑 아일랜드 더블린 세인트패트	[@mijeongpark, 유럽여행, 더블린, 아일랜드, 시, 이별, 위로, 슬픔,...	175

그림 4.16 문자 데이터프레임 데이터

코드 4.68 _ train.py 전체 단어 수 계산

```
total_word_list = sentences_df_indexed['words_list'].tolist()

import functools
import operator

def functools_reduce_iconcat(a):
    return functools.reduce(operator.iconcat, a, [])

total_word_set = functools_reduce_iconcat(total_word_list)

total_word_set = set(total_word_set)

len(total_word_set)

Out: 118396
```

문장 데이터에 사용된 전체 단어 수를 계산하는 코드입니다. 먼저 문장 데이터프레임에서 각 사용자별 단어 리스트를 읽어오고 이를 통합한 `total_word_list` 리스트를 생성합니다.

`total_word_list` 리스트 내 단어가 중복되어 있기 때문에 중복된 단어를 제거한 `total_word_set` 집합을 생성합니다.

전체 단어 수는 118,396개로 계산되었습니다.

이제 본격적으로 문장을 벡터화하는 임베딩 작업을 알아보겠습니다.

코드 4.69 _ train.py 단어 인덱싱

```
vocabulary_size = 120000

def build_dataset(sentences):
    words = ''.join(sentences).split()
    count = [['UNK', -1]]
    count.extend(collections.Counter(words).most_common(vocabulary_size - 1))
    dictionary = dict()
    for word, _ in count:
        dictionary[word] = len(dictionary)

    unk_count = 0
    sent_data = []
    for sentence in sentences:
        data = []
        for word in sentence.split():
            if word in dictionary:
                index = dictionary[word]
            else:
                index = 0  # dictionary['UNK']
                unk_count = unk_count + 1
            data.append(index)
        sent_data.append(data)

    count[0][1] = unk_count
    reverse_dictionary = dict(zip(dictionary.values(), dictionary.keys()))
    return sent_data, count, dictionary, reverse_dictionary

data, count, dictionary, reverse_dictionary = build_dataset(
sentences_df_indexed['words'].tolist())
```

문장을 벡터로 임베딩 하려면 문장의 각 단어를 숫자로 변환하는 인덱싱 작업을 먼저 수행해야 합니다. build_dataset 함수는 전체 문장의 각 단어를 고유한 숫자 값으로 변환하며 data, count, dictionary, reverse_dictionary 객체를 반환합니다.

data 객체는 문장을 각 단어를 고유한 숫자로 변환한 최종 결과입니다. 즉 "여행, 호주, 국립공원, 소설, 공경희, 번역가, 사회과학, 과학"이라는 문장이 "1, 162, 1724, 37, 51183, 2586, 5437, 393" 숫자 집합으로 변경되어 data 객체에 저장됩니다.

단어를 고유한 숫자 값으로 변환하려면 단어의 출현 빈도를 계산해야 합니다. 그 결과가 count 객체입니다. collections.Counter() 함수로 각 단어의 출현 빈도를 계산할 수 있습니다. 그 결과는 아래와 같습니다.

```
[['UNK', 0],
 ('여행', 64305),
 ('사랑', 58379),
 ('에세이', 52391),
 ('영화', 45107),
 ('그림일기', 37300),
 ('연애', 35548),
 ('공감에세이', 32247),
 ('생각', 31094),
 ('결혼', 27515),
 ('글쓰기', 23469),
 ('육아', 23399),
 ('다이어트', 23182),
 ('일상', 22366),
 ('퇴사', 22165),
 ('고양이', 22065),
 ('직장인', 20840),
 ('감성에세이', 20068),
```

'UNK'는 'unknown'의 약어로, 출현 빈도가 적은 단어를 의미합니다. 문자의 총 단어 수인 118,396개보다 큰 120,000으로 vocabulary 크기를 설정해 모든 단어가 카운트되게 했습니다. '여행'이라는 단어가 64,305회로 가장 많이 출현했고 사랑, 에세이, 영화가 그 다음 빈도로 출현했습니다.

dictionary 객체는 파이썬의 dict 타입을 이용해 단어의 출현 빈도순으로 인덱싱한 결과입니다. 즉 많이 출현한 단어의 순위 값를 단어와 매핑한 것입니다. 그 결과는 다음과 같습니다.

```
{'UNK': 0,
 '여행': 1,
 '사랑': 2,
 '에세이': 3,
 '영화': 4,
 '그림일기': 5,
 '연애': 6,
 '공감에세이': 7,
 '생각': 8,
 '결혼': 9,
 '글쓰기': 10,
 '육아': 11,
 '다이어트': 12,
 '일상': 13,
 '퇴사': 14,
 '고양이': 15,
 '직장인': 16,
 '감성에세이': 17,
```

코드 4.70 _ train.py 문장에 패드 추가

```
skip_window = 5
instances = 0

# 단어 앞뒤로 패딩 단어 추가
for i in range(len(data)):
    data[i] = [vocabulary_size]*skip_window+data[i]+[vocabulary_size]*skip_window

# 학습 단어 수 확인
for sentence  in data:
    instances += len(sentence)-2*skip_window
print(instances)
```

```
Out: 3810211
```

Doc2Vec 알고리즘 중 Distributed Memory Model은 Word2Vec의 Continuous Bag of Words(CBOW) 방법과 유사합니다. 단어의 주위에 위치한 단어를 이용하여 해당 단어를 유추할 수 있게 학습하는 방법입니다. 따라서 주위 단어를 어느 영역까지 포함할지 정의해야 합니다. 그 크기를 skip_window 값에 5로 설정했습니다. 즉 단어의 앞뒤 5개 단어를 이용한다는 의미입니다. 각 문장의 첫 번째 단어와 마지막 단어는 앞뒤 단어가 없습니다. 따라서 임의 값으로 skip_window 크기만큼 문장 앞뒤를 채워줍니다. 이 작업을 마치고 학습할 단어의 전체 수를 계산해 instances 객체에 저장합니다. 학습 인스턴스의 수는 대략 380만 개입니다.

코드 4.71 _ train.py 컨텍스트, 레이블, 도큐먼트 객체 생성

```
context = np.zeros((instances,skip_window*2+1),dtype=np.int32)
labels = np.zeros((instances,1),dtype=np.int32)
doc = np.zeros((instances,1),dtype=np.int32)

k = 0
for doc_id, sentence  in enumerate(data):
    for i in range(skip_window, len(sentence)-skip_window):
        context[k] = sentence[i-skip_window:i+skip_window+1]
        labels[k] = sentence[i]
        doc[k] = doc_id
        k += 1

context = np.delete(context,skip_window,1)

shuffle_idx = np.random.permutation(k)
labels = labels[shuffle_idx]
doc = doc[shuffle_idx]
context = context[shuffle_idx]
```

데이터 전처리의 마지막 단계로 문서의 모든 단어를 조회하면서 컨텍스트(context), 레이블(labels), 도큐먼트(doc) 리스트를 생성하는 코드입니다.

context는 학습 단어의 앞뒤로 5개씩 총 10개 단어를 저장하고 있는 리스트입니다. labels는 학습 단어를 저장합니다. doc은 레이블이 포함된 문서의 번호를 저장하고 있습니다. context, labels, doc 리스트 내 순서를 셔플링하여 학습 데이터를 준비합니다.

코드 4.72 _ train.py 텐서플로 그래프 생성

```
batch_size = 256
context_window = 2*skip_window
embedding_size = 50 # 임베딩 벡터 크기 지정
softmax_width = embedding_size
num_sampled = 5 # 네거티브 샘플 수 지정
sum_ids = np.repeat(np.arange(batch_size),context_window)

len_docs = len(data)
```

```
graph = tf.Graph()

with graph.as_default(): # , tf.device('/cpu:0')
    # 입력 데이터
    train_word_dataset = tf.placeholder(tf.int32, shape=[batch_size*context_window])
    train_doc_dataset = tf.placeholder(tf.int32, shape=[batch_size])
    train_labels = tf.placeholder(tf.int32, shape=[batch_size, 1])

    segment_ids = tf.constant(sum_ids, dtype=tf.int32)

    word_embeddings = tf.Variable(tf.random_uniform([vocabulary_size,
                            embedding_size],-1.0,1.0))
    word_embeddings = tf.concat([word_embeddings,tf.zeros((1,embedding_size))],0)
    doc_embeddings = tf.Variable(tf.random_uniform([len_docs,embedding_size],-1.0,1.0))

    softmax_weights = tf.Variable(tf.truncated_normal([vocabulary_size,
                            softmax_width], stddev=1.0 / np.sqrt(embedding_size)))
    softmax_biases = tf.Variable(tf.zeros([vocabulary_size]))

    # 모델 정의
    # 입력 임베딩 벡터 생성
    embed_words = tf.segment_mean(tf.nn mo.embedding_lookup(word_embeddings,
                            train_word_dataset),segment_ids)
    embed_docs = tf.nn.embedding_lookup(doc_embeddings, train_doc_dataset)
    embed = (embed_words+embed_docs)/2.0#+embed_hash+embed_users

    # 네거티브 샘플링 방식으로 소프트맥스 로스값 계산
    loss = tf.reduce_mean(tf.nn.nce_loss(softmax_weights, softmax_biases,
                            train_labels, embed, num_sampled, vocabulary_size))

    # 옵티마이저 정의
    optimizer = tf.train.AdagradOptimizer(0.5).minimize(loss)

    norm = tf.sqrt(tf.reduce_sum(tf.square(doc_embeddings), 1, keep_dims=True))
    normalized_doc_embeddings = doc_embeddings / norm
```

Doc2Vec 학습을 위하여 텐서플로를 사용하겠습니다. 위 코드는 텐서플로 학습을 위하여 입력과 출력을 정의한 텐서플로 그래프(graph)를 생성하는 코드입니다.

총 학습할 단어의 수가 약 380만 개로 매우 많기 때문에 학습 데이터를 일정 크기의 배치(batch)로 나누어 반복해서 학습하는 방법인 확률적 경사 하강법(Stochastic Gradient Descent, SGD)을 사용합니다. 배치 크기는 256개로 설정했습니다.

Doc2Vec의 최종 출력은 벡터입니다. 벡터 크기(embedding_size)를 50으로 정의했습니다. Softmax(소프트맥스)는 입력받은 값을 출력으로 0~1 사이의 값으로 모두 정규화하며 출력값들의 총합은 항상 1이 되는 특성을 가진 함수입니다. 이 Softmax 함수를 이용하면 좀 더 좋은 결과를 만들어 낼 수 있습니다. Softmax 함수의 크기 또한 embedding_size와 같이 50으로 설정합니다. Softmax 확률을 구할 때 연산량을 줄이기 위해 전체 단어가 아닌 일부 단어만 뽑아 계산하는 방식(negative sampling)을 사용합니다. num_sampled 값을 5로 정의했습니다. 정답 단어 외에 오답 단어를 5개 선정해 같이 학습한다는 의미입니다.

앞에서 설명한 batch_size, embedding_size, softmax_width, num_sampled 값은 하이퍼파라미터로 값을 변경해 가면서 성능을 높일 수도 있습니다.

코드 4.73 _ train.py 배치 데이터 생성

```
data_idx = 0
def generate_batch(batch_size):
    global data_idx

    if data_idx+batch_size<instances:
        batch_labels = labels[data_idx:data_idx+batch_size]
        batch_doc_data = doc[data_idx:data_idx+batch_size]
        batch_word_data = context[data_idx:data_idx+batch_size]
        data_idx += batch_size
    else:
        overlay = batch_size - (instances-data_idx)
        batch_labels = np.vstack([labels[data_idx:instances],labels[:overlay]])
        batch_doc_data = np.vstack([doc[data_idx:instances],doc[:overlay]])
        batch_word_data = np.vstack([context[data_idx:instances],context[:overlay]])
        data_idx = overlay
    batch_word_data = np.reshape(batch_word_data,(-1,1))
```

```
    return batch_labels, batch_word_data, batch_doc_data
```

학습에 사용된 데이터를 배치 크기(256개)에 맞춰 데이터를 구성하는 함수입니다. 배치 데이터가 전체 학습 데이터를 초과할 경우 앞쪽에 위치한 데이터를 연결해 데이터를 구성합니다. 전체 데이터를 여러 번 학습해 손실값(Loss)을 최대한 줄이고자 합니다.

코드 4.74 _ train.py 모델 학습

```
num_steps = 400001
step_delta = int(num_steps/20)

with tf.Session(graph=graph) as session:
    tf.global_variables_initializer().run()
    print('Initialized')
    average_loss = 0
    for step in range(num_steps):
        batch_labels, batch_word_data, batch_doc_data = generate_batch(batch_size)
        feed_dict = {train_word_dataset : np.squeeze(batch_word_data),
                     train_doc_dataset : np.squeeze(batch_doc_data),
                     train_labels : batch_labels}
        _, l = session.run([optimizer, loss], feed_dict=feed_dict)
        average_loss += l
        if step % step_delta == 0:
            if step > 0:
                average_loss = average_loss / step_delta


            # 평균 손실값은 마지막 2000 배치에 대한 추정값
            print('Average loss at step %d: %f' % (step, average_loss))
            average_loss = 0
    save_path = tf.train.Saver().save(session, "./model/doc2vec_model")
    # 모델 읽어옴
    #tf.train.Saver().restore(session, "./model/doc2vec_model")

    # 추후 저장을 위해 가중치들을 가져옴
    final_word_embeddings = word_embeddings.eval()
```

```
    final_word_embeddings_out = softmax_weights.eval()
    final_doc_embeddings = normalized_doc_embeddings.eval()
```

배치 데이터 생성 후 텐서플로의 session.run 함수를 호출하여 학습합니다. num_step 값을 400001로 지정했습니다. 배치 데이터를 총 400,001번 학습한다는 의미이며 10,240만 (400001×256) 개의 데이터를 학습합니다. 전체 학습 인스턴스의 수가 380만 개이므로 33회 반복해 학습하게 됩니다. 파이썬 언어에서 무시하고 싶은 변수를 표현할 때 관례적으로 밑줄 기호(_)를 사용합니다. session.run 함수의 optimizer와 loss에 대한 두 리턴값 중에서 첫 번째의 optimizer 부분은 사용하지 않으므로 밑줄 기호(_)를 사용했습니다.

학습 종료 후 생성되는 모델은 tf.train.Saver().save 함수를 통해 저장할 수 있고 tf.train.Saver().restore 함수를 통해 저장된 모델을 불러올 수도 있습니다.

최종 산출물은 final_word_embeddings, final_word_embeddings_out, final_doc_embeddings입니다.

final_word_embeddings는 사용된 단어의 임베딩 벡터값, final_word_embeddings_out은 단어의 소프트맥스 값, final_doc_embeddings는 사용자(문서)의 임베딩 벡터값을 나타냅니다.

사용자(문서) 간의 유사도를 계산하려면 final_doc_embeddings 값을 이용하면 됩니다. final_doc_embeddings에는 각 사용자의 임베딩 벡터 값이 행렬로 저장되어 있습니다. 행렬 계산을 통해 사용자 간의 유사도를 계산할 수 있습니다.

4.5.4 성능 평가

콘텐츠 기반 필터링 예측 결과 생성

콘텐츠 기반 필터링만으로 예측 결과를 생성하고 성능을 평가하기 위해서는 먼저 예측 코드 inference.py를 실행하고 콘텐츠 기반 필터링만으로 예측 결과를 생성하는 inference_cbf.py를 실행합니다.

코드 4.75 _ 콘텐츠 기반 필터링 예측 결과 생성 셀 명령

```
~/arena2$ python3 inference.py dev
~/arena2$ python3 inference_cbf.py
```

앙상블 구현 부분에서 설명하겠지만, inference.py를 실행하면 콘텐츠 기반 필터링 추천 글들을 res/recommend_2.txt에 저장합니다. 예측 대상자의 구독 여부 및 조회 기록이 얼마나 많은지에 따라 콘텐츠 기반 필터링은 100건을 모두 추천할 수 있는 경우도 있고 한 건도 추천할 수 없는 경우도 있습니다. inrerence_cbf.py는 콘텐츠 기반 필터링 추천 글이 100건 미만인 경우 무작위로 추천 글을 추가해 모든 예측 대상 사용자들에게 100건의 글을 추천해 res/recommend.txt에 저장합니다.

코드 4.76 _ inference_cbf.py part 1

```
1 import os
2 import sys
3
4 if not os.path.exists('res/recommend_2.txt'):
5   print('Cannot find res/recommend_2.txt')
6   sys.exit()
```

코드 4.77 _ inference_cbf.py part 2

```
8 t_users = {}
9 user_file = "res/predict/dev.users"
10 with open(user_file, "r") as fp:
11   for line in fp:
12     viewer_id = line.strip()
13     t_users[viewer_id] = 1
```

코드 4.78 _ inference_cbf.py part 3

```
15 inferences = {}
16 with open('res/recommend_2.txt', 'r') as fp:
17   for line in fp:
18     tokens = line.strip().split()
19     inferences[tokens[0]] = tokens[1:]
```

코드 4.79 _ inference_cbf.py part 4

```
21 with open('res/recommend.txt', 'w') as fp:
22   for user in t_users:
23     if user in inferences:
```

```
24       recs = inferences[user]
25     else:
26       recs = []
27
28     for i in range(len(recs), 100):
29       recs.append('@random_' + str(i+1))
30
31     fp.write(user + ' ' + ' '.join(recs) + '\n')
```

코드 4.76~4.79는 협업 필터링의 성능 평가를 위해 작성한 코드 4.43~4.46과 동일한 로직이며 협업 필터링 추천 결과인 res/recommend_1.txt 파일 대신 콘텐츠 기반 필터링 추천 결과인 res/recommend_2.txt를 읽고 res/recommend.txt에 예측 대상 사용자의 아이디와 추천 글을 저장합니다. 콘텐츠 기반 필터링 추천 글이 100건 미만인 경우에는 임의의 추천 글을 추가하여 모든 예측 대상 사용자들이 100건의 추천 글을 갖도록 저장합니다.

콘텐츠 기반 필터링 성능 평가

추천 글을 생성한 후에는 카카오 아레나에 로그인하고 2회 대회 플레이그라운드 페이지에서 제출하기 버튼을 눌러 성능 평가를 해볼 수 있습니다. 추천 글을 생성하기 위해 작성한 inference.py와 inference_cbf.py를 압축해 code2.zip을 생성하고 추천 결과 파일인 res/recommend.txt를 압축해 recommend2.zip을 생성하여 각각 소스 코드 업로드와 결과 파일 업로드에 넣습니다.

코드 4.80 _ 콘텐츠 기반 필터링 제출 파일 생성 셀 명령

```
~arena2$ zip code2.zip inference.py inference_cbf.py
~arena2$ cd res
~arena2/res$ zip recommend2.zip recommend.txt
```

협업 필터링의 성능 평가와 동일한 과정으로 결과 파일인 recommend2.zip과 소스 코드인 code2.zip을 업로드하여 세 가지 성능 평가 점수를 확인할 수 있습니다. 콘텐츠 기반 필터링 방식의 추천으로 협업 필터링보다 높은 성능을 얻을 수 있음을 그림 4.17과 같은 제출 목록 화면에서 확인할 수 있습니다. 예측 대상 기간 3주일 중에서 조회 기록이 없는 2주일에 대한 예측이기 때문에 조회 기록이 있는 1주일에 대한 예측보다 높은 성능을 얻은 것으로 판단됩니다.

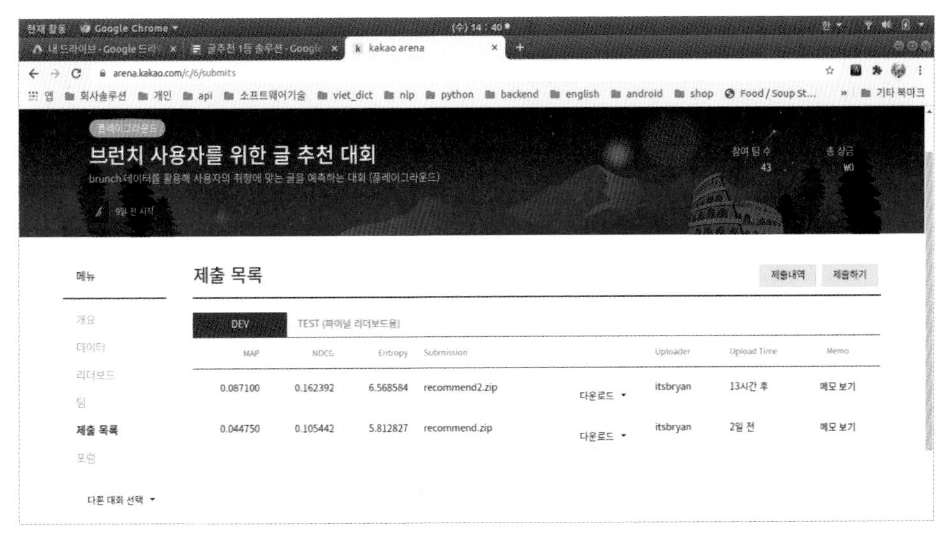

그림 4.17 콘텐츠 기반 필터링 제출 후 제출 목록

콘텐츠 기반 필터링 추천 결과의 성능이 협업 필터링 추천 결과의 성능보다 높지만 리더보드로 알 수 있는 MAP 성능은 7등, NDCG 성능은 7등, 엔트로피 성능은 8등으로 변화가 없습니다. 1주일의 중첩 기간을 제외한 2주일의 기간에 대한 추천이기 때문에 전체 기간에 대한 추천을 하는 경우에 비해 2/3 정도의 성능을 얻을 수밖에 없습니다.

리더보드

공개 리더보드

#	△1d	팀명	스코어	MAP	NDCG	Entropy	제출 횟수	마지막 제출
1	-	STUDY	27	0.097003 (1)	0.207145 (1)	10.994807 (1)	80	8달 전
2	-	NAFMA	23	0.096450 (3)	0.205759 (2)	10.985046 (2)	2	8달 전
3	-	neot0000	20	0.095659 (4)	0.204328 (3)	10.984961 (3)	2	8달 전
4	-	bruce	17	0.096728 (2)	0.186929 (5)	9.799280 (6)	1	9달 전
5	-	오케바라리	16	0.091175 (6)	0.201499 (4)	10.984436 (4)	29	8달 전
6	-	RecoStart	14	0.095467 (5)	0.183251 (6)	9.881454 (5)	2	8달 전
7	-	Bryan (My team)	8	0.087100 (7)	0.162392 (7)	6.568584 (8)	2	13시간 후
8	-	timyi	5	0.017014 (8)	0.052218 (8)	4.605170 (9)	1	9달 전
9	-	yeomko	5	0.014264 (9)	0.047540 (9)	6.944206 (7)	20	4달 전

그림 4.18 콘텐츠 기반 필터링 제출 후 리더보드

4.6 앙상블 구현

머신러닝 분야에서 여러 모델의 예측 결과를 결합하여 사용하는 것을 앙상블이라고 합니다. 구조가 서로 다른 여러 모델을 사용하기도 하고 서로 다른 학습 데이터로 학습시킨 동일한 구조의 여러 모델을 사용하기도 합니다. 1등 솔루션은 전자에 해당합니다.

추천 결과를 생성하는 inference.py는 앞서 설명한 모델 생성 코드, 예측 코드, 예측 보조 함수, 그리고 메인 코드로 이루어져 있습니다. 메인 코드는 전반부의 예측 준비 부분과 후반부의 예측 실행 및 앙상블 부분으로 나누어집니다. 메인 코드를 살펴보기 전에 예측 보조 함수들을 자세히 살펴보겠습니다.

4.6.1 예측 보조 함수 살펴보기

예측을 실행하기 위한 보조 함수로는 카카오 아레나에서 제공되는 데이터를 읽는 함수들과 피처 데이터를 생성하는 함수들이 있습니다. read_test_user()는 예측 대상 사용자의 아이디 데이터를 읽는 함수이고, read_followings()는 구독 데이터를 읽는 함수이고, read_article_meta()는 글의 메타데이터를 읽는 함수입니다. determine_non_follow()는 선호 작가 피처 데이터를 생성하는 함수입니다.

코드 4.81 _ inference.py read_test_user() 함수

```
205 def read_test_user():
206   print("read test user set", user_file)
207   with open(user_file, "r") as fp:
208     for line in fp:
209       viewer_id = line.strip()
210       t_users[viewer_id] = 1
```

예측 프로그램 실행 시 주어지는 인자(argument)에 의해 예측 대상 사용자가 3,000명의 검증 대상 사용자와 5,000명의 테스트 대상 사용자 중에 한 가지로 결정이 되어 user_file 전역 변수에 예측 대상 사용자들의 아이디를 가진 파일의 경로가 저장됩니다. read_test_users() 함수는 예측 대상 사용자들의 아이디를 가진 파일을 읽어서 t_users 딕셔너리 변수에 저장합니다.

코드 4.82 _ inference.py read_followings() 함수

```
213 def read_followings():
214   print("read viewer followings")
215   with open("res/users.json", "r") as fp:
216     for line in fp:
217       viewer = json.loads(line)
218       if viewer['id'] in t_users:
219         t_followings[viewer['id']] = viewer['following_list']
220         if len(viewer['keyword_list']) > 0:
221           t_keywords[viewer['id']] = []
222           for keyword in viewer['keyword_list']:
223             t_keywords[viewer['id']].append(keyword['keyword'])
```

read_followings() 함수는 JSON 형식으로 제공되는 사용자 정보 파일을 읽어서 예측 대상 사용자들에 대해 구독 작가 정보를 t_followings 딕셔너리 변수에 저장합니다.

219~223행:

keyword_list 항목으로 주어지는 예측 대상 사용자들이 최근에 사용한 검색 키워드들을 t_keywords 딕셔너리 변수에 저장했습니다. 그런데 검색 키워드가 없거나 부족한 경우가 많아서 사용자가 검색한 키워드는 예측에 사용하지 않았습니다. 검색 키워드를 예측에 사용하면 좀 더 성능을 높일 수 있었을 것으로 생각합니다.

코드 4.83 _ inference.py determine_non_follow() 함수

```
292 def determine_non_follow():
293   print("find not following but favorite writers")
294   for user in t_non_follows:
295     writers = t_non_follows[user]
296     writers_sorted = sorted(writers.items(), key=lambda x: x[1], reverse=True)
297     if len(writers_sorted) < 3: tops = len(writers_sorted)
298     else: tops = 3
299     if writers_sorted[0][1] < 5: continue
300     t_non_follow[user] = []
301     for i in range(tops):
302       if writers_sorted[i][1] < 5: break
303       t_non_follow[user].append(writers_sorted[i][0])
```

determine_non_follow() 함수는 독자가 읽은 글의 작가를 확인해 선호 작가를 찾는 함수입니다. 구독 작가를 제외한 선호 작가를 찾아 예측에 필요한 피처 데이터로 사용하려는 것입니다.

294~296행:

t_non_follows는 테스트 대상 사용자가 작가별로 글을 읽은 횟수를 저장하는 2차원 딕셔너리 변수로, read_reads() 함수에서 값을 설정했습니다. 개별 사용자의 작가별 글을 읽은 횟수를 writers 딕셔너리 변수에 저장하고 writers_sorted 리스트 변수에는 읽은 횟수가 가장 많은 순서로 [작가, 읽은 횟수]의 정보를 저장했습니다.

딕셔너리 변수에 대해 items() 메서드를 실행하면 딕셔너리의 키와 값을 묶은 튜플들을 요소로 갖는 리스트를 얻을 수 있습니다. sorted() 함수에서 튜플의 두 번째 값을 키로 지정해 정렬했습니다.

297~299행:

독자가 읽은 글의 작가 중에서 읽은 글이 많은 최대 3명의 작가를 저장하고, 가장 많이 읽은 작가의 읽은 글의 수가 5개 미만이면 선호 작가를 저장하지 않습니다.

300~303행:

읽은 글의 수가 5개 이상인 최대 3명의 선호 작가 리스트를 t_non_follow 딕셔너리 변수에 저장합니다.

코드 4.84 _ inference.py read_article_meta() 함수

```
332 def read_article_meta():
333   print("build article id and registration time for each writer")
334   with open("res/metadata.json", "r") as fp:
335     for line in fp:
336       article = json.loads(line)
337       article_id = article['id']
338       writer_id = article['user_id']
339       reg_datetime = datetime.datetime.fromtimestamp(
                                  article['reg_ts']/1000).strftime("%Y%m%d%H%M%S")
340       if writer_id in writer_articles:
```

```
341         writer_articles[writer_id].append([article_id, reg_datetime])
342       else:
343         writer_articles[writer_id] = [[article_id, reg_datetime]]
```

read_article_meta() 함수는 글의 메타정보를 읽어 write_articles 딕셔너리 변수에 저장합니다. 키는 작가 아이디이고 값은 글 아이디와 등록일시의 리스트입니다.

4.6.2 예측 추가 함수 살펴보기

예측 대상 사용자의 조회 기록이 없거나 조회가 있더라도 부족한 예외적인 상황을 위해 예측 추가 함수를 작성했습니다. prepare_dedup_recs() 함수는 예외 상황에 추천할 글을 준비하는 함수이고 add_dedup_recs() 함수는 예외 상황에 추천할 글을 결정하여 추가하는 함수입니다.

코드 4.85 _ inference.py prepare_dedup_recs() 함수

```
347 def prepare_dedup_recs():
348   print("prepare recommendations with old read or no read")
349   dedup_recs = []
350   for writer in writer_articles:
351     articles = writer_articles[writer]
352     if len(articles) < 2: continue
353     for item in articles:
354       dedup_recs.append(item)
355
356   dedup_recs_sorted = sorted(dedup_recs, key=lambda x: x[1], reverse=True)
357   dedup_recs = []
358   for article, reg_datetime in dedup_recs_sorted:
359     dedup_recs.append(article)
360
361   return dedup_recs
```

예측 대상 사용자의 조회 기록이 없거나 조회가 있더라도 오래된 경우 협업 필터링, 콘텐츠 기반 필터링으로 100건의 글을 추천하지 못하게 됩니다. prepare_dedup_recs() 함수는 이런 예외적인 경우에 중복이 되지 않게 추천할 글들을 dedup_recs 리스트 변수에 저장합니다.

347~354행:

writer_articles는 작가별로 작성한 글과 등록일시를 가지고 있는 딕셔너리입니다.

글을 하나만 작성한 작가의 글을 제외하고 모든 글과 등록일시 리스트를 dedup_recs 리스트 변수에 저장합니다. dedup_recs는 2차원 리스트입니다.

356행:

두 번째 요소에 들어 있는 등록일시 정보를 이용해 최신순으로 정렬했습니다.

357~359행:

추천에는 글아이디만이 필요하므로 일반적인 for 반복문을 사용해 2차원 리스트에서 첫 번째 요소인 글을 1차원의 dedup_recs 리스트 변수에 저장했습니다.

참고로 아래와 같이 두 가지 방식으로 한 줄로 동일한 처리를 할 수 있습니다.

```
dedup_recs = [x[0] for x in dedup_recs_sorted]
dedup_recs = list(map(lambda x:x[0], dedup_recs_sorted))
```

첫 번째 방식은 리스트 컴프리헨션(list comprehension)이라고 부르는 파이썬 고유의 표현이고 두 번째 방식은 맵/리듀스(map/reduce)라고 부르는 최신 프로그래밍 방식입니다.

코드 4.86 _ inference.py add_dedup_recs() 함수 part 1

```
364 def add_dedup_recs(viewer, rec100, dedup_recs):
365   rec100_org = rec100.copy()
366   if viewer in t_reads:
367     reads = t_reads[viewer]
368     writers = {}
369     for read in reads:
370       writer = read.split("_")[0]
371       if writer not in writers:
372         writers[writer] = 1
373 
374     i = 0
375     while i < len(dedup_recs):
```

```
376        writer = dedup_recs[i].split("_")[0]
377        if (dedup_recs[i] not in all_recs) and (dedup_recs[i] not in rec100) and
                                                (writer in writers):
378          rec100.append(dedup_recs[i])
379        i += 1
380        if len(rec100) >= 100:
381          break
```

add_dedup_rec() 함수는 주어진 예측 대상 사용자에 대한 협력 필터링 추천 글과 콘텐츠 기반 필터링 추천 글의 합이 100건보다 작은 경우 신규성이 있는 추천 글을 전체 사용자 기준으로 중복이 없게 추가하는 함수입니다. 일종의 예측 함수이지만 정확한 예측을 목표로 하는 협업 필터링과 콘텐츠 기반 필터링 예측 함수에 비해 이 함수는 예측이 힘든 예외적인 사용자에 대해 엔트로피 성능을 높이는 추천 글을 추가하는 단순한 로직을 구현했기 때문에 예측 보조 함수로 분류해 설명합니다.

입력 파라미터 viewer는 예측 대상 사용자이고, rec100은 협업 필터링과 콘텐츠 기반 필터링을 통한 추천 글들을 가진 리스트이고, dedup_recs는 최신순으로 중복없이 추천을 할 글들을 가진 리스트입니다.

365행:

입력으로 받은 기존 추천 글 리스트와 동일한 내용을 가지는 rec100_org 리스트 변수를 생성합니다. rec100_org 리스트 변수는 추천 글을 추가하기 이전 값과 비교하는 디버깅을 위해 만든 것이고 실제로 사용되지는 않습니다. copy() 메서드를 사용하여 할당하면 rec100_org 리스트 변수는 새로운 별도의 리스트로 만들어지지만 copy() 메서드를 사용하지 않고 할당하면 별도의 리스트가 아닌 rec100 리스트에 대한 참조가 되어 이전 값과 비교하는 용도로 사용할 수 없게 됩니다.

366~372행:

주어진 사용자의 조회 기록이 있는 경우에 writers 딕셔너리 변수에 읽은 글들의 작가들을 저장합니다.

374~381행:

주어진 사용자의 조회 기록이 있는 경우에 dedup_recs에서 전체 사용자를 기준으로 추천에 사용되지 않고 주어진 예측 대상 사용자의 추천에도 사용되지 않고 주어진 예측 대상 사용자가 한 번 이상 읽은 글의 작가의 글을 찾아서 추천 글로 추가합니다. 추천 글의 개수가 100건이 넘지 않는 한도 내에서 추가합니다.

all_recs는 모든 사용자의 추천 결과를 저장한 딕셔너리 변수로 메인 코드에서 전역 변수로 정의되었기 때문에 별도의 선언 없이도 읽거나 쓸 수 있습니다.

코드 4.87 _ inference.py add_dedup_recs() 함수 part 2

```
382   i = 0
383   while i < len(dedup_recs):
384     if len(rec100) >= 100:
385       break
386     if (dedup_recs[i] not in all_recs) and (dedup_recs[i] not in rec100):
387       rec100.append(dedup_recs[i])
388     i += 1
389     if len(rec100) >= 100:
390       break
391   return rec100
```

추천 글이 100건이 안 되는 경우 조회 여부와 무관하게 dedup_recs에서 전체 사용자를 기준으로 추천에 사용되지 않고 주어진 예측 대상 사용자의 추천에도 사용되지 않은 글을 추천 글로 추가합니다. 추천 글의 개수가 정확히 100건이 되게 추가합니다.

코드 4.88 _ inference.py add_dedup_recs() 함수 part 3

```
394 def add_dedup_recs_d2v(viewer, rec100, dedup_recs):
395   top_writers = {}
396   if viewer in model.docvecs:
397     tops = model.docvecs.most_similar(viewer, topn=200)
398     for top in tops:
399       top_writers[top[0]] = 1
```

add_dedup_recs_d2v() 함수는 add_dedup_recs() 함수와 비슷하게 추천 글이 100건보다 작은 경우 신규성이 있는 추천 글을 전체 사용자 기준으로 중복이 없게 추가하는 함수입니다. add_dedup_recs() 함수는 읽은 글의 작가의 새 글을 우선적으로 추가하지만, 이 함수에서는 키워드로 생성한 Doc2Vec 모델로 계산한 선호도가 높을 것으로 판단되는 작가들의 새 글을 우선적으로 추가합니다. 두 가지 함수의 성능을 비교한 결과 add_dedup_recs() 함수의 성능이 조금 높은 것으로 확인되어 이 함수는 실제로 최종 추천에 사용하지 않았습니다.

394~399행:

Doc2Vec 모델로 주어진 예측 대상 사용자의 선호도가 높을 것으로 판단되는 작가를 찾아서 top_writers 딕셔너리 변수에 저장합니다.

코드 4.89 _ inference.py add_dedup_recs() 함수 part 4

```
401  if len(top_writers) > 0:
402    i = 0
403    recs = []
404    while i < len(dedup_recs):
405      rec = dedup_recs[i]
406      rec_writer = rec.split("_")[0]
407      if rec_writer in top_writers:
408        if (rec not in all_recs) and (rec not in rec100):
409          rec100.append(rec)
410      i += 1
411      if len(rec100) >= 100:
412        break
```

dedup_recs에서 전체 사용자를 기준으로 추천에 사용되지 않고 주어진 예측 대상 사용자의 추천에도 사용되지 않고 주어진 예측 대상 사용자의 선호도가 높을 것으로 판단한 작가의 글을 찾아서 추천 글로 추가합니다. 추천 글의 개수가 100건이 넘지 않는 한도 내에서 추가합니다.

코드 4.90 _ inference.py add_dedup_recs() 함수 part 5

```
414  if len(rec100) < 100:
415    i = 0
```

```
416     while i < len(dedup_recs):
417       if (dedup_recs[i] not in all_recs) and (dedup_recs[i] not in rec100):
418         rec100.append(dedup_recs[i])
419       i += 1
420       if len(rec100) >= 100:
421         break
422
423   return rec100
```

추천 글이 100건이 안 되는 경우 선호도와 무관하게 dedup_recs에서 전체 사용자를 기준으로 추천에 사용되지 않고 주어진 예측 대상 사용자의 추천에도 사용되지 않은 글을 추천 글로 추가합니다. 추천 글의 개수가 정확히 100건이 되게 추가합니다.

코드 4.91 _ inference.py most_similar() 함수

```
426 def most_similar(user_id, size):
427     user_index = sentences_df_indexed.loc[user_id]['index']
428     dist = final_doc_embeddings.dot(final_doc_embeddings[user_index][:,None])
429     closest_doc = np.argsort(dist,axis=0)[-size:][::-1]
430     furthest_doc = np.argsort(dist,axis=0)[0][::-1]
431
432     result = []
433     for idx, item in enumerate(closest_doc):
434         user = sentences[closest_doc[idx][0]].split()[0]
435         dist_value = dist[item][0][0]
436         result.append([user, dist_value])
437     return result
```

most_similar 함수는 사용자와 글의 소비 형태가 가장 유사한 사용자를 찾아주는 함수입니다. 사용자 아이디와 유사도 상위 사용자 수를 입력 받습니다. Doc2Vec 모델 학습의 산출물인 final_doc_embeddings을 이용해 사용자 간의 유사도를 계산합니다. final_doc_embeddings는 행렬 값으로 각 행에 사용자의 벡터값이 저장돼 있습니다. 사용자 벡터값과 전체 행렬의 곱(dot) 연산을 수행한 뒤 나온 결괏값은 사용자 간의 유사도를 나타내며 값이 클수록 유사도가 높습니다. 최종적으로 사용자 아이디와 유사도 값을 리스트에 담아 반환합니다.

코드 4.92 _ inference.py similar() 함수

```
440 def similar(user_id, writer_id):
441     user_index = sentences_df_indexed.loc[user_id]['index']
442     writer_index = sentences_df_indexed.loc[writer_id]['index']
443     dist = final_doc_embeddings[user_index].dot(final_doc_embeddings[writer_index])
444     #print('{} - {} : {}'.format(user_id, writer_id, dist))
445     return dist
```

similar 함수는 두 사용자 간의 유사도를 계산하는 함수입니다. final_doc_embeddings로부터 각 사용자의 벡터값을 찾고 두 벡터의 곱 값을 반환합니다. 값이 클수록 유사도가 높습니다.

코드 4.93 _ inference.py similarity() 함수

```
447 def similarity(user_id, writer_id):
448     if user_id in sentences_df_indexed.index and writer_id in sentences_df_indexed.index:
449         user_index = sentences_df_indexed.loc[user_id]['index']
450         writer_index = sentences_df_indexed.loc[writer_id]['index']
451         sim = spatial.distance.cosine(final_doc_embeddings[user_index],
                                          final_doc_embeddings[writer_index])
452         #print('{} - {} : {}'.format(user_id, writer_id, sim))
453         return sim
```

similarity 함수 또한 두 사용자 간의 유사도를 계산하는 함수입니다. 다만 벡터 곱이 아닌 코사인 유사도를 사용합니다. 1이 최댓값으로, 값이 낮을수록 유사도가 높습니다.

4.6.3 메인 코드 예측 준비 부분 살펴보기

예측 준비 부분은 명령 실행 시 인자를 해석하는 부분, Doc2Vec 모델을 사용하기 위한 데이터를 읽어 들이는 부분, 그리고 예측 입력 데이터와 출력 데이터를 정의하고 입력 데이터를 파일에서 읽어 들이는 부분으로 구성됩니다.

코드 4.94 _ inference.py 메인 코드 예측 준비 part 1

```
455 if __name__ == "__main__":
456   if len(sys.argv) < 2:
457     user_file = "res/predict/test.users"
```

```
458  elif sys.argv[1] == "test":
459      user_file = "res/predict/test.users"
460  else:
461      user_file = "res/predict/dev.users"
```

inference.py의 예측 메인 코드는 예측 대상 사용자를 인자로 받습니다. 인자를 주지 않거나 "test"라는 단어를 제외한 인자를 주고 실행하면 3,000명의 검증 대상 사용자들에 대해 예측 결과 파일을 생성하고 "test"라는 인자를 주고 실행하면 5,000명의 테스트 대상 사용자들에 대해 예측 결과 파일을 생성합니다. 제3자가 실행할 프로그램인 경우에는 argparse 또는 plac 모듈을 사용해 어떤 인자를 받는지를 알려주어야 하겠지만 제3자가 실행할 프로그램이 아니므로 인자 해석 부분을 단순하게 작성했습니다.

코드 4.95 _ inference.py 메인 코드 예측 준비 part 2

```
463  print("load d2v model")
464  #files = glob.glob('./res/writer_user_doc.txt')
465  files = glob.glob('./res/writer_user_sentences_keyword.txt')
466  words = []
467  for f in files:
468      file = open(f)
469      words.append(file.read())
470      file.close()
```

Doc2Vec 모델을 사용하기 위해 학습 데이터를 읽어 들입니다.

주석으로 처리된 464행은 글의 제목과 부제목을 이용한 Doc2Vec 모델과 관련된 것으로 최종 코드에서는 사용하지 않는 부분입니다.

466~470행:

Doc2Vec 모델을 학습시키기 위해 생성한 파일 내용 전체를 읽어 들입니다. prepare_d2v.py를 실행해 생성한 학습 데이터입니다.

코드 4.96 _ inference.py 메인 코드 예측 준비 part 3

```
472  words = list(chain.from_iterable(words))
473  words = ''.join(words)[:-1]
```

```
474    sentences = words.split('\n')
475    sentences_df = pd.DataFrame(sentences)
476    sentences_df['user'] = sentences_df[0].apply(lambda x : x.split()[0])
477    sentences_df['words'] = sentences_df[0].apply(lambda x : ' '.join(x.split()[1:]))
478    sentences_df_indexed = sentences_df.reset_index().set_index('user')
479
480    #final_doc_embeddings = np.load('./doc_embeddings.npy')
481    final_doc_embeddings = np.load('./doc_embeddings_keyword.npy')
```

sentences는 학습 데이터를 한 줄씩 가지고 있는 리스트 변수이며 각 줄은 공백 문자로 분리된 데이터들을 가지고 있고 첫 번째 데이터는 독자 또는 작가 아이디이고 나머지 데이터들은 독자가 읽은 글들의 키워드 또는 작가가 작성한 글들의 키워드입니다. 판다스 라이브러리를 이용해 생성한 데이터프레임 자료형으로 인덱스는 독자와 작가의 아이디입니다.

476~478행:

각 문장을 공백 문자로 나누었을 때 첫 번째 요소인 독자/작가 아이디를 새로운 'user' 칼럼을 생성해 저장합니다.

각 문장을 공백 문자로 나누었을 때 두 번째 요소부터 들어 있는 키워드들을 새로운 'words' 칼럼을 생성해 저장합니다.

sentences_df_indexed는 'user' 칼럼을 인덱스로 지정한 데이터프레임입니다.

481행:

Doc2Vec 모델을 학습시켜서 만들 결과인 doc_embeddings_keyword.npy 파일을 읽어 들입니다. npy 파일은 넘파이 어레이를 저장한 것입니다.

코드 4.97 _ inference.py 메인 코드 예측 준비 part 4

```
483    t_users = {}          # 예측 대상 사용자
484    t_keywords = {}       # 검색 키워드
485    t_followings = {}     # 예측 대상 사용자들의 구독 작가
486    t_non_follows = {}    # 많이 조회한 작가
487    t_non_follow = {}     # 최대 3명의 많이 조회한 작가
488    t_reads = {}          # 예측 대상 사용자들이 조회한 전체 글
```

```
489    t_reads_dup = {}             # 예측 대상 사용자들이 중첩 기간에 조회한 글
490    writer_articles = {}
491    seq_reads = {}               # 순방향 연속 조회 전체 통계
492    seq_read = {}                # 순방향 연속 최대 조회글 최대 3건
493    prev_reads = {}              # 역방향 연속 조회 전체 통계
494    prev_read = {}               # 역방향 연속 최대 조회글 최대 3건
495    all_recs = {}
```

파이썬 언어에서 딕셔너리 등의 변경 가능한(mutable) 오브젝트들은 메인 코드에서 선언하는 경우 함수에서도 접근이 가능합니다. 다양한 데이터들을 함수들의 입력 파라미터로 넣지 않고 자유롭게 읽고 쓰기 위해 딕셔너리 변수들을 메인 코드에서 선언했습니다.

- t_users: 예측 대상 사용자들의 아이디를 키로 저장합니다.
- t_keywords: 예측 대상 사용자들의 검색 키워드들을 저장합니다.
- t_followings: 예측 대상 사용자들의 구독 작가 아이디들을 값으로 저장합니다.
- t_non_follows: 예측 대상 사용자들의 구독 작가를 제외한 많이 조회한 작가 아이디들을 값으로 저장합니다.
- t_non_follow: 예측 대상 사용자들의 구독 작가를 제외한 많이 조회한 최대 3명의 작가 아이디들을 값으로 저장합니다.
- t_reads: 예측 대상 사용자들이 조회한 전체 글들의 아이디를 값으로 저장합니다.
- t_reads_dup: 예측 대상 사용자들이 중첩 기간에 조회한 글들의 아이디를 값으로 저장합니다.
- writer_articles: 작가들의 아이디를 키로 작성한 글들의 아이디를 값으로 저장합니다.
- seq_reads: 두 개의 글의 연속 조회 통계를 첫 번째 조회, 두 번째 조회 순서로 저장한 2차원 딕셔너리입니다.
- seq_read: 임의의 글을 기준으로 바로 이후에 가장 많이 조회된 최대 3건의 글을 저장한 2차원 딕셔너리입니다.
- prev_reads: 두 개의 글의 연속 조회 통계를 두 번째 조회, 첫 번째 조회 순서로 저장한 2차원 딕셔너리입니다.
- prev_read: 임의의 글을 기준으로 바로 이전에 가장 많이 조회된 최대 3건의 글을 저장한 2차원 딕셔너리입니다.

- all_recs: 모든 사용자의 모든 추천 글을 키로 저장합니다.

코드 4.98 _ inference.py 메인 코드 예측 준비 part 5

```
497    read_test_user()
498
499    read_followings()
500
501    read_reads()
502
503    determine_seq_read()
504    determine_non_follow()
505
506    read_article_meta()
507    dedup_recs = prepare_dedup_recs()
```

- read_test_user() 함수를 실행해 예측 대상 사용자를 파일에서 읽어 딕셔너리 변수에 저장합니다.
- read_followings() 함수를 실행해 사용자들의 구독 작가 정보를 파일에서 읽어 관련된 딕셔너리 변수의 값을 설정합니다.
- read_reads() 함수를 실행해 글 조회 기록을 파일에서 읽어 관련된 딕셔너리 변수의 값을 설정합니다.
- determine_seq_read() 함수를 실행해 연속 조회 통계와 관련된 딕셔너리 변수의 값을 설정합니다.
- determin_non_follow() 함수를 실행해 예측 대상 사용자들이 많이 조회한 작가를 저장하는 딕셔너리 변수의 값을 설정합니다.
- read_article_meta() 함수를 실행해 작가별로 작성한 글을 저장하는 딕셔너리 변수의 값을 설정합니다.
- prepare_dedup_recs() 함수를 실행해 협업 필터링 및 콘텐츠 기반 필터링으로 추천하는 글 이외에 추가로 중복 없이 신규 글 우선으로 추천할 글들을 준비합니다.

메인 코드에서 이와 같은 보조 함수들을 실행한 후에 협업 필터링, 콘텐츠 기반 필터링을 실행해 추천할 글을 정하고 100건보다 모자라는 경우 추가 추천을 하는 앙상블 코드를 실행합니다.

4.6.4 메인 코드 앙상블 부분 살펴보기

코드 4.99 _ inference.py 메인 코드 앙상블 part 1

```
509 of1 = open("res/recommend_1.txt", "w")
510 of2 = open("res/recommend_2.txt", "w")
511 of12 = open("recommend.txt", "w")
512 print("start recommending articles")
513 num_recommended = 0
514 num_recommended1and2 = 0
515 num_recommended1 = 0
516 num_recommended2 = 0
517 num_recommends1 = 0
518 num_recommends2 = 0
519 num_recommends1or2 = 0
```

509~511행:

디버깅을 위해 협업 필터링으로 추천하는 글과 콘텐츠 기반 필터링으로 추천하는 글을 각각 res/recommend_1.txt 파일과 res/recommend_2.txt 파일에 저장합니다. 두 가지 방식의 추천 글들과 추가 추천을 합해서 최종 추천 글들을 recommend.txt 파일에 저장합니다. recommend_1.txt와 recommend_2.txt는 중간 점검을 위해 저장하는 파일로 별도 디렉터리에 저장했습니다.

512~519행:

모든 예측 대상 사용자들에게 정확하게 100건의 글을 추천했는지를 확인하기 위해 추천 글의 개수와 추천 사용자의 수를 저장하는 변수를 정의했습니다. 협업 필터링을 1번 방식, 콘텐츠 기반 필터링을 2번 방식으로 숫자로 구분했습니다.

- num_recommended: 추천 글을 생성한 예측 대상 사용자의 총합입니다
- num_recommended1and2: 협업 필터링과 콘텐츠 기반 필터링으로 모두 추천 글을 생성한 사용자의 총합입니다.
- num_recommended1: 협업 필터링으로만 추천 글을 생성한 사용자의 총합입니다.
- num_recommended2: 콘텐츠 기반 필터링으로만 추천 글을 생성한 사용자의 총합입니다.
- num_recommends1: 협업 필터링으로 추천한 글 개수의 총합입니다.

- num_recommends2: 콘텐츠 기반 필터링으로 추천한 글 개수의 총합입니다.
- num_recommends1or2: 협업 필터링과 콘텐츠 기반 필터링으로 추천한 글 개수의 총합입니다.

코드 4.100 _ inference.py 메인 코드 앙상블 part 2

```
520  for cnt, viewer in enumerate(t_users):
521    if (cnt % 100) == 99: print(str(cnt+1), "/", str(len(t_users)))
522
523    recommends11, recommends12 = find_dup_seq(viewer)
524    recommends1 = recommends11 + recommends12
525    if len(recommends1) > 0:
526      of1.write(viewer + " " + " ".join(recommends1[:100]) + "\n")
527    num_recommend1 = len(recommends1[:100])
528    num_recommends1 += num_recommend1
```

520~521행:

예측 대상 사용자들에 대해 추천을 하는 메인 루프로 100명마다 진행률을 화면에 간단히 출력합니다.

523~526행:

주어진 사용자에 대해 협업 필터링을 실행하고 추천 결과로 두 개의 리스트를 받아 저장합니다. recommends11은 선호도가 높을 것으로 예측한 추천 글이고 recommends12는 선호도가 낮을 것으로 예측한 추천 글입니다. 두 개의 리스트를 합하여 최대 100건을 협업 필터링 추천 결과 파일에 저장합니다. 글 조회가 없는 사용자는 협업 필터링으로 한 건도 추천하지 못하게 되고 글 조회가 많은 사용자는 100건 이상의 추천을 할 수도 있습니다.

527~528행:

num_recommend1은 주어진 사용자에 대해 협업 필터링으로 추천한 글의 개수이며 최대 100건입니다. num_recommends1은 전체 예측 대상 사용자들에 대해 협업 필터링으로 추천한 글의 총합입니다.

코드 4.101 _ inference.py 메인 코드 앙상블 part 3

```
530    recommends21, recommends22 = find_new_articles(viewer)
531    recommends2 = recommends21 + recommends22
532
533    if len(recommends2) > 0:
534      of2.write(viewer + " " + " ".join(recommends2[:100]) + "\n")
535    num_recommend2 = len(recommends2[:100])
536    num_recommends2 += num_recommend2
```

530~531행:

주어진 사용자에 대해 콘텐츠 기반 필터링을 실행하고 추천 결과로 두 개의 리스트를 받아 저장합니다. recommends12는 선호도가 높을 것으로 예측한 추천 글이고 recommends22는 선호도가 낮을 것으로 예측한 추천 글입니다. 두 개의 리스트를 합하여 최대 100건을 콘텐츠 기반 필터링 추천 결과 파일에 저장합니다. 구독 작가가 없고 글 조회가 없는 사용자는 콘텐츠 기반 필터링으로 한 건도 추천하지 못하고 구독 작가가 많고 글 조회가 많은 사용자는 100건 이상의 추천을 할 수도 있습니다.

535~536행:

num_recommend2는 주어진 사용자에 대해 콘텐츠 기반 필터링으로 추천한 글의 개수이며 최대 100건입니다. num_recommends2는 전체 예측 대상 사용자들에 대해 콘텐츠 기반 필터링으로 추천한 글의 총합입니다.

코드 4.102 _ inference.py 메인 코드 앙상블 part 4

```
538    if num_recommend1 > 0:
539      if num_recommend2 > 0:
540        num_recommended1and2 += 1
541      else:
542        num_recommended1 += 1
543    elif num_recommend2 > 0:
544      num_recommended2 += 1
```

num_recommended1은 협업 필터링 방식으로만 추천한 글이 있는 예측 대상 사용자의 수이고, num_recommended2는 콘텐츠 기반 필터링 방식으로만 추천한 글이 있는 예측 대상 사용자의 수이고, num_recommended1and2는 두 가지 방식으로 추천한 글이 모두 있는 예측 대상 사용자의 수입니다.

세 가지 변수는 두 가지 추천 알고리즘이 유효하게 잘 동작했는지를 확인하기 위해 생성한 변수이며 앙상블 로직에 사용되는 변수는 아닙니다.

코드 4.103 _ inference.py 메인 코드 앙상블 part 5

```
546      recommends_1or2 = recommends11.copy()
547
548      for rec in recommends21:
549        if rec not in recommends_1or2:
550          recommends_1or2.append(rec)
551
552      for rec in recommends12:
553        if rec not in recommends_1or2:
554          recommends_1or2.append(rec)
555
556      for rec in recommends22:
557        if rec not in recommends_1or2:
558          recommends_1or2.append(rec)
559
560      num_recommends1or2 += len(recommends_1or2[:100])
561      num_recommended += 1
```

앙상블 로직은 두 가지 방식의 추천 결과를 합해서 100건을 추천해야 합니다. recommends_1or2가 최종 추천 글을 담을 리스트 변수이며 높은 성능 평가 점수를 받으려면 사용자가 읽을 확률이 높은 글을 리스트의 앞쪽에 넣어야 합니다.

546행:

협업 필터링 추천 글 중에서 첫 번째 추천 리스트를 가장 확률이 높은 글이라고 판단해 recommends_1or2 리스트 제일 앞에 넣었습니다. recommends11과 별도의 리스트를 생성할 것이므로 copy() 메서드로 복사해 넣었습니다.

548~550행:

콘텐츠 기반 필터링 추천 글 중에서 첫 번째 추천 리스트를 두 번째로 확률이 높은 글이라고 판단해 recommends_1or2 리스트에 추가했습니다. 협업 필터링과 콘텐츠 기반 필터링이 서로 같은 글을 추천할 수도 있으므로 추천 글에 중복된 글을 넣지 않기 위해 개별 글이 최종 추천 리스트에 포함되어 있지 않을 때만 추가했습니다.

리스트 자료형에서 임의의 값의 존재 여부를 확인하는 연산은 리스트의 크기에 비례하여 오래 걸리는 연산입니다. 이 연산을 효율적으로 처리하려면 집합이나 딕셔너리 자료형으로 복사하여 실행하면 됩니다. 최종 추천 글을 담을 리스트는 크기가 최대 100으로 비교적 작아서 집합이나 딕셔너리 자료형에 복사하여 처리하지는 않았습니다.

552~554행:

협업 필터링 추천 글 중에서 두 번째 추천 리스트를 세 번째로 확률이 높은 글이라고 판단해 recommends_1or2 리스트에 추가했습니다. 추천 글에 중복된 글을 넣지 않기 위해 개별 글이 최종 추천 리스트에 포함되어 있지 않을 때만 추가했습니다.

556~558행:

콘텐츠 기반 필터링 추천 글 중에서 두 번째 추천 리스트를 네 번째로 확률이 높은 글이라고 판단해 recommends_1or2 리스트에 추가했습니다. 추천 글에 중복된 글을 넣지 않기 위해 개별 글이 최종 추천 리스트에 포함되어 있지 않을 때만 추가했습니다.

코드 4.104 _ inference.py 메인 코드 앙상블 part 6

```
563     if len(recommends_1or2[:100]) < 100:
564       #recommends_1or2 = add_dedup_recs_d2v(viewer, recommends_1or2, dedup_recs)
565       recommends_1or2 = add_dedup_recs(viewer, recommends_1or2, dedup_recs)
566
567     if len(recommends_1or2) < 100:
568       pdb.set_trace()
569
570     for rec in recommends_1or2[:100]:
571       if rec not in all_recs:
572         all_recs[rec] = 1
573
574     of12.write(viewer + " " + " ".join(recommends_1or2[:100]) + "\n")
```

563~565행:

협업 필터링 추천 글과 콘텐츠 기반 필터링 추천 글을 합해서 100건 이하인 경우에 추천하지 않은 신규 글들을 전체 사용자에 대해 중복되지 않게 추가 추천하여 추천 글을 100건으로 만듭니다. add_dedup_recs_d2v()는 선호도가 높을 것으로 판단되는 작가의 신규글을 우선하여 추가하는 함수이며 add_dedup_recs()는 과거에 조회했던 작가의 신규글을 우선하여 추가하는 함수입니다. 큰 차이는 아니지만 후자의 함수로 조금 더 높은 성능 점수를 얻을 수 있었습니다.

567~568행:

추천 글이 100건에 미치지 못하는 경우가 발생하는 경우 오류이므로 디버깅을 하기 위해 넣은 코드입니다. pdb는 파이썬 디버거 모듈로 set_trace() 메서드가 실행되면 전체 프로그램의 실행이 일시 중단되고 변숫값을 확인하거나 임의의 코드를 실행할 수 있고 한 라인씩 코드를 실행하여 어떤 코드에서 실수나 오류가 발생하는지를 쉽게 찾을 수 있습니다.

570~572행:

주어진 예측 대상 사용자에게 추천된 글을 all_recs 딕셔너리 변수에 저장합니다. all_recs 딕셔너리 변수는 add_dedup_recs() 함수에서 전제 사용자에 대해 중복 추천을 검사할 때 사용합니다.

574행:

주어진 사용자의 아이디를 가진 viewer와 추천 글들의 아이디를 가진 recommends_1or2를 최종 추천 파일에 저장합니다. 공백 문자를 구분자로 하여 모든 추천 글 아이디를 합한 문자열을 만들기 위해 join() 메서드를 사용했습니다.

코드 4.105 _ inference.py 메인 코드 앙상블 part 7

```
576    of1.close()
577    of12.close()
578    of2.close()
579
580    print(num_recommended, num_recommended1and2, num_recommended1, num_recommended2)
581    print(num_recommends1, num_recommends1or2-num_recommends1)
```

576~578행:

모든 추천 글의 생성 및 저장이 종료되었으므로 협업 필터링 추천 글을 저장한 of1, 전체 추천 글을 저장한 of12, 콘텐츠 기반 필터링 추천 글을 저장한 of2를 닫습니다.

580행:

협업 필터링 추천과 콘텐츠 기반 필터링 추천이 가능한 사용자가 얼마나 많은 부분을 차지하는지를 확인하는 부분입니다. num_recommended는 예측 대상 사용자의 인원수이며 검증 사용자인 경우 3,000명, 테스트 사용자인 경우 5,000명이 되어야 합니다. num_recommended1and2는 두 가지 방식으로 모두 추천이 가능했던 사용자의 총합이고 num_recommended1과 num_recommended2는 각각 협업 필터링과 콘텐츠 기반 필터링으로만 추천이 가능한 사용자의 총합입니다.

581행:

협업 필터링 추천과 콘텐츠 기반 필터링 추천으로 추천한 글이 얼마나 많은 부분을 차지하는지를 확인하는 부분입니다.

num_recommends1은 협업 필터링으로 추천한 글의 총합이고 num_recommends1or2에서 num_recommends2를 빼면 콘텐츠 기반 필터링으로 추천한 글의 총합입니다.

4.6.5 성능 평가

앙상블 구현 결과로 예측 결과를 생성하고 성능을 평가하기 위해서는 예측 코드 inference.py를 실행하고 제출할 압축 파일을 생성합니다. 추천 글을 생성하기 위해 작성한 inference.py를 압축하여 code.zip을 생성하고 추천 결과 파일인 recommend.txt를 압축하여 recommend_dev.zip을 생성하여 각각 소스 코드 업로드와 결과 파일 업로드에 넣습니다.

코드 4.106 _ 앙상블 결과 생성 및 제출 파일 생성 셀 명령

```
~arena2$ python3 inference.py dev
~arena2$ zip code.zip inference.py
~arena2$ cd res
~arena2/res$ zip recommend_dev.zip recommend.txt
```

협업 필터링의 성능 평가와 동일한 과정으로 결과 파일인 `recommend.zip`과 소스 코드인 `code2.zip`을 업로드하여 세 가지 성능 평가 점수를 확인할 수 있습니다. 협업 필터링과 콘텐츠 기반 필터링의 앙상블로 높은 성능을 얻을 수 있음을 확인할 수 있습니다.

MAP	NDCG	Entropy	Submission		Uploader	Upload Time	Memo
0.095689	0.204482	10.984293	recommend_dev.zip	다운로드	itsbryan	13시간 후	메모 보기
0.087100	0.162392	6.568584	recommend2.zip	다운로드	itsbryan	12시간 후	메모 보기
0.044750	0.105442	5.812827	recommend.zip	다운로드	itsbryan	2일 전	메모 보기

그림 4.19 앙상블 제출 후 제출 목록

리더보드에서 다른 참가자들의 성능 평가 점수와 비교해볼 수 있습니다. 수상자의 코드가 공개되어 있기 때문에 1등 솔루션을 그대로 제출해도 1등이 아닌 3등을 차지하게 됨을 확인할 수 있습니다.

arena.kakao.com/c/6/leaderboard

메뉴 / 개요 / 데이터 / 리더보드 / 팀 / 제출 목록 / 포럼 / 다른 대회 선택

리더보드 (제출내역 / 제출하기)

공개 리더보드

#	△1d	팀명	멤버	스코어	MAP	NDCG	Entropy	제출 횟수	마지막 제출
1	-	STUDY		27	0.097003 (1)	0.207145 (1)	10.994807 (1)	80	8달 전
2	-	NAFMA		23	0.096450 (3)	0.205759 (2)	10.985046 (2)	2	8달 전
3	▲4	**Bryan (My team)**		18	0.095689 (4)	0.204482 (3)	10.984293 (5)	3	13시간 후
4	▼1	neot0000		18	0.095659 (5)	0.204328 (4)	10.984961 (3)	2	8달 전
5	▼1	bruce		15	0.096728 (2)	0.186929 (6)	9.799280 (7)	1	9달 전
6	▼1	오케바라리		14	0.091175 (7)	0.201499 (5)	10.984436 (4)	29	8달 전
7	▼1	RecoStart		11	0.095467 (6)	0.183251 (7)	9.881454 (6)	2	8달 전
8	-	timyi		5	0.017014 (8)	0.052218 (8)	4.605170 (9)	1	9달 전
9	-	yeomko		4	0.014264 (9)	0.047540 (9)	6.944206 (8)	20	4달 전

그림 4.20 앙상블 제출 후 리더보드

4.7 최종 결과 제출하기

검증 대상 사용자 3,000명에 대한 예측 결과를 제출하는 방법과 테스트 대상 사용자 5,000명에 대한 최종 예측 결과를 제출하는 방법은 동일하지만 대회에 입상하기 위해서는 최종 예측 결과를 실제로 생성할 수 있는 소스 코드와 설명을 제출해야 합니다. 개요 메뉴의 규칙 부분에 제출하는 방법이 설명되어 있으며 카카오 아레나가 깃허브를 통해 예제 코드를 공유한 방식과 동일하게 깃허브에 저장소를 만들고 코드를 올려두어야 합니다.

4.7.1 깃허브 저장소 만들기

깃허브를 사용해본 경험이 없는 경우에는 https://guides.github.com에 있는 가이드를 통해 사용법을 학습할 수 있습니다. 저장소를 만들기 위해서는 깃허브에 가입하고 로그인한 다음 웹페이지 우상단의 [+] 버튼을 누르고 메뉴에서 [New Repository]를 선택합니다(그림 4.21).

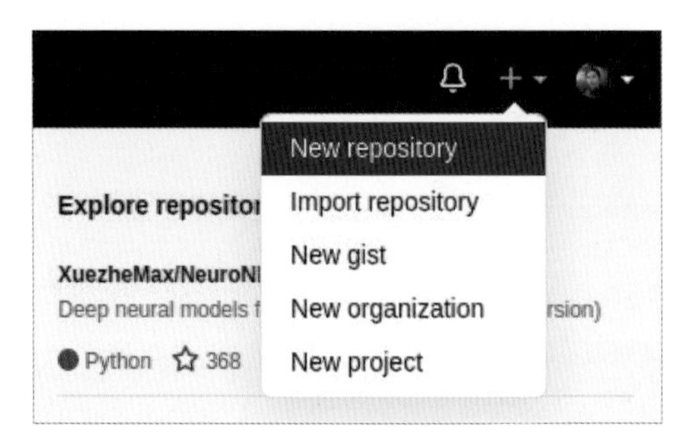

그림 4.21 깃허브 저장소 생성 메뉴

저장소를 새로 만들려면 그림 4.22와 같이 저장소의 설정 사항을 입력해야 합니다. 저장소의 이름(Repository Name)은 공백 문자를 사용하지 않고 몇 개의 영어 단어로 표현해야 하는데 특별히 정해진 규칙은 없지만 소문자 영어 단어를 대시 기호(-)로 연결하는 표현을 많이 사용합니다. 예를 들면 카카오 아레나가 제공하는 베이스 코드 저장소 이름은 `brunch-article-recommendation`입니다. 저장소의 설명(Description)은 반드시 작성할 필요는 없지만 간단히 어떤 코드의 저장소인지를 문장의 형태로 작성하면 됩니다. 저장소의 종류로는 공개(Public)과 비공개(Private)를 선택할 수 있습니다. 최종 코드를 제출하기 위해 저장소를 만드는 경우에는 카카오 아레나 담당자들이 코드를 확인할 수 있어야 하므로 공개를 선택합니다. 카카오 아레나에 제출하기 전에 예측 모델 개발 작업을 하면서 코드를 백업하거나 버전을 관리하는 용도로 깃허브에 저장소를 만들어서 사용하는 경우에는 비공개를 선택합니다. 저장소 설정으로 README, .gitignore, license를 저장소에 추가할 수 있습니다. 세 가지 모두 나중에 추가해도 되므로 선택되지 않은 상태 그대로 두고 저장소를 생성하면 됩니다.

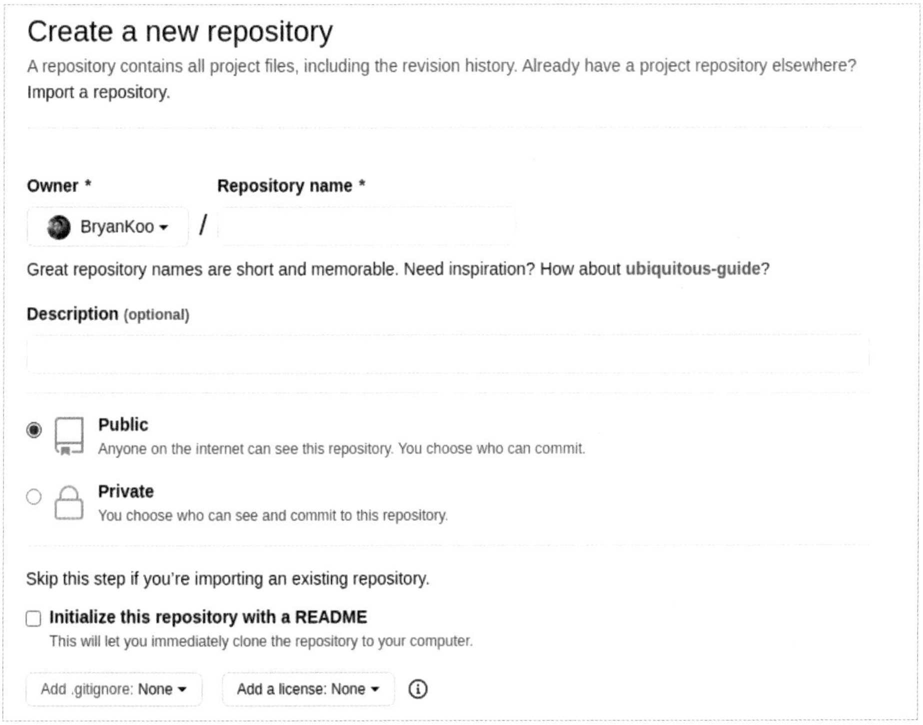

Create a new repository
A repository contains all project files, including the revision history. Already have a project repository elsewhere?
Import a repository.

Owner * Repository name *
BryanKoo /
Great repository names are short and memorable. Need inspiration? How about ubiquitous-guide?

Description (optional)

Public
Anyone on the internet can see this repository. You choose who can commit.

Private
You choose who can see and commit to this repository.

Skip this step if you're importing an existing repository.

Initialize this repository with a README
This will let you immediately clone the repository to your computer.

Add .gitignore: None Add a license: None

그림 4.22 깃허브 저장소 설정

4.7.2 깃허브 저장소에 코드 및 설명 올리기

깃허브에 저장소를 생성한 후에는 작성한 코드와 코드에 대한 설명을 추가해야 합니다. 일반적으로 깃 명령어를 이용하여 작성한 코드를 올리는데 깃허브에 저장소를 처음 생성하면 코드를 올리는 방법이 그림 4.23과 같이 표시되는데 최종 코드를 제출하는 경우에는 첫 번째 방법으로 uploading an existing file 링크를 눌러 파일을 업로드하는 것이 편리합니다. 예측 모델 개발 작업을 하면서 코드를 백업하거나 버전을 관리하는 용도로 깃허브에 저장소를 만들어 사용하는 경우에는 두 번째 방법을 사용하는 것이 편리합니다.

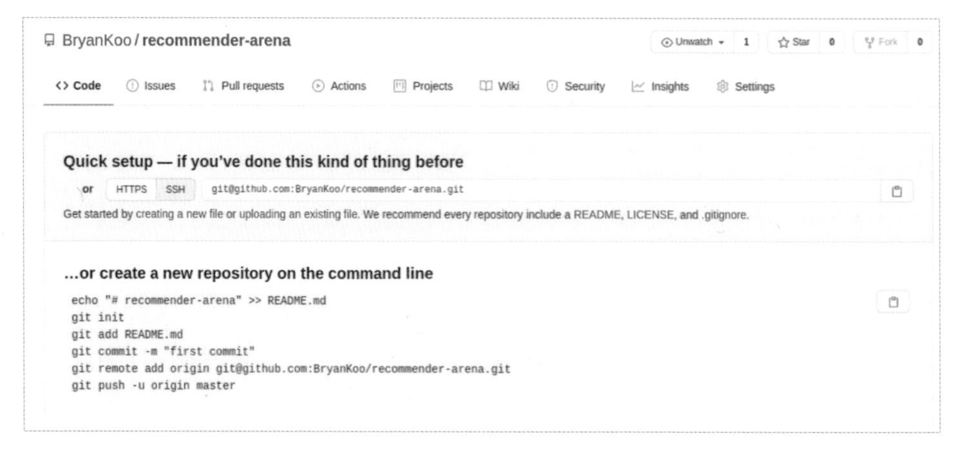

그림 4.23 깃허브 저장소의 코드 올리기 설명

코드 설명은 README.md 파일에 마크다운[1] 형식으로 작성합니다.

소스 코드와 이에 대한 설명 이외에 깃허브 저장소에 추가해야 하는 파일로 LICENSE와 requirements.txt가 있으며 LICENSE는 카카오 아레나의 예제 코드에 포함되어 있으므로 그대로 사용하면 됩니다.

requirements.txt 파일은 파이썬 언어로 작성한 코드를 패키지를 만들어 배포할 때 해당 코드가 사용하는 다른 패키지들의 리스트를 나열하는 설치 관련 정보를 담은 파일입니다. 즉 예측 코드를 실행하기 위해 설치해야 하는 패키지를 나열하면 되고 직접 입력해도 되지만 아래와 같이 pip 명령을 사용하면 설치된 패키지와 버전을 포함하는 리스트를 자동으로 생성할 수 있습니다.

코드 4.107 _ requirements.txt 생성과 깃 저장소 업로드 셸 명령

```
~arena2$ pip freeze > requirements.txt
~arena2$ git add requirements.txt
~arena2$ git commit -m "add requirements.txt"
~arena2$ git push
```

1 마크다운 형식에 대한 설명을 깃허브 가이드에서 찾을 수 있습니다. https://guides.github.com/features/mastering-markdown/

A

AdamW 108
ALS 131
Anaconda 44

B

batch size 55
BERT 86
Box Plot 145
BPE 18

C

Category Classifiers 84
CBF 192
CF 187
Classification 40
Classifier 40
Class imbalanced data 88
Cold Start 132
collaborative filtering 187
Content-Based Filtering 192

D

DataFrame 38, 64
DataLoader 93
Data Preprocessing 38
Doc2Vec 194

E

ensemble 60
explicit feedback 188

F

Feature Engineering 39, 63

G

git 48
GPU 32
gradient 112
Graphic Processing Unit 32

H

HDF5 10, 39
Hugging Face 89

I

Image Encoder 84
Imbalance problem 88
implicit feedback 188
Inference 42

K

k-폴드 교차검증 56
k-폴드 평균 앙상블 60
Kaggle 44
k-fold average ensemble 60
k-fold cross validation 56
khaiii 141
konlp 78

L

Learning rate 41
LSTM 31

M

MAP 163
matrix factorization 188
Mean Average Precision 163
memory-based collaborative filtering 187
Model 33
Multimodal fusion 84

N

NDCG 163
neighborhood-based collaborative filtering 187
Normalized Discounted Cumulative Gain 163

O

Optimizer 41
Overfitting 41

P

Python 44
PyTorch 40, 44

R

Residual connection 31
ResNet50 13, 14

S

Scheduler 41
Self-Attention 86
sentence 77
sentencepiece 53, 79
singular value decomposition 188
Skewness 17
Structured Data 64

T

Tabular Data 64
Test Dataset 162
Text Encoder 84
tokenizer 78
Train Dataset 162
Training 40
Training set 41
Transformer 30, 31
transformers 53, 89
TRM 31
t-SNE 20

U

Unimodal 84
Unimodal Representation 84
Unseen Data 42
Unstructured Data 64

V

Validation 41
Validation Dataset 162
Validation set 41
Variable Length 99
vector embedding 190

W

word 77
Word2Vec 131, 189
worker 55

ㄱ

가변 길이 99
검증 41
검증 데이터 162
검증셋 41
과적합 41
그래디언트 112
기본 검증 56

ㄷ

다음 쇼핑하우 2
단어 77
대회 베이스라인 8
데이터의 불균형 문제 88
데이터 전처리 38, 53, 63
데이터프레임 38, 64

ㅁ

머신러닝 파이프라인 37
멀티모달 퓨전 84
메모리 기반 협업 필터링 187
명시적 피드백 188
모델 33
모델 아키텍처 40, 83
문장 77
문장 분절기 78
미니 배치 93

ㅂ

박스 플롯 145
배치 93
배치 사이즈 55
벡터 임베딩 190
보다 카운트 138
분류 40
분류기 40
브런치 124
비대칭도 17
비정형 데이터 64

ㅅ

산점도 144
상품의 카테고리 4
세그먼트 임베딩 86
세션 기반 협업 필터링 189
센텐스피스 79
셀프 어텐션 86
스케줄러 41
시퀀스 기반 협업 필터링 189
시퀀스 데이터 31, 85
신경망 모듈 89
신경망 패키지 89

ㅇ

아나콘다 44
암시적 피드백 188
앙상블 60, 242
역전파 함수 112
옵티마이저 41
워커 55
유니모달 84
유니모달 표현 84
이미지 벡터 87
이웃 기반 협업 필터링 187
인코더 84
임베딩 85, 86

ㅈ

잔차 연결 31
정형 데이터 64
주피터 노트북 48

ㅊ

최적 파라미터 41
추론 42, 58, 115

ㅋ

카테고리 분류기 84, 87
카테고리 분류 평가 계산식 7
캐글 44
콘텐츠 기반 필터링 192
클래스 불균형 데이터 88

ㅌ

테스트 데이터 162
테이블 형태의 데이터 64
텍스트 벡터 86
텍스트 인코더 84
토큰 임베딩 86
트랜스포머 30, 31, 85
특잇값 분해 188

ㅍ

파라미터 40
파이썬 44
파이토치 40, 44, 46, 89
포지션 임베딩 86
피처 엔지니어링 39, 63, 70

ㅎ

학습 40, 54
학습 데이터 162
학습률 41
학습셋 41
행렬 분해 188
허깅페이스 89
협업 필터링 187